AMADO PELA CHINA

RECEPÇÃO DE
JORGE AMADO
NA CHINA

AMADO PELA CHINA

ZHANG JIANBO

RECEPÇÃO DE
JORGE AMADO
NA CHINA

LETRAMENTO

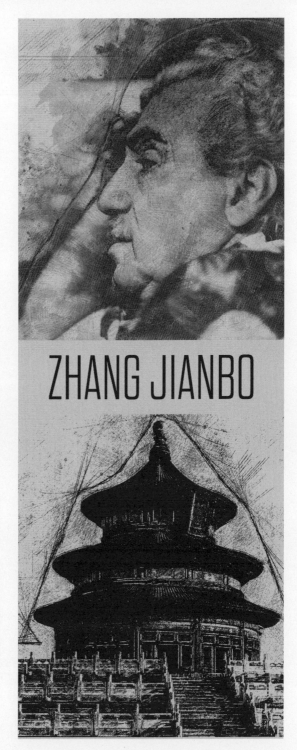

Copyright © 2024 by Editora Letramento
Copyright © 2024 by Zhang Jianbo

Diretor Editorial Gustavo Abreu
Diretor Administrativo Júnior Gaudereto
Diretor Financeiro Cláudio Macedo
Logística Daniel Abreu e Vinícius Santiago
Comunicação e Marketing Carol Pires
Assistente Editorial Matteos Moreno e Maria Eduarda Paixão
Designer Editorial Gustavo Zeferino e Luís Otávio Ferreira
Imagens da capa Wikimedia Commons - Dominio público

Todos os direitos reservados. Não é permitida a reprodução desta obra sem aprovação do Grupo Editorial Letramento.

Dados Internacionais de Catalogação na Publicação (CIP)
Bibliotecária Juliana da Silva Mauro - CRB6/3684

J61a	Jianbo, Zhang
	Amado pela China : recepção de Jorge Amado na China / Zhang Jianbo. - Belo Horizonte : Letramento, 2024.
	268 p. ; 21 cm.
	Inclui Bibliografia.
	ISBN 978-65-5932-457-6
	1. Tradução literária. 2. Ambiente político. 3. Jorge Amado. 4. Ideologia. 5. Poder. I. Título.
	CDU: 82.09
	CDD: 808

Índices para catálogo sistemático:
1. Estudo literário 82.09
2. Teoria literária 808

LETRAMENTO EDITORA E LIVRARIA
Caixa Postal 3242 – CEP 30.130-972
r. José Maria Rosemburg, n. 75, b. Ouro Preto
CEP 31.340-080 – Belo Horizonte / MG
Telefone 31 3327-5771

MINIBIOGRAFIA DO AUTOR

Zhang Jianbo, trabalha no Departamento de Português da Faculdade de Letras da Universidade de Macau. Obteve o título de PhD em Estudos Literários pela Universidade de Macau e o título de mestrado em Linguística pela Universidade de São Paulo. Terminou a graduação em Língua e Cultura Portuguesas pela Universidade de Estudos Estrangeiros de Pequim, onde iniciou sua carreira profissional no Departamento de Português da Faculdade de Estudos Hispânicos e Portugueses. Desenvolveu práticas de ensino e pesquisas nas áreas de ensino do português como língua estrangeira, linguística, tradução e estudos de tradução em Pequim, Washington, D.C. e Macau.

ÍNDICE

9	**1.**	**INTRODUÇÃO**
9	1.1.	PORQUÊ JORGE AMADO?
14	1.2.	LITERATURAS DE NAÇÕES PERIFÉRICAS NA CHINA
21	**2.**	**ASPETOS CULTURAIS E IDEOLÓGICOS NOS ESTUDOS DE TRADUÇÃO**
21	2.1.	ESTUDOS CULTURAIS E TEORIA DE POLISSISTEMA
34	2.2.	VIRAGEM CULTURAL DA TRADUÇÃO
39	2.3.	TEORIA DE MANIPULAÇÃO
43	2.4.	TRÊS FATORES DE MANIPULAÇÃO
53	**3.**	**PODER E ESTUDOS DE TRADUÇÃO**
53	3.1.	CONCEITOS DE "PODER" NOS ESTUDOS RELACIONADOS COM TRADUÇÃO
60	3.2.	IMPORTÂNCIA DE PESQUISAR AS RELAÇÕES ENTRE TRADUÇÃO E PODER
62	3.3.	AS RELAÇÕES ENTRE TRADUÇÃO E PODER
75	**4.**	**HISTORIOGRAFIA**
75	4.1.	HISTORIOGRAFIA DA TRADUÇÃO
78	4.2.	HISTÓRIA DA LITERATURA TRADUZIDA NA CHINA
84	4.3.	ÂNGULOS DE PESQUISA

87   5. JORGE AMADO E SUAS OBRAS NA CHINA NOS ANOS 1950-1970

89   5.1. CONJUNTURA DOMÉSTICA E INTERNACIONAL

99   5.2. DIPLOMACIA NÃO-GOVERNAMENTAL ENTRE A CHINA E A AMÉRICA LATINA

110   5.3. INÍCIO DA TRADUÇÃO LITERÁRIA NA REÚBLICA POPULAR DA CHINA

123   5.4. "INSTITUCIONALIZAÇÃO" DA TRADUÇÃO LITERÁRIA

131   5.5. 1º MOMENTO IMPORTANTE DA TRADUÇÃO DE OBRAS DE JORGE AMADO NA CHINA

160   5.6. TRADUÇÃO RESTRITA DE LITERATURA ESTRANGEIRA NA CHINA

174   5.7. TRADUÇÃO LITERÁRIA NA REVOLUÇÃO CULTURAL

179   6. JORGE AMADO E SUAS OBRAS NA CHINA DESDE OS ANOS 1980

181   6.1. RETOMADA DA TRADUÇÃO LITERÁRIA NA CHINA

190   6.2. 2º MOMENTO IMPORTANTE DA TRADUÇÃO DE OBRAS DE JORGE AMADO NA CHINA

223   6.3. TRADUÇÃO ABRANDADA DESDE A DÉCADA DE 1990

232   6.4. TRADUÇÕES ESPORÁDICAS NO NOVO SÉCULO

247   7. CONSIDERAÇÕES FINAIS

253   REFERÊNCIAS BIBLIOGRÁFICAS

265   ANEXO: OBRAS DE JORGE AMADO TRADUZIDAS NA CHINA

I. INTRODUÇÃO

I.I. PORQUÊ JORGE AMADO?

No dia 7 de agosto de 2001, a Agência Xinhua[1], emitiu uma notícia em seu site:

> Jorge Amado, famoso romancista brasileiro, faleceu
> Aos 88 anos de idade, o famoso romancista brasileiro, Jorge Amado, vítima de diabetes, faleceu em um hospital local da cidade de Salvador, Brasil, no dia 6 de agosto, por volta das 19h (hora local). Amado foi um dos escritores brasileiros com maior projeção internacional. Em 1931, aos 19 anos de idade, publicou seu primeiro romance, *O País do Carnaval*. Começou a ficar conhecido depois de dois anos, com o seu segundo livro, *Cacau*. Suas obras principais incluem romances como *Suor*, *Mar Morto*, *Capitães da Areia*, *O Cavalheiro da Esperança*, *O Mundo da Paz*, *Tenda dos Milagres*, *Tieta do Agreste*. Escreveu também poemas (como os reunidos em *A Estrada do Mar*) peças teatrais (como *O Amor do Soldado*) e relatos históricos (como *A vida de Luís Carlos Prestes*). As obras de Jorge Amado descrevem os mais diversificados aspetos da sociedade brasileira. Foram traduzidas para 48 línguas e publicadas em 53 países, o que lhe deu o título de "romancista brasileiro mais vendido" que se mantém até hoje[2].

---

[1] A Agência Xinhua é a agência de notícias oficial do governo da República Popular da China, sendo a maior agência de notícias do país, e do mundo também. Fica diretamente subordinada ao Conselho de Estado da China. A agência foi fundada em novembro de 1931 como a Nova Agência da China Vermelha e foi rebatizada como Agência Xinhua (o que quer dizer "nova China") em 1937.

[2] Tradução minha de: "巴西著名小说家若热·亚马多逝世。巴西著名小说家若热·亚马多因患糖尿病医治无效,当地时间6日晚7点30分在巴西东北部城市萨尔瓦多的一家医院里逝世,享年88岁。亚马多是巴西最著名的作家,1931年年仅19岁的他就发表处女作《狂欢节之国》,两年后又因发表以可可种植园农民的苦难生活

A notícia não era grande, uma vez que contava apenas 286 caracteres em chinês, mas foi suficiente e relevante, por ter sido emitida pela agência estatal da China, e funcionou como mais uma apresentação, ainda que resumida, do escritor brasileiro aos chineses. Na notícia, os títulos de todos os seus livros foram traduzidos para o chinês, mesmo aqueles que não tinham ainda versão em chinês.

Jorge Amado é considerado um dos romancistas brasileiros que se aproximam do povo, com o seu estilo próprio de narração: suas histórias quase sempre focalizam personagens marginalizados na sociedade, tais como trabalhadores rurais explorados, meninos de rua, pescadores, marinheiros, etc., que conseguem por vezes promover revoluções em seu ambiente. A fazenda de cacau em que ele nasceu, os terreiros de candomblé, a mistura de crenças religiosas, a pobreza nas ruas de Salvador, a miscigenação, o racismo velado da sociedade brasileira são alguns dos elementos que compõem suas obras, caracterizadas por uma profunda identificação com o povo brasileiro. O escritor baiano chegou a ser considerado o exemplo mais relevante de recepção a nível mundial da literatura brasileira, fenômeno de êxito e durante muito tempo o "o único escritor brasileiro a exercer algum impacto não apenas nos círculos acadêmicos internacionais, mas também junto ao público internacional em geral" (Tooge, 2011:21). O rigor da língua nunca foi sua maior preocupação nas estórias contadas. Pelo contrário, o autor sempre privilegiou a fluidez do discurso, a fala do povo, como ela realmente é.

为题材的小说《可可》在小说界崭露头角。他的主要作品有小说《汗珠》、《死海》、《沙滩上的船长们》、《希望的骑士》、《和平的世界》、《奇迹的店铺》和《乡妓蒂埃塔》，诗集《海洋之路》和剧本《士兵的爱情》等。亚马多的作品内容涉及巴西社会许多领域，曾被译成48种文字在全世界53个国家出版，至今仍保留着巴西最畅销小说作家的荣衔。" Disponível em: <http://news.xinhuanet.com/st/2001-08/07/content_16608.htm>. Acesso em: 01 de outubro de 2012.

Zhang Jianbo

O romancista brasileiro ficou conhecido pelos leitores chineses logo depois da fundação da República Popular da China em 1949 e é ainda hoje o escritor brasileiro mais traduzido na China, e a tradução de suas obras ainda continua hoje na China.

Naturalmente, pode-se perguntar: Porquê Jorge Amado? Por que começou a ser traduzido após a fundação do regime vermelho da China? Por que as primeiras obras traduzidas na China foram: *Terras do Sem-Fim*, *Seara Vermelha*, e *São Jorge dos Ilhéus*? Estas três obras são mais representativas de todas as obras de Jorge Amado? Como foram traduzidas estas obras? Foram traduzidas por tradutores individuais? Por que a tradução de Jorge Amado pausou na década 1960? Por que a tradução foi retomada depois da Revolução Cultural da China (1966-1976)? Por que a tradução suspendeu durante tanto tempo e só se recuperou no século XXI?

O início da introdução das obras de Jorge Amado na China conta com um contexto histórico especial, em que a China tinha passado por uma fase histórica cheia de mudanças políticas e sociais drásticas. Durante todo o processo da introdução e tradução de obras de Jorge Amado na China, pode-se problematizar a ligação da tradução com aspetos do poder. Tanto a vida quanto as obras de Jorge Amado, sobretudo as obras criadas antes de 1958, foram marcadas por sua militância ativa no comunismo, daí que os livros do início de sua carreira eram fortemente ideológicos. Em decorrência disso, o escritor entrou no olhar do mundo comunista e o novo regime vermelho da China deu início à introdução do escritor brasileiro e organizou a tradução de suas obras nos anos 1950.

Uma pesquisa complexa e sistemática sobre questões relacionadas com o poder e a tradução remonta à década de 1990, quando Bassnett e Lefevere escreveu, na parte de introdução do livro *Translation, History and Culture*, que as vicissitudes do exercício de poder em uma sociedade e na produção cultural têm sido pesquisadas pelos acadêmicos de tradução. De acordo com Lawrence Venuti (2004:308),

Cada tradutor deve olhar para o processo de tradução através do prisma da cultura que refrata as normas culturais da língua fonte e é a tarefa do tradutor transmiti-las, preservando o seu significado e sua estranheza, ao texto no idioma alvo. Cada passo no processo de tradução - desde a seleção de textos estrangeiros à implementação de estratégias de tradução, à edição, revisão e leitura de traduções - é mediado pelos diversos valores culturais que circulam na língua-alvo[3].

Enquanto escritor, Jorge Amado ainda mantinha outro status: membro do Partido Comunista do Brasil, que também o marcou na carreira profissional como escritor. A militância de Jorge Amado é um dos elementos chave para compreender a parte substantiva da sua carreira enquanto escritor. Dos seus mais de 70 anos de carreira, os primeiros 25 anos foram dedicados à prática literária ajustada aos dilemas associados ao seu engajamento no Partido Comunista do Brasil. Foi neste período que Jorge Amado conseguiu uma ampla e volumosa produção literária distribuída entre teatro, escritos políticos e romances: *Cacau* (1933), *Suor* (1934), *Jubiabá* (1935), *Mar morto* (1936), *Capitães da Areia* (1937), *ABC de Castro Alves* (1941), *O Cavaleiro da Esperança: a vida de Luís Carlos Prestes* (1942), *Terras do sem-fim* (1943), *São Jorge dos Ilhéus* (1944), *Bahia de Todos os Santos* (1945), *Seara vermelha* (1946), *O amor do soldado* (1947), *O mundo da paz* (1951) e a trilogia *Subterrâneos da liberdade* (1954), com os volumes *Os ásperos tempos, Agonia da noite* e *A luz do túnel*. Bassnett e Leferere (2001:136) argumentam que um escritor não escreve em um vácuo: ele ou ela é produto de uma cultura particular, de um momento particular no tempo, e a escrita reflete esses fatores

---

[3] Tradução minha de "every translator should look at the translation process through the prism of culture which refracts the source language cultural norms and it is the translator's task to convey them, preserving their meaning and their foreignness, to the target-language text. Every step in the translation process—from the selection of foreign texts to the implementation of translation strategies to the editing, reviewing, and reading of translations—is mediated by the diverse cultural values that circulate in the target language." (Venuti, 2004:308)

como raça, sexo, idade, classe e local de nascimento, bem como as características estilísticas, idiossincráticas do indivíduo. No caso de Jorge Amado, suas obras criadas mais cedo estão estreitamente relacionadas com sua militância política e refletem justamente suas atitudes ideológicas.

A partir dos anos 80 do século XX, a China entrou em outra fase de desenvolvimento acelerado, em que a governo chinês adotou a política de reforma no interior e abertura ao exterior. As caraterísticas ideológicas e políticas das atividades culturais e literárias ocorridas no país passaram a ficar menos evidentes e, a tradução de literaturas brasileira e latino-americana voltou a ganhar mais força e passar por um momento importante, em que obras de Jorge Amado e outros escritores latino-americanos passaram a ser amplamente traduzidas. Entrando na década de 1990, a literatura ficou a perder seu charme na China e aconteceu uma série de reformas no âmbito da economonia, inclusive a indústria de publicação no país, o que levou a tradução de obras de Jorge Amado a uma fase nova, mas menos dinâmica. No novo século, começou de novo a tradução de obras de Jorge Amado, devido ao novo contexto em que se enquadra a tradução literária no país.

Uma pesquisa historiográfica que tem por objeto principal a tradução e a recepção das obras de Jorge Amado na China poderá dar respostas às seguintes perguntas: Como a tradução de literaturas estrangeiras é manipulada pelas relações de poder em diferentes períodos históricos da China contemporânea? Como a recepção das obras de Jorge Amado na China é influenciada pelos aspectos culturais e, particularmente, pela ideologia e patronagem? Como é o contexto histórico chinês em que ocorrem as correlações entre a tradução e o poder? Que papel é que o poder desempenha em todo o processo da tradução, nomeadamente antes, durante e depois da tradução? Como se organizam as atividades de tradução na China? Como a tradução de literaturas estrangeiras contribui para a construção da literatura nacional da China? A Revolução Cultural pode ser considerada como um exemplo extremo que afigura a manipulação do poder sobre as atividades de tradução? As relações entre a tradução e o poder sofreram algumas alterações nos anos 1980 e 1990, até no novo século?

Os objetivos deste trabalho são: evidenciar as relações entre o poder e a tradução que se manifestam nas atividades de tradução de obras de Jorge Amado na China e explicitar a correlação entre a tradução de obras de Jorge Amado e o poder em diferentes fases históricas da China. Isso será feito pesquisando historiograficamente as atividades de apresentação e tradução de obras de Jorge Amado em diferentes etapas históricas da China; estudando as atividades de tradução literária no contexto chinês desde a fundação da República Popular da China, em que se inserem a introdução e tradução de obras de Jorge Amado; analisando os fatores, tanto no contexto chinês quanto no contexto internacional, que exercem influência sobre as atividades de tradução literária ocorridas no contexto chinês, depois da fundação da República Popular da China em 1949.

1.2. LITERATURAS DE NAÇÕES PERIFÉRICAS NA CHINA

Desde os mais longínquos tempos da civilização chinesa, que tem como núcleo a planície do Rio Amarelo, a nação chinesa tem tido um habitat relativamente fixo que se vinham ampliando, ao longo da história, desde a planície do Rio Amarelo (a chamada "Planície Central") até a cordilheira Pamir no oeste, a costa ocidental do oceano Pacífico no leste, o Planalto Mongol no norte[4] e as Ilhas do Mar da China Meridional. Apesar do fato de que algumas minorias étnicas do norte chegaram a migrar-se no centro e dominaram o poder sobre a maior etnia chinesa, a etnia Han e as restantes minorias[5], em termos culturais, essas minorias étnicas no poder político acabaram se

---

[4] A Mongólia ficou independente na primeira metade do século XX.

[5] A China é um país multi-étnico unificado, construído pelos povos de diferentes etnias do país. Dentre todas as etnias, a etinia Han é a maior, representando mais de 90% da população total do país.

convertendo à cultura da Planície Central, nomeadamente da etnia Han. Antes das Guerras do Ópio[6] durante a última dinastia feudal chinesa, a Dinastia Qing, essas mudanças de regimes políticos sucederam dentro de uma unidade geográfica bastante estável, não obstante algumas variações territoriais em que se manifestaram a ascensão ou a descida no poder político de certas etnias do país. Portanto, a própria China era sempre considerada o "meio do mundo" na mentalidade tradicional dos chineses, o que deu origem ao nome do país em chinês: *Zhong Guo* (país no meio do mundo).

Nos séculos XVI e XVII quando a China teve os primeiros contatos com europeus, que eram ainda considerados "bárbaros", não se causou nenhuma preocupação na China. Contudo, quando a civilização ocidental se mostrou muito mais avançada do que a chinesa, uma angústia começou a reinar o antigo império oriental, porque a grande disparidade de duas civilizações originou diretamente o atraso de desenvolvimento do país. As Guerras do Ópio envolveram, de uma forma compulsiva e violenta, a Dinastia Qing em um mundo, cujo centro deixou de ser a própria China. A concepção tradicional do país e do mundo dos chineses foi desafiada e posteriormente destruída: a China não era o país no meio do mundo e pior ainda, ficou a ser alvo de invasão das potências tanto ocidentais quanto asiáticas.

Em 1919, a assinatura de Tratado de Versalhes encerrou oficialmente a Primeira Guerra Mundial. Foram atribuídas à Alemanha todas as responsabilidades por causar a guerra. Durante a Guerra a China apoiou os Aliados na condição de que as concessões da Alemanha na Península de Shandong fossem

---

[6] As Guerras do Ópio foram conflitos armados ocorridos entre a Grã-Bretanha e a China nos anos de 1839-1842 e 1856-1860. Nos anos 30 do século XIX, a Grã-Bretanha sofria um grande déficit comercial em relação à China, que exportava os produtos como chá, seda e porcelana, que eram muito procurados no então mercado europeu. A fim de compensar as perdas comerciais, a Grã-Bretanha traficava o ópio para a China, cujo governo acabou proibindo o tráfico, o que deu aos ingleses o pretexto de iniciar a guerra.

devolvidas à China. No entanto, as reivindicações da China não foram respeitadas e o Tratado transferiu as concessões da Alemanha ao Japão, o que resultou em um movimento anti-imperialista, cultural e político que cresceu de manifestações estudantis em Pequim, em 4 de maio de 1919. Os intelectuais chineses protestavam contra a fraca resposta do governo de então em relação ao Tratado de Versalhes, especialmente a permissão dada ao Japão para ocupar territórios na província de Shandong. O Movimento Quatro de Maio marcou, na China, uma nova etapa da revolução democrático-burguesa contra o imperialismo e o feudalismo, em que a classe operária, a massa dos intelectuais e estudantes e a emergente burguesia nacional meditavam as tradições milenares do país, estudavam os elementos valiosos da civilização ocidental, tais como a democracia e as ciências, e buscavam um caminho apropriado para prosperar a antiga nação chinesa.

Song Binghui (2007) propõe o termo de "nação periférica" para designar os países que sofreram a opressão ou a colonização nos séculos XIX e XX. Segundo Song (2007), quando o intelectual chinês Chen Duxiu[7] avalia a conjuntura internacional na sua crítica política *"Shuo Guo Jia"* (Comentar o Estado)[8] em 1904, ele divide, com base nas posições internacionais distintas, os países do mundo daquela altura em dois grupos: os "escoiceados" (tais como Polônia, Egito, Índia, Burma, Vietnã, entre outros países que dispunham de posições inferiores) e as potências (Aliança dos Oito Países: Inglaterra, Rússia, França, Alemanha, Itália, Estados Unidos da América, Áustria e Japão). Chen Duxiu (1904) propõe pela primeira vez o termo "nação fraca e pequena" em 1921 para referir os países colonizados pelas potências da época. A partir daí, o termo "nação fraca e pequena" foi muito utilizado nas apresentações e traduções

---

[7] Chen Duxiu [陈独秀] (1879-1942), fundador do Partido Comunista da China, do qual foi o primeiro presidente e secretário-geral.

[8] 《安徽俗话报》(Jornal de Ditados Comuns de Anhui), Vol. 05, 14 de junho de 1904.

de culturas estrangeiras na China. Durante o século XX, com o termo "nação fraca e pequena" coexistiam os termos "nação oprimida" e "nação do terceiro mundo". O primeiro destaca o conflito direto, evidenciado na disputa política, econômica e da integridade territorial, entre as nações colonizadas e colonizadoras, mas não é capaz de evidenciar as relações diversificadas entre diferentes nações em determinado contexto histórico, sobretudo as relações morais, culturais e literárias, que não são totalmente iguais, nem sincronizadas, às relações militares e políticas. Já o termo "nação do terceiro mundo" vem da classificação dos países do mundo de Mao Zedong nos anos 70 do século XX, que também é muito utilizada para ilustrar as posições e relações culturais entre os países do mundo, uma vez que possui uma conotação bastante próxima à do termo "nação fraca e pequena". Mas como apareceu mais tarde, não é muito apropriado para se usar nos fenômenos culturais de todo o século XX. Para Song Binghui (2007), "fortaleza" e "fraqueza" são termos relativos e apresentam um alto nível de subjetividade ao se demarcar o limite entre os dois termos. São também difíceis de avaliar através de estatísticas concretas. As posições dos países do mundo nunca são fixas e estáveis, porque estão em movimento constante ao longo do desenvolvimento histórico. A fim de pôr em destaque uma possibilidade de evolução, é aconselhável utilizar o termo "nação periférica", relativo ao termo "nação central". Com base nas localizações geográficas, as nações periféricas no contexto histórico chinês do século XX são: os países europeus, exceto a Inglaterra, França, Alemanha, Itália e Rússia; os países asiáticos menos o Japão; os países da África e América Latina que foram colônias. É de salientar que a Rússia e o Japão são dois casos especiais, porque os dois eram periféricos no século XIX, mas a Rússia ficou a ser uma potência importante depois da sua Revolução de Outubro em 1917 (a posterior União Soviética foi uma das maiores potências do mundo depois da Segunda Guerra Mundial) e o Japão também ficou próspero e relevante no mundo a partir do fim do século XIX.

Por sua vez, a literatura de nações periféricas é a literatura dos países que não ocupam uma posição central e importante no palco internacional. No contexto chinês desde as Guerras do Ópio à fundação da República Popular da China, as potências ocidentais foram sempre o alvo de atenção na transformação política, social e até cultural do país. O processo de modernização da sociedade chinesa é frequentemente considerado um processo de ocidentalização, o que é explicado pela hegemonia e colonização efetuada no século XIX pelas potências ocidentais, que adotavam também políticas colonizadoras na cultura, promovendo pelo mundo afora os valores ocidentais e o centrismo do Ocidente. Dentro da China moderna, bastantes intelectuais chineses receberam a lógica cultural e os modos de pensar do mundo ocidental. Neste contexto histórico, a cultura e a literatura ocidentais têm sido, desde as Guerras do Ópio, predominantes na China, o que deprimiu de certo modo a própria consciência nacionalista dos chineses. Na área da pesquisa acerca das relações literárias entre os países do mundo, a maioria dos pesquisadores lança o olhar para o mundo ocidental, nomeadamente para as culturas e literaturas das "nações centrais". E as literaturas de nações periféricas são pouco pesquisadas e até subavaliadas, isto é, quando se fala nas relações literárias do mundo, particularmente nas influências que as literaturas estrangeiras exercem sobre a literatura chinesa, as literaturas das nações centrais, como a inglesa, a norte-americana, a alemã e a francesa, são mais abordadas, ao passo que as literaturas das nações periféricas são pouco referidas.

Em termos geográficos, a literatura brasileira faz parte da literatura latino-americana[9]. Os países latino-americanos, no pa-

---

[9] Quanto à identificação da literatura brasileira, há pesquisadores literários que não concordam com esta classificação baseada na localização geográfica, graças às peculiaridades distintas da literatura brasileira em comparação com as literaturas em espanhol dos restantes países da América-Latina. Porém, a classificação daqui é feita justamente a partir da localização geográfica do Brasil e não se faz nesta tese o mapeamento literário da América-Latina.

norama literário convencional da China, são classificados no grupo de nações periféricas. A literatura latino-americana só foi introduzida, de maneira sistemática, na China depois da fundação da República Popular da China. Depois de 1949, apareceram edições especiais da literatura latino-americana, coleções de obras traduzidas e história da literatura latino-americana. Contudo, na história moderna da literatura chinesa, houve já umas apresentações esporádicas sobre a literatura latino-americana.

Os pioneiros que preconizaram e praticaram a introdução das literaturas de nações periféricas na China foram Lu Xun (1881-1936) e Zhou Zuoren (1885-1967), que dedicaram uma boa parte do seu trabalho na tradução das obras dos escritores das nações periféricas que escreviam para contrariar a hegemonia das potências estrangeiras e reivindicar a independência e a liberdade de seus povos. Os trabalhos de Lu Xun e Zhou Zuoren deram início à introdução de literaturas de nações periféricas e exerceram profundas influências sobre a história da literatura moderna da China.

Mao Dun[10] (1921a) apresentou aos leitores chineses, em 1921, na *Revista Mensal de Contos*, o *Canaam* de Graça Aranha, que foi o primeiro escritor latino-americano (aliás, brasileiro) apresentado na China. Na introdução da Revista, Mao Dun chamou a literatura latino-americana de literatura de "nações prejudicadas", de que fazia parte a literatura brasileira. No mesmo ano, a *Revista Mensal de Contos* publicou uma edição exclusiva de "nações prejudicadas", em cuja introdução Mao Dun (1921b) escreve:

> Toda nação no mundo é filho deste Planeta. Nenhuma nação deve ser particularmente soberana e se achar "filho orgulhoso"! Por isso, as substâncias dos espíritos de todas as nações devem ser consideradas tesouros a ser compartilhados por toda a Humanidade! No mundo da arte, ninguém é mais nobre do que os outros! Todas as reivindicações das nações prejudicadas pela justiça são justas.

---

[10] Mao Dun [茅盾] (1896-1981): romancista e crítico cultural do século XX, e ministro da Cultura da República Popular da China (1949-1965). Ele é um dos mais célebres romancistas realistas da China moderna.

A humanidade que passa pela moenda de cana-de-açúcar é a humanidade verdadeira e valiosa, que não fica tingida de nenhuma cor de hegemonia. As almas prejudicadas que estão de cabeça para baixo nos comovem e nos entristecemos porque somos também vítimas dos pensamentos e regimes injustos; ao passo que as almas prejudicadas que estão de cabeça erguida nos comovem ainda mais, porque estamos convictos de que há ouro puro nas areias da humanidade e que é a luz detrás da escuridão no futuro[11].

O que Mao Dun escreve justificou com bastante clareza a necessidade da pesquisa e tradução de literaturas das "nações prejudicadas", nomeadamente "nações periféricas". Esta necessidade chegou a continuar existindo depois de 1949, quando a China ficou enquadrada em um novo contexto internacional onde permaneciam as nações periféricas e centrais.

Através de uma pesquisa historiográfica sobre a tradução e a recepção de obras de Jorge Amado na China depois dos anos 50 do século XX, pode-se traçar uma trajetória literária do escritor brasileiro na China, que fará parte de um estudo das literaturas de nações periféricas na China. Entretanto, graças à carreira política de Jorge Amado, essa trajetória literária se mistura muito com a política, que influencia as atividades de tradução em diferentes períodos históricos. A compreensão desta miscigenação entre a literatura e a política é imprescindível para um estudo das relações entre a tradução e a política, entre a tradução e a ideologia manifestadas nas atividades de tradução da literatura brasileira e latino-americana.

---

[11] Tradução minha de "凡在地球上的民族都一样的是大地的儿子；没有一个应该特别的强横些，没有一个配自称为'毫骄子'！所以一切民族的精神的结晶都应该视同珍宝，视为人类全体共有的珍宝！而况在艺术的天地里，是没有贵贱，不分尊卑的！凡被损害的民族的求正义、求公道的呼声是真正的正义的公道。在榨床里榨过留下来的人性方是真正可宝贵的人性，不带强者色彩的人性。他们中被损害而向下的灵魂感动我们，因为我们自己亦悲伤我们同是不合理的传统思想与制度的牺牲者；他们中被损害而仍旧向上的灵魂更感动我们，因为由此我们更确信人性的沙砾里有精金，更确信前途的黑暗背后就是光明！" (Mao Dun, 1921b)

2. ASPETOS CULTURAIS E IDEOLÓGICOS NOS ESTUDOS DE TRADUÇÃO

2.1. ESTUDOS CULTURAIS E TEORIA DE POLISSISTEMA

Segundo Hartley (2002: 51), uma definição contemporânea de cultura poderá ser "a produção e circulação de sensos, significados e consciências"[12], isto é, a cultura deixa de ser apenas um conjunto de produtos concretos, mas sim todos os processos através dos quais a cultura é produzida e que formas assume, mais do que as simples "estruturas de pensamento" e formas de vida que estas revelam.

Os estudos culturais surgiram no início dos anos 60 do século XX a partir de pesquisas realizadas na Universidade de Birmingham e acabaram se transformando em um fenômeno

---

[12] Tradução minha de "The production and circulation of sense, meaning and consciousness." (Hartley, 2002: 51)

internacional, que ressaltava a importância do contexto cultural para a investigação científica.

Ana Carolina Escosteguy (1998), em *Estudos Culturais: Uma Introdução*, afirma que:

> (...) sob o ponto de vista político, os estudos culturais podem ser vistos como sinônimo de 'correção política', podendo ser identificados como a política cultural dos vários movimentos sociais da época de seu surgimento. Sob a perspectiva teórica, refletem a insatisfação com os limites de algumas disciplinas, propondo, então, a interdisciplinaridade.

Sendo diferente do estudo de determinada cultura, os estudos culturais configuram, de fato, um campo no qual diferentes disciplinas (tais como a história, a sociologia, a antropologia e a literatura) interagem na análise dos aspectos culturais da sociedade contemporânea. Ao longo das décadas, desde meados do século XX, cada vez mais atenção tem sido dirigida aos estudos culturais, que superam as fronteiras entre diferentes disciplinas.

Os estudos culturais têm uma aproximação com muitos tipos de pesquisa: estudos etnológicos pós-coloniais, inclusive o Orientalismo de Edward Said e crítica contra a hegemonia cultural, crítica terceiro-mundista de Gayatri C. Spivak, hibridismo que Homi K. Bhabha confere à teoria e literatura pós-coloniais, assim como pesquisas acerca do feminismo; pesquisas complexas voltadas para o Oriente e o Terceiro Mundo, que se caracterizam pela multidisciplinaridade, pelo que abrange as disciplinas de política, economia, história, entre outras. Como disse Tony Bennett, trata-se de um campo que reúne "uma gama bastante dispersa de posições teóricas e políticas, as quais, não importa quão amplamente divergentes possam ser sob outros aspectos, partilham um compromisso de examinar práticas culturais do ponto de vista de seu envolvimento com, e no interior de, relações de poder (*apud* Alfredo Veiga-Neto, 2000).

Três textos que surgiram no fim da década de 50 do século XX, são considerados as fontes dos Estudos Culturais:

The Uses of Literacy (1957) de Richard Hoggart[13], *Culture and Society* (1958) de Raymond Williams e *The Making of the English Working-class* (1963) de E. P. Thompson. O primeiro é, em parte, autobiográfico e, em parte história cultural do meio do século XX. O segundo constrói um histórico do conceito de cultura, culminando com a ideia de que a "cultura comum ou ordinária" pode ser vista como um modo de vida em condições de igualdade de existência com o mundo das Artes, Literatura e Música. E o terceiro reconstrói uma parte da história da sociedade inglesa de um ponto de vista particular - a "história vista de baixo" (*Subaltern Studies*). Os três livros prestam atenção aos mais variados aspetos do sistema de classes sociais da Inglaterra, tentando reavaliar a cultura. Eles questionam uma cultura única, porque a cultura é, para eles, complexa e multifacetada.

Os Estudos Culturais se desenvolveram, de modo geral, em três fases: a fase culturalista nos anos 60; a fase estruturalista nos anos 70; e a pós-estruturalista nos últimos trinta anos do século passado. Na fase culturalista, o principal desafio era contestar a apropriação do termo "cultura" por uma elite minoritária, com o objetivo de alargar o conceito de cultura, de modo a incluir mais do que os textos canônicos. A fase estruturalista marca o período em que a atenção se volta para a investigação das relações entre textualidade e hegemonia. Neste sentido, a hegemonia será o processo de construção, manutenção e reprodução dos significados que governam uma determinada cultura. A terceira fase reflete o reconhecimento do pluralismo cultural contemporâneo. Nos anos 80, os estudos culturais se expandiram rapidamente. As questões de identidade cultural, multiculturalismo e pluralidade linguística se tornaram parte dos programas de estudos acadêmicos. Assim,

---

[13] Hoggart fundou, em 1964, o Centro de Estudos Culturais Contemporâneos (Centre for Contemporary Cultural Studies), que ficou ligado ao Departamento de Inglês da Universidade de Birmingham, sendo um centro de pesquisas de pós-graduação da mesma instituição. Foi através deste Centro que o campo dos estudos culturais apareceu de forma organizada.

os estudos culturais se enfocam na sociologia, etnografia e história. E também os Estudos de tradução se voltaram para a sociologia, etnografia e história, de modo a aprofundarem os métodos de análise dos textos no seu processo de tradução. Nos anos 90, tanto os estudos culturais como os estudos de tradução se encontraram no processo de globalização e conheceram a crescente interdependência dos sistemas globais, em termos econômicos, políticos e comunicativos.

Uma importante contribuição dos estudos culturais reside no fato de terem difundido um conceito de texto que vai além das "grandes obras", para incluírem também as produções ligadas à cultura popular e às práticas sociais cotidianas, abrangendo o estudo das manifestações culturais das minorias e dissolvendo os conceitos de culturas "altas" e "baixas". Na verdade, o aparecimento dos estudos culturais entrelaça-se ao surgimento do pós-estruturalismo e, nessa mesma linha, do pensamento desconstrutivista do filósofo Jacques Derrida. O pós-estruturalismo e a desconstrução, sua vertente mais conhecida, podem ser vistos como formulações teóricas que analisam os fenômenos em seu contexto social e político, com efeitos que se manifestam em campos diversos, como os estudos sobre cinema, feminismo e literatura.

O pós-estruturalismo e a desconstrução, no campo da literatura conseguiram "abalar" a predominância do centro e "libertar" as margens, ou seja, a desconstrução levou também a uma reflexão sobre o padrão literário, permitindo uma visão mais abrangente e menos preconceituosa da literatura. As literaturas "periféricas", devido à posição geográfica ou a questões ideológicas de raça ou gênero, passaram a se fazer ouvir mais intensamente a partir do momento em que o pós-estruturalismo se tornou difundido pelo mundo afora.

Os estudos tradutórios realizados a partir do início dos anos 70 do século passado refletiram as mudanças propiciadas pelos estudos culturais e pelas teorias pós-estruturalistas e, ao mesmo tempo, influenciaram também os estudos culturais[14]. No texto de apresentação da coletânea mencionada, intitulado *"Translation Studies and a New Paradigm"*, Theo Hermans (1985) faz as seguintes considerações:

> A linguística aumentou, sem dúvida, a nossa compreensão da tradução no que diz respeito à abordagem de textos não marcados e não literários. Mas como a disciplina se mostrou restrita demais para ser útil aos estudos literários em geral - haja vista as tentativas frenéticas observadas nos últimos anos de se construir uma linguística textual - e incapaz de lidar com as inúmeras complexidades das obras literárias, ficou evidente que ela também não poderia fornecer uma base adequada para o estudo das traduções literárias[15].

A pesquisa tradicional de tradução, tanto na China quanto nos países do Ocidente, era mais orientada para o texto de fonte, concentrando sua atenção em como fazer uma tradução o mais fiel possível. Durante um período bastante longo, os pesquisadores estudavam a tradução tomando como ponto de partida a perspectiva de linguística, e o foco da pesquisa era a transferência de significados entre duas línguas. Essa viragem cultural[16], como a denominou *Mary Snell-Hornby* (1995), deu um novo encaminhamento à disciplina "Estudos de tradução". Nesse momento, a tradução deixou de ser encarada apenas como uma transposição de significados, uma

---

[14] Para muitos teóricos, como Holmes e Even-Zohar, os estudos culturais, além de alargar a área de pesquisa da tradução, tornam vagos e obscuros os limites dos estudos de tradução.

[15] Tradução minha de "Linguistics has undoubtedly benefited our understanding of translation as far as the treatment of unmarked, non-literary texts is concerned. But as it proved too restricted in scope to be of much use to literary studies generally - witness the frantic attempts in recent years to construct a text linguistics - and unable to deal with the manifold complexities of literary works, it became obvious that it could not serve as a proper basis for the study of literary translation either." (Theo Hermans, 1985: 10)

[16] A chamada Viragem Cultural, como um paradigma dos estudos de tradução, apareceu oficialmente pela primeira vez no livro *"Tranlation, History and Cultura"* de Bassnett e Levefere, em 1990. Mas antes disso, havia já pesquisas sobre aspetos culturais da tradução.

busca de equivalentes ou um processo de decodificação entre dois sistemas linguísticos diferentes, para ser vista como um processo de transferência cultural, em que todos os fatores, tanto culturais quanto linguísticos, se influenciam reciprocamente, apesar de que os fatores linguísticos são relativamente menos salientados com relação aos culturais. Sendo assim, os estudos de tradução conheceram novos horizontes de pesquisa. Com relação à relevância dos Estudos de tradução para a Literatura Comparada, Carvalhal (1986: 74) destaca:

> Vários aspectos das relações interliterárias passaram a ser analisados sob óptica e com outros objetivos, os estudos sobre tradução ganharam uma posição central na reflexão comparativistas e os trabalhos sobre história literária tomaram novas direções. [...] Outros campos da investigação comparativista também progrediram com o reforço teórico, entre eles o das relações interdisciplinares. Literatura e artes, literatura e psicologia, literatura e folclore, literatura e história se tornaram objeto de estudos regulares que ampliaram os pontos de interesse e as formass de "pôr em relação", características da literatura comparada.

A figura do tradutor, nesse contexto, tornou-se imprescindível, pois novas estratégias de mediação cultural necessitam ser articuladas nesse jogo entre culturas assimétricas.

Em artigo *The name and nature of translation studies*, apresentado pela primeira vez em 1972, Holmes divide os estudos de tradução em categorias, tal como são ilustradas abaixo:

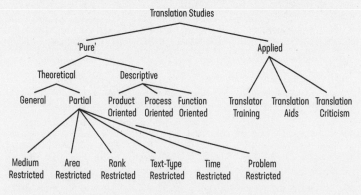

Figura 1: A concepção de Holmes dos Estudos de tradução (Munday, 2001:10)

Segundo a divisão de Holmes, os estudos de tradução são compostos por: Estudos "puros" da tradução, incluindo os Estudos Descritivos da Tradução (DTS) de textos já existentes e as teorias da tradução; Estudos de tradução aplicados, que incluem treinamento de tradutores, crítica da tradução e suportes auxiliares para a tradução.

O aparecimento dos Estudos Descritivos da Tradução veio a estabelecer a pesquisa dos fenômenos da tradução como uma série de atividades empíricas e de orientação fundamentalmente histórica. Desse modo, os Estudos Descritivos da Tradução representaram não só um novo campo de pesquisa para a tradução, como também uma reação à concepção prescritiva da tradução que durava muito tempo na história.

Por sua vez, as ideias do círculo linguístico de Moscou (entre anos 1914 e 1915) se caracterizavam pela recusa do historicismo vigente no século XIX e de interpretações extraliterárias das obras, rompendo, desta maneira, com a análise concebida em termos de causalidade mecânica, que trazia para as investigações do literário o biografismo, o psicologismo, a história literária e a sociologia, em nome de uma preocupação exclusiva com o texto (Carvalhal,1986: 43, 46, *apud* Martins 2010). Os formalistas russos estudavam a poética fundamentados pela teoria linguística de *Saussure*, estabelecendo a noção da linguagem poética como um sistema, ou seja, um conjunto de relações entre o todo e suas partes. Consideravam o texto um sistema fechado, do qual se deveria fazer uma análise interna, tendo como pressuposto subjacente o princípio da imanência da obra.

O modelo proposto por Even-Zohar na sua tentativa de equacionar certos problemas muito específicos relacionados com a teoria de tradução e com o complexo desenvolvimento da literatura hebraica (Even-Zohar, 1990: 1), também partiu de uma concepção sistêmica da literatura, mas inspirada na segunda fase do formalismo russo, quando Yuri Tynianov procurou dotar o modelo de perspectiva histórica e levar em conta as realidades sociais. O termo "sistema" foi desenvolvido pelo formalista Tynianov para designar uma estrutura formada por várias camadas de elementos que se relacionam e interagem entre si. O "sistema" é um termo flexível que é aplicável a vários fenômenos, sob as mais variadas situações. No caso da literatura, Tynianov analisou, com o termo "sistema", não só obras literárias, como também gêneros, tradições literárias e a própria ordem social como sistemas, ou mesmo subsistemas de sistemas.

Ao eloborar sua Teoria de Polissistma, Even-Zohar faz uma explicação:

> A idéia de que, os fenômenos semióticos, tais como padrões humanos de comunicação (como a cultura, a língua, a literatura e a sociedade), poderiam ser mais adequadamente compreendidos e estudados, se estes pudessem ser considerados como sistemas em vez de conglomerados de elementos díspares, tornou-se uma das principais ideias do nosso tempo na maioria das ciências humanas. Deste modo, a positivista recolha de dados, feita de boa fé por razões empiricistas e analisada com base na sua substância material, foi substituída por uma abordagem funcional com base na análise das relações. Vê-los como sistemas tornou possível hipotetizar como os vários agregados semióticos operam. A possibilidade ficou posteriormente aberta para a realização do que tinha sido ponderado durante todo o desenvolvimento da ciência moderna como um objetivo supremo: a detecção das leis que regem a diversidade e complexidade dos fenômenos em vez da registração e classificação destes fenômenos[17].

---

[17] Tradução minha de "The idea that semiotic phenomena, i.e., sign-governed human patterns of communication (such as culture, language, literature, society), could more adequately be understood and studied if regarded as systems rather than conglomerates of disparate elements has become one of the leading ideas of our time in most sciences of man. Thus, the positivistic collection of data, taken bona fide on empiricist grounds and analyzed on the basis of their material substance, has been replaced by a functional approach based on the analysis of relations. Viewing them as systems made it possible to hypothesize how the various semiotic aggregates operate. The way was subsequently opened for the achievement of what has been regarded throughout the development of modern science as a supreme goal: the detection of the laws governing

O "sistema" desta afirmação de Even-Zohar lembra os pesquisadores da importância de levar em consideração as correlações entre todos os "elementos". Com base no Funcionalismo Dinâmico, Even-Zohar define sistema como "a rede de relações que pode ser tomada como hipótese para um certo conjunto de supostos observáveis ('ocorrências'/'fenômenos') "[18].

Para Even-Zohar, um sistema sociossemiótico pode ser concebido como uma estrutura aberta e heterogênea que se configura como um polissistema, ou seja, um sistema múltiplo composto de várias redes simultâneas de relações, um conglomerado de sistemas interdependentes estratificados hierarquicamente em função das relações intra- e inter-sistêmicas dos seus elementos (Even-Zohar, 1990: 12; Gentzler, 1993: 115).

No artigo "A interação do texto traduzido com o sistema receptor: a teoria dos polissistemas", assim se expressa Else Vieira (1996: 125):

> Even-Zohar afirmava que todo contexto sociocultural se constitui de diferentes sistemas que interagem entre si disputando um lugar hegemônico. Ao mesmo tempo, cada um destes sistemas se compõe de outros menores que se comportam da mesma maneira. Segundo essa concepção, o processo tradutório não se reduziria a uma simples transmissão de informações entre uma cultura e outra. A tradução deve ser considerada como parte integrante do sistema literário que sofre uma série de intervenções, tanto internas quanto externas e em constante competição pela hegemonia.

Even-Zohar define o polissistema como "um sistema múltiplo, um sistema de vários sistemas que se entrecruzam e em parte se sobrepõem, que empregam opções concorrentemente diferentes mas que funcionam como um todo estruturado

---

the diversity and complexity of phenomena rather than the registration and classification of theses phenomena." (Even-Zohar, 1990:9)

[18] Tradução minha de "the network of relations that can be hypothesized for a certain set of assumed observables ("occurrences"/"phenomena")". (Even-Zohar, 1990:27)

cujos membros são interdependentes"[19]. De acordo com este modelo de Even-Zohar, "o polissistema é concebido como um conglomerado (ou sistema) heterogêneo, hierarquizado de sistemas que interagem para produzir um processo contínuo e dinâmico de evolução dentro do polissistema como um todo"[20].

Um aspeto central na Teoria de Polissistema é a noção de que os vários estratos e subdivisões que compõem um polissistema estão sempre competindo entre si para ocupar a posição dominante no centro. Para Even-Zohar, diferentes sistemas (incluindo diferentes elementos dentro do mesmo sistema) não possuem uma posição igual em um polissistema singular. Diferentes sistemas são em diferentes estratificações. Alguns elementos podem ser elementos predominantes ao passo que outros podem ser relativamente triviais em um determinado sistema onde os elementos predominantes exercem constantemente influências sobre outros. Por sua vez, os elementos triviais estão disputando sem cessar por posições mais importantes. Além disso, um elemento pode ser predominante em um sistema mas trivial em outro. Este movimento dinâmico e inter-relacionado é essencial para todos os polissistemas, porque pode fazê-los internamente ativos e externamente estáveis. Sendo assim, o sistema todo poderá evitar qualquer estagnação, absorver constantemente elementos novos e eliminar os mais velhos.

Se se tomar como exemplo o polissistema literário de certo país, o modelo de Even-Zohar ficará mais visível, pelo que o polissistema literário pode ser considerado um sistema que faz parte de

---

[19] Tradução minha de "a system of various systems which intersect with each other and partly overlap, using concurrently different options, yet functioning as one structured whole, whose members are interdependent." (Even-Zohar, 1990:11)

[20] Tradução minha de "According to Even-Zohar´s model, the polysystem is conceived as a heterogeneous, hierarchized conglomerate (or system) of systems which interact to bring about an ongoing, dynamic process of evolution within the polysystem as a whole." (Mona Baker, 1998:176)

outro sistema maior, como o sistema sociocultural, que, por sua vez, inclui outros menores sistemas, além do literário, como o político, ideológico e artístico, etc. Além disso, sendo colocada desta forma, em um contexto sociocultural mais amplo, a "literatura" passa a ser vista não apenas como uma coleção de textos, mas de forma mais ampla, como um conjunto de fatores que regem a produção, promoção e recepção desses textos[21].

Para Even-Zohar, o sistema mais privilegiado ou mais centralizado está no centro do polissistema, porém essa "escolha" cabe ao sistema sociocultural dominante e os sistemas que ficam fora do centro são relativamente menos importantes e instáveis, mas dão, em conjunto, dinamismo à teoria dos polissistemas. A contribuição de Even-Zohar serviu para colocar os Estudos de tradução na história da cultura, em vez da linguística ou da pedagogia.

No caso do polissistema literário, há uma tensão permanente entre o centro e a periferia em que os diversos gêneros literários (incluindo tanto as formas canônicas quanto as não-canônicas) disputam o lugar central. Por conseguinte, o polissistema literário compõe-se não apenas de obras-primas e outros títulos ou padrões literários reconhecidos, mas também gêneros de menor prestígio como a literatura infantil, popular, panfletária e traduzida, os quais em geral não eram incluídos nos estudos literários tradicionais (Mona Baker, 1998:177).

Em *Translation, history and Culture*, Bassnett e Lefevere (1990) chamam atenção para as mudanças ocorridas no âmbito dos estudos de tradução. Para os autores, os estudos de tradução tomam a direção mais orientada para os fatores extratextuais que influenciam o processo da tradução. As práticas da tradução deslocaram os seus enfoques para questões mais amplas, como o contexto, a historicidade e as normas.

---

[21] Tradução minha de "Furthermore, being placed in this way in a larger sociocultural context, 'literature' comes to be viewed not just as a collection of texts, but more broadly as a set of factors governing the production, promotion and reception of these texts. " (Mona Baker, 1998:177)

Os trabalhos de Even-Zohar são relevantes para os estudos de tradução graças à atenção prestada ao papel de tradução dentro de certo sistema literário, um papel tradicionalmente ignorado pelos teóricos em geral. Como a tradução se trata de um meio de interação cultural, a literatura traduzida é, sem dúvida nenhuma, um aspeto do polissistema literário, em que a literatura traduzida quebra seu antigo status e é considerada como um "sistema": na maneira como a língua de chegada seleciona textos para traduzir; e na maneira como normas, comportamentos e políticas de tradução são influenciados por outros co-sistemas (Munday, 2001: 109).

Estabelecido o estatuto sistêmico de literatura traduzida, Even-Zohar aborda seu papel e importância dentro do polissistema literário com base na perspectiva de abertura de um polissistema literário. A dicotomia de "primário" e "secundário" é vital para a abordagem. Even-Zohar argumenta que a literatura traduzida não fica sempre na posição secundária. Para Gentzler (2003: 116), há três condições que permitem a ascensão da literatura traduziada para ocupar uma posição primária:

> 1) Quando a literatura é "jovem", ou durante o processo de estabelecimento; 2) Quando a literatura é "periférica" ou "fraca", ou "periférica e fraca"; 3) Quando a literatura está experimentando uma "crise" or um ponto decisivo.

Quando assume uma posição primária, a tradução permitirá a uma jovem literatura aproveitar sua linguagem nova nos mais varidados tipos de escrita e, "uma vez que não podem criar todas as formas e gêneros, os textos traduzidos podem ser os mais importantes para um certo período de tempo (embora não se limite apenas a este papel na hierarquia) "[22]. Quando ficarem na posição de uma literatura periférica ou fraca, os textos traduzidos não só servem como um meio através do qual novos pensamentos podem ser importados, mas também

---

[22] Tradução minha de "Since it cannot create all forms and genres, translated texts may serve as the most important for a certain amount of time (though not limited to just this role in the hierarchy)" (Gentzler, 2003:117)

como a forma de escrita frequentemente imitada pelos escritores de lingua alvo. Na terceira situação, o sistema literário original ou já estabelecido não pode estimular a nova geração de escritores, que buscarão novas ideias e irão a outros lugares. Nestas circunstâncias históricas, escritores tanto estabelecidos quanto pioneiros fazem traduções e através dos textos traduzidos novos elementos são introduzidos no sistema literário.

Segundo Gentzler (2003:117), as condições sociais opostas governam a situação em que a tradução é secundária para o polissitema da cultura alvo. No polissistema de culturas maiores, mais antigas ou fortes, com tradições literárias bem desenvolvidas e muitos tipos diferentes de escrita, a escrita original produz inovações em ideias e formas independentes da tradução, relegando as traduções para uma posição periférica no funcionamento integral do sistema dinâmico. "Nesta situação, a tradução assume sempre formas já estabelecidas como um tipo dominante em um gênero particular, e a literatura traduzida tende a permanecer justamente conservativa[23]."

Com relação à maneira como a literatura traduzida influencia as normas de tradução de uma certa cultura, Even-Zohar argumenta que quando a literatura traduzida assumir uma posição primária, as fronteiras entre os textos traduzidos e os originais "se espalham" e definições de tradução ficam liberalizadas, expandindo-se para incluir versões, imitações e adaptações (Gentzler, 2003:118). Quando a tradução fica a ser uma atividade secundária em um determinado polissistema, a tarefa do tradutor reside em encontrar o melhor modelo existente para a tradução.

Even-Zohar explora as relações entre os textos traduzidos e o polissistema literário entre duas linhas: 1) Como os textos a ser traduzidos são selecionados pela cultura receptora; 2) Como os textos traduzidos adoptam determinadas normas e

---

[23] Tradução minha de "In this situation, translation often assumes forms already established as a dominant type within a particular genre, and the translated literature tends to remain fairly conservative." (Gentzler, 2003: 117)

funções, como resultado da relação com outro sistema de língua alvo (Gentzler, 2003:117). À medida que evolui, a Teoria do Polissistema está entrando em uma fase nova em que os fatores extraliterários, tais como ideologia, poética e patronagem, estão sendo correlacionados com a forma como as traduções acontecem em um sistema literário.

2.2. VIRAGEM CULTURAL DA TRADUÇÃO

Antes do século XX, a escola literária de tradução predominava nos estudos de tradução. Contudo, com o passo do tempo, seus defeitos ficaram cada vez mais evidentes porque a escola literária só valorizava os produtos de tradução e negligenciava o processo de tradução e a tradução de trabalhos não literários. Gradualmente a sua posição predominante passou a ser ocupada pela escola linguística de tradução, que se tornou em uma disciplina independente na década de 1920. Os teóricos de tradução conseguiram aproveitar a linguística moderna para fazer progredir os estudos de tradução a partir da pesquisa tradicional, que tinha foco nas técnicas e métodos de tradução, para um novo nível teórico, realizando, deste modo, a viragem linguística dos estudos de tradução. O desenvolvimento da linguística moderna enriqueceu os estudos de tradução, que absorveram a nutrição de quase todas as importantes teorias linguísticas, tais como linguística estruturalista, linguística comparativa, gramática gerativa, pragmática, teoria de relevância, linguística aplicada, sociolinguística, entre outras. No entanto, as desvantagens da escola linguística de tradução começaram a aparecer enquanto muitas questões de tradução não podiam ter respostas satisfatórias no nível linguístico e a escola linguística de tradução não podia explicar bastantes fenômenos de tradução. Portanto, para bastantes pesquisadores, a escola linguística de tradução não pôde satisfazer os requerimentos de desenvolvimento dos estudos de tradução. Bassnett (2001: 124) tem a mesma opinião:

Em uma época que estava testemunhando o surgimento de desconstrução, as pessoas ainda falaram sobre traduções "definitivas", sobre "precisão" "fidelidade" e "equivalência" entre linguística e sistemas literários. A tradução foi o sujeito de Cinderela, que não foi levado a sério, e a linguagem usada para discutir trabalhos na tradução foi surpreendentemente antiquada quando foi confrontada com novos vocabulários críticos que estavam dominando estudos literários em geral[24].

Nos anos 70, os estudos de tradução estavam se configurando como uma disciplina relativamente autônoma, o que impulsionou as pesquisas na área e a produção de uma ampla literatura sobre o assunto. Além disso, revistas científicas tradicionais na área de estudos de linguagem e de literatura interessaram-se em publicar edições temáticas sobre tradução. Ao mesmo tempo, tanto as teorias literárias, pragmáticas e comunicativas quanto a semiótica desenvolveram abordagens que contribuíram direta ou indiretamente para que os estudos de tradução passassem a operar não mais no nível da palavra ou do texto, mas sim da cultura e da história, e não mais com ênfase exclusiva no texto fonte, trazendo o foco para o texto alvo e para o público alvo da tradução.

A abordagem para o estudo das traduções literárias proposta pelo grupo de teóricos do qual fazia parte André Lefevere (a partir da concepção de Even-Zohar da literatura como um polissistema inserido em outro maior, o da cultura) identificava-se como descritivista e se desenvolveu na segunda metade dos anos 1970. Enquanto autor de *Translating Literature: The German Tradition from Luther to Rosenzweig* (1977) e *Translation, Rewriting and the Manipulation of Literary Fame*

---

[24] Tradução minha de "In an age that was witnessing the emergence of deconstruction, people still talked about "definitive" translations, about "accuracy" and "faithfulness" and "equivalence" between linguistics and literary systems. Translation was the Cinderella subject, not taken seriously at all, and the language used to discuss work in translation was astonishingly antiquated when set against the new critical vocabularies that were dominating literary studies in general. " (Bassnett & Lefevere, 2001: 124)

(1992), entre outros títulos, e organizador, junto com Susan Bassnett, de *Translation, History and Culture* (1990) e *Constructing Cultures: Essays on Literary Translation* (1998), André Lefevere faz parte do grupo de teóricos europeus que estabeleceram um novo paradigma para o estudo da tradução literária em meados dos anos 1970, quando as pesquisas da área de tradução estavam divididas entre duas abordagens: uma teórica, com base nas teorias linguísticas da tradução; e outra prática que se concentrava na comparação dos textos originais e traduzidos e, ao mesmo tempo, o contexto cultural no qual os textos estavam inseridos.

Lefevere compartilha das idéias de Even-Zohar e Toury, que priorizam o referencial do pólo receptor, concebendo a tradução como um sistema interagindo com vários outros sistemas semióticos deste pólo e como uma força modeladora de sua literatura (Vieira, 1996: 138, *apud* Martins 2010), mas acrescenta-lhes novas dimensões, das quais a mais destacada é a de poder. Lefevere adota o conceito de polissistema de Even-Zohar como um construto heurístico para o estudo das reescritas e expande o construto teórico de sistema, que passa a designar "um conjunto de elementos inter-relacionados que por acaso compartilham certas características que os distinguem de outros elementos não pertencentes ao sistema" (Vieira, 1996: 143, *apud* Martins 2010)

Para Mona Baker (1996), os estudos culturais não se preocupam somente em priorizar as questões culturais propriamente ditas. Uma das características principais desta disciplina é a forte dimensão política que confere aos seus objetos de estudo. Nos Estados Unidos, em um contexto teórico cada vez mais identificado com os estudos culturais e oposto ao paradigma linguístico, o estudo da tradução tornou-se uma atividade muito politizada:

> Durante os anos 90, à medida que a tradução emerge como disciplina autônoma, dois paradigmas bastante diferentes parecem orientar as pesquisas. Por um lado, identifica-se uma abordagem que pode ser denominada, genericamente, linguística

textual, em que conceitos de equivalência fundamentaram-se na classificação de tipologias e funções textuais. Por outro, observa-se uma abordagem que costuma ser denominada estudos culturais, cuja preocupação básica consistente em examinar o modo como os valores, ideologia e instituições resultam em práticas diferentes em momentos históricos distintos. [...] É provável que os estudos culturais dominem as pesquisas sobre tradução nos Estados Unidos. Aparentemente, nenhuma outra abordagem está despertando tanto interesse, a ponto de atrair estudiosos de disciplinas que, até agora, tinham ignorado a tradução – apesar da sua importância na história política e cultural americana. (Venuti, 1998, *Apud* Martins, 1999)

Hermans (1995) postula que a tradução é uma atividade que envolve incontornavelmente duas línguas e duas tradições culturais. Por isso, para Bassnett (2007: 16), a mudança cultural pode ser vista como:

> [...] parte da viragem cultural que estava acontecendo dentro da área das humanidades, por volta do final dos anos 80 e início de 90, e que vem mudando o formato de muitas disciplinas tradicionais. Nos estudos de tradução, a teoria dos polissistemas, apesar de sua origem formalista, preparou o caminho para uma viragem cultural, formulando as questões que vieram a ocupar uma posição proeminente, principalmente em relação às questões da historiografia literária e da fortuna crítica dos textos traduzidos na cultura de chegada.

A viragem cultural é um verdadeiro avanço importante para os estudos de tradução. Sherry Simon indica o seguinte:

> Alguns dos mais excitantes desenvolvimentos nos estudos de tradução, desde a década de 1980 têm feito parte do que tem sido chamado de "viragem cultural". A viragem para a cultura implica a adição de uma dimensão importante para os estudos de tradução. Em vez de fazer a pergunta tradicional que tem preocupado teóricos da tradução – "como devemos traduzir, o que é uma tradução correta?" - A ênfase é colocada em uma abordagem descritiva: "o que as traduções fazem, como é que elas circulam no mundo e obtêm resposta?" Esta mudança ... nos permite compreender traduções como relacionadas de forma orgânica a outros modos de comunicação, e ver traduções como práticas de escrita plenamente informadas das tensões

que atravessam toda a representação cultural. Ou seja, ela define a tradução como um processo de meditação que não está acima da ideologia, mas funciona através dela[25].

A viragem cultural serviu para ampliar muito o objeto de pesquisa dos estudos de tradução, que passou a incluir como área de pesquisa básica o contexto cultural em que acontecem as atividades de tradução. Lefevere e Bassnett asseguram que "o leitor não encontrará mais comparações minuciosas entre originais e traduções" (Bassnett e Lefevere, 1990:4), porque as questões da ideologia, mudança e poder na literatura e na sociedade serão tratadas nos estudos de tradução. Através da viragem cultural, percebe-se que os estudos de tradução não se devem limitar ao estudo interno nem microscópico, mas deve incluir o estudo externo e macroscópico. Deve-se desviar a atenção do processo de transferência do texto fonte ao texto alvo, aos fatores políticos, históricos e culturais, entre outros, que influenciam ou constrangem as escolhas que um tradutor faz durante o processo de tradução, e à exploração aprofundada do aparecimento de certos fenômenos particulares nas atividades de tradução através de uma perspectiva descritiva.

---

[25] Tradução minha de: "Some of the most exciting developments in translation studies since the 1980s have been part of what has been called "the cultural turn". The turn to culture implies adding an important dimension to translation studies. Instead of asking the traditional question which has preoccupied translation theorists – "how should we translate, what is a correct translation?" – The emphasis is placed on a descriptive approach: "what do translations do, how do they circulate in the world and elicit response?" This shift... allows us to understand translations as being related in organic ways to other modes of communication, and to see translations as writing practices fully informed by the tensions that traverse all cultural representation. That is, it defines translation as a process of meditation, which does not stand above ideology but works through it." (Sherry Simon, 1996: 7)

2.3. TEORIA DE MANIPULAÇÃO

Na parte de introdução da coletânea *The Manipulation of Literature: Studies in Translatology*, Theo Hermans aponta: "Do ponto de vista da literatura chegada, toda tradudção implica certo grau de manipulação do texto fonte para um determinado objetivo[26]. " Os pesquisadores dos estudos de tradução, cujos trabalhos constam na coletânea, fazem parte do grupo chamado "Escola de Manipulação".

Lefevere e Bassnett associam a tradução à manipulação, quando afirmam que a tradução é uma reescrita de um texto fonte e que, como cada reescrita, independentemente da intenção com que foi produzida, reflete uma ideologia e uma poética, manipulando assim a literatura para funcionar na sociedade de certa maneira. Segundo os autores, a reescrita é manipulação, realizada a serviço do poder e, em seu aspecto positivo, pode ajudar no desenvolvimento de uma literatura e de uma sociedade. As reescritas podem introduzir novos conceitos, novos gêneros, novos recursos, e a história da tradução é também a história da inovação literária, do poder formador de uma cultura sobre outra. Mas a reescrita também pode reprimir, distorcer e controlar a inovação. Em uma época de crescente manipulação de todos os tipos, o estudo dos processos de manipulação da literatura, exemplificado pelo que acontece na tradução, pode nos ajudar a adquirir maior consciência a respeito do mundo em que vivemos (Lefevere, 1992: vii).

A reescrita se refere ao resultado de uma complexa articulação do sistema literário com outras práticas institucionalizadas e outras formações discursivas (religiosas, étnicas, científicas) (Bassnett e Lefevere, 1990: 13). Na Introdução à coletânea de artigos *Translation, History and Culture*, por eles organizada, Lefevere e Bassnett (1990) afirmam que "a

---

[26] Tradução minha de "From the point of view of the target literature, all translation implies a degree of manipulation of the source text for a certain purpose." (Hermans, 1985: 9)

tradução é uma das muitas formas sob as quais as obras de literatura são reescritas" [27], incluindo-se, entre outras formas, as resenhas, a crítica, a historiografia literária, as antologias e as transposições para outros sistemas semióticos, como, por exemplo, o cinema, a televisão e o teatro. As reescritas, portanto, produzem novos textos a partir de outros já existentes, garantindo, assim, a sobrevivência das obras literárias, e contribuem para construir a imagem de um autor e/ou de uma obra literária (Bassnett e Lefevere, 1990: 10).

De acordo com Lefevere, o sistema literário é restringido por um par de fatores controladores: o primeiro dentro do sistema literário e o segundo fora dele. O primeiro fator é representado por "profissionais" tais como críticos, editores, professores, tradutores, entre outros. Eles controlam o sistema literário de acordo com uma série de parâmetros estabelecidos pelo segundo fator. Por sua vez, o poder que é capaz de promover ou impedir a leitura, a escrita e a reescrita da literatura fora do sistema literário é definido como o segundo fator controlador – a patronagem, que representa a ideologia de certa cultura ou sociedade, estabelece uma série de parâmetros ideológicos decisivos. Sendo assim, os profissionais percebem a sua busca de poética tem que ser feita dentro da esfera dos parâmetros. Segundo Lefevere, a aceitação da patronagem implica que os escritores e reescritores trabalham dentro dos parâmetros estabelecidos por seus patronos e que eles estejam dispostos e sejam capazes de legitimarem tanto o status quanto o poder daqueles patronos (Lefevere,1992: 18). Por um lado, os patronos, enquanto porta-vozes de uma ideologia específica, interferem diretamente no processo de tradução através do seu poder de discurso, e por outro, os profissionais que são familiarizados com os parâmetros ideológicos aproveitarão, nas atividades de tradução, o seu poder de discurso relativamente mais limitado e técnicas de poética numa esfera permitida pela patronagem.

---

[27] Tradução minha de "translation is one of the ways in which works of literature are 're-written". (Bassnett e Lefevere, 1990: 10)

A patronagem pode ser entendida como o poder exercido por um indivíduo, um grupo de indivíduos, uma instituição, tais como um partido político, uma instituição religiosa, uma classe social, uma corte imperial, uma editora e a mídia incluindo jornais, revistas e televisão, etc., que determinam o que será permitido ou não será lido, escrito ou reescrito em termos de literatura. Na maioria dos casos, no entanto, os patronos ou iniciadores não são facilmente identificáveis. Eles podem ser simplesmente livreiros que detectam um buraco potencial no mercado, ou mesmo algo tão nebuloso como as expectativas do público, que tendem a tornar-se, em determinado momento, aqueles livreiros mencionados. Os patronos se preocupam com a ideologia da literatura. Ao invés de se deterem em sua poética, eles também tentam regular, por meio de uma grande variedade de instituições, a relação entre o sistema literário e os outros sistemas que formam em conjunto a sociedade e a cultura. Se não conseguem controlar a escrita, tentam pelos menos controlar os órgãos responsáveis pela sua distribuição, como academias, censores, revistas críticas ou instituições de ensino (Lefevere, 1992: 15).

Segundo Lefevere, a patronagem consiste em três componentes que interagem entre si: o ideológico, o econômico e o de status. O componente ideológico age como o elemento limitador na escolha e no desenvolvimento tanto da forma quanto do assunto, enquanto o econômico se refere à remuneração que os patronos pagam aos seus escritores e reescritores pelo serviço prestado. Já o componente de status significa que a aceitação da patronagem leva à integração do escritor ou tradutor a esse determinado grupo e seu estilo de vida.

Existem dois tipos de patronagem: a diferenciada e a não-diferenciada. A patronagem é diferenciada quando o sucesso econômico é relativamente independente de fatores ideológicos e nem sempre vem acompanhado de status literário, como podem atestar muitos autores de *best-sellers* contemporâneos (Lefevere, 1992: 17). A patronagem não-diferenciada ocorre quando os três componentes — o ideológico, o econômico e o de status — são dispensados pelo mesmo patrono, que pode ser um estado totalitário ou um monarca, o que era muito comum no passado. Em sistemas com patronagem não-diferenciada, os esforços dos patronos serão basicamente voltados para a manutenção da estabilidade do sistema social como um todo, e a produção literária aceita e promovida por esse sistema também deverá contribuir para tal fim (outras correntes serão vistas como "dissidentes") (Lefevere, 1992: 17). Nos sistemas com patronagem indiferenciada, as expetativas dos leitores são limitadas no escopo da leitura e apenas as interpretações corretas do texto fonte pode ser aceita e enfatizada na sociedade, e ao passo que nos sistemas com patronagem diferenciada, os leitores possuem uma liberdade muito maior na escolha de leitura. Lefevere reflete bastante sobre a patronagem, desvelando minuciosamente seus mecanismos de funcionamento e possíveis impactos sobre os sistemas literários e, consequentemente, sobre os sistemas sociais que os abrigam. Para ele, o leitor contemporâneo é exposto à literatura como esta foi e ainda é reescrita por leitores profissionais, em resumos, antologias, histórias literárias, dentre outros gêneros, de acordo com diferentes injunções de ordem poética e político-ideológica.

A poética consiste em dois componentes: o componente de inventário e o componente funcional. O primeiro é um inventário de técnicas, gêneros, tópicos, caráteres prototípicos, situações e símbolos da literatura, e o componente funcional é um conceito do papel da literatura no sistema social. As mudanças na poética de um sistema literário acontecem muito raramente no ritmo das mudanças no ambiente daquele sistema. No entanto, o componente funcional de uma poética é estreitamente relacionado com as influências ideológicas fora da poética, ou seja, o componente funcional é mais suscetível à influência direta de fora. De forma geral, os profissionais estão mais interessados pela poética da literatura, enquanto os patronos têm mais interesse pela ideologia.

Em resumo, os estudos de Lefevere podem ser divididos em dois momentos. O primeiro aconteceu nos anos 80 ao reconhecer o papel central da influência cultural, chamada Viragem Cultural, e adotar a abordagem descritiva em oposição à abordagem prescritiva e essencialista que dominou os Estudos de tradução por muito tempo. No segundo momento, nos anos 90, o pesquisador destaca a patronagem como componente ideológico do processo da tradução, e descreve os seus mecanismos de funcionamento, o impacto exercido sobre os textos traduzidos e a influência deles sobre a sociedade. É consenso entre os teóricos da tradução que a cultura ocupa uma posição central na formação dos sistemas literários e no processo da tradução.

2.4. TRÊS FATORES DE MANIPULAÇÃO

Como é discutida acima, a teoria de manipulação de Lefevere é, de fato, composta por três aspectos importantes: ideologia, patronagem e poética. Em outras palavras, há no total três fatores de manipulação da teoria de Lefereve.

O termo "ideologia" tem muitos significados. Quando for ligado à política, a dominação e o poder, o termo é, muitas vezes, visto como algo vago e negativo. Em outras situações, porém, é considerado como uma força que estimula a consciência revolucionária e *é capaz de* promover o progresso.

O termo "ideologia" tem origem nas palavras em grego "ideia" e "logos", que significavam o estudo das ideias. Ele apareceu pela primeira vez em francês como "*ideologie*" no século XVIII, quando foi introduzido pelo filósofo francês Destutt de Tracy, que a considerou como um termo técnico e característico do empirismo científico (Wang, 2003). A ideologia era concebida como uma espécie de superciência, a ciência das ideias, que abrangia todas as outras. A conotação inicial da ideologia era neutra. A ideologia está *intimamente ligada ao marxismo, e segundo o qual*, a construção do conhecimento, por si mesma, apresenta grandes dificuldades, já que a aparência das coisas não coincide imediatamente com a essência delas.

Com a divisão social do trabalho, apropriação privada dos meios de produção, escravidão, luta de classes, exploração do trabalho de uns por outros, os sujeitos humanos passaram a ter diante deles obstáculos poderosíssimos, quando tentavam enxergar as coisas de um ângulo mais abrangente, mais universal. Passaram a sofrer as limitações de uma "perspetiva parcial inevitável", que é, exatamente, a ideologia. Os marxistas viam a ideologia como um sistema de crenças ilusórias ou consciências falsas e características de certa classe ou grupo social. Para os marxistas, a ideologia serve para ocultar o estado real das relações sociais e para tornar legítima a dominância de uma classe.

Por sua vez, Gramsci (1971: 25, *apud* Zhou, 2011: 25) associa a ideologia ao poder e à hegemonia e vê a ideologia como uma habitual prática social, que deve abranger as dimensões inconscientes e inarticuladas da experiência social, bem como o funcionamento das instituições formais. Outro importante marxista, Althusser (1971: 1-16, *apud* Zhou, 2011: 25) considera a ideologia como práticas materiais que se impõem sobre nós sem ter que passar pela consciência. Nossos valores, preferências e desejos estão incluídos em nós através das práticas ideológicas e adquirimos nossas identidades por ver nós próprios e nossos papéis sociais espelhados em ideologias materiais. A insistência de Althusser na materialidade da ideologia representa um grande avanço no estudo deste conceito. Após a viragem cultural, teóricos como Lefevere têm dado cada vez mais atenção à ideologia. Lefevere define ideologia como sendo rede de forma, convenção e crença que determina nossas ações e vê a patronagem como sendo ideologicamente orientada.

As teorias da tradução eram tradicionalmente o principal foco de pesquisa na comparação de textos de partida e de chegada, tomando a "fidelidade" como o critério básico. Mas além do critério de fidelidade, a ideologia tem funcionado como uma "mão invisível" nas atividades da tradução. Para Lefevere (1992), "A tradução é, com certeza, uma reescrita de um texto original. Toda reescrita, qualquer que seja sua intenção, reflete certa ideologia e poética e manipula literatura para funcionar, de uma determinada forma, em determinada sociedade[28]." Portanto, a tradução é determinada por dois fatores básicos: a ideologia de tradutor e a poética predominante na cultura de chegada. A ideologia dita a seleção de tradução e estratégias de tradução.

Contudo, a ideologia pode ser classificada em várias dimensões: a ideologia individual, a ideologia coletiva e a ideologia dominante. Em sua abordagem acerca da ideologia em um contexto tradutório, Tang (2008) faz uma classificação pormenorizada da ideologia, que pode ser a ideologia dominante da sociedade da língua fonte e a ideologia dominante da sociedade da língua alvo; pode ser a ideologia individual do autor e a ideologia individual do tradutor; pode ser a ideologia coletiva de certo grupo de leitores e a ideologia individual de certo leitor; pode ser a ideologia coletiva do grupo ou classe social a que pertence o autor e a ideologia coletiva do grupo ou classe social a que pertence a tradutor; pode ser a ideologia individual do patrono (se o mesmo é certo indivíduo) e a ideologia coletiva da instituição patrona. De modo geral, a ideologia exerce influência sobre o processo da tradução em três domínios: a seleção de textos a serem traduzidos, a adoção de estratégias de tradução, assim como a difusão e a recepção de textos traduzidos.

A ideologia ainda pode ser vista como uma visão abrangente, uma maneira de olhar as coisas como pelo senso comum, ou um conjunto de ideias propostas pela classe dominante de uma sociedade para todos os seus membros. A fim de fazer os interesses da classe dominante parecerem ser os interesses de

---

[28] Tradução minha de "Translation is, of course, a rewriting of an original text. All rewritings, whatever their intention, reflect a certain ideology and a poetics and as such manipulate literature to function in a given society in a given way." (Lefevere, 1992: vii)

todos, a ideologia faz sempre bom proveito do papel especial da tradução, que pode introduzir novos conceitos e ideias, e ajuda as instituições dominantes a legitimar a ordem em vigência por meio de valores, concepções e sistemas de símbolos. Um dos fatores mais importantes em uma determinada ideologia é o fator político, que exige que, na tradução, os "reescritores" levem em conta a ideologia dominante. Diferentes nações contam com suas próprias ideologias dominantes que influenciam, respectivamente, as atividades da tradução, em que os tradutores tendem a evitar "choques" e diluir divergências.

No que diz respeito à seleção de textos a serem traduzidos e de estratégias de tradução, como todo texto é escrito com determinado objetivo e deve servir ao mesmo tempo para esse objetivo, é crucial para o tradutor conhecer a razão pela qual o texto será traduzido e saber qual é a função do texto traduzido. Segundo as regras de "escopo" de Vermeer, isso implica em traduzir, interpretar, falar e escrever de uma forma que permita a um texto e a sua tradução funcionarem na situação em que eles são usados por pessoas que os querem usar e que tenham as funções que essas pessoas querem que tenham. A primeira função da tradução consiste na função social, em vez da função linguística. Como Lefevere (1992: 39) afirma, se considerações linguísticas entrarem em conflito com considerações de natureza ideológica ou poética, as últimas tendem a vencer. Por isso, nos estudos de tradução, as seguintes interrogações merecem muita importância: Como um texto é selecionado para ser traduzido? Que papel tem o tradutor nessa seleção? Que critérios determinam as estratégias de tradução? Como é que um texto traduzido é recebido no sistema alvo? Na seleção de textos a serem traduzidos, é a ideologia dominante da sociedade da língua alvo que ocupa a posição mais importante, porque desde patrono a grupos de leitores, quase todos ficam alinhados à ideologia dominante. No caso da adoção de estratégia de tradução, ganha mais peso a ideologia individual do tradutor, que é o agente mais importante que dá forma à ideologia embutida no texto traduzido.

Além de exercer muita influência sobre a seleção de textos a serem traduzidos e estratégias de tradução, a ideologia é capaz de controlar a difusão de determinados textos traduzidos. Tal como na seleção de textos a serem traduzidos, a ideologia dominante da sociedade da língua alvo prevalece na difusão e recepção de textos traduzidos.

O enfoque dos estudos acerca da ideologia nas atividades de tradução está na influência recíproca entre a ideologia dominante da cultura alvo e a adoção de estratégias de tradução, posições individuais de tradutores, motivação da seleção de textos a serem traduzidos, bem como na difusão e recepção de textos traduzidos. Como a ideologia dominante de certa sociedade constitui um fator importante e incontornável, os estudos acerca da ideologia nas atividades de tradução ficam subordinados ao contexto histórico daquela ideologia dominante. Sendo assim, pode-se dividir as ideologias que influenciam o processo da tradução em dois grupos: os fatores ideológicos diretos e os indiretos. Os primeiros são os que podem influenciar decisivamente a produção de textos traduzidos, inclusive a ideologia individual do tradutor, que é o produtor de textos na língua alvo, e a ideologia individual do autor, que é o produtor de textos na língua fonte. Os fatores ideológicos indiretos podem influenciar todo o processo da tradução, inclusive vários elementos: a ideologia dominante da sociedade da língua alvo, a ideologia dos leitores de textos traduzidos, patrono, editora, profissionais literários, professores, críticos, etc. Na vida real, os tradutores ficam sujeitos à ideologia dos patronos, enquanto as opiniões, críticas e comentários feitos por profissionais, assim como projeções sobre atitudes de leitores, também podem influenciar os tradutores na seleção de textos a serem traduzidos e na adopção de estratégias de tradução e levar os tradutores a ajustar as posições ideológicas deles próprios.

A atividade de tradução reconstrói a partir do texto fonte que carrega a ideologia da sociedade da língua fonte, um texto, chamado texto alvo, dentro da ideologia dominante da sociedade da língua alvo. Como todos os materiais de reconstrução (tais como vocabulário e conceitos) desse processo e as formas de reconstruir (tais como características sintáticas e estilos literários) são oriundos da sociedade da língua alvo, o resultado desta reconstrução tem que ser diferente da construção original, que é o texto fonte. Afinal de contas, diferentes construtores (tradutores) constroem diferentes construções (textos traduzidos), que contam com aparências e estruturas (tais como vocabulário, conceitos, sintaxe e estilos literários) distintas.

A patronagem é definida por Lefevere como: "algo como os poderes (pessoas, instituições) que podem promover ou impedir a leitura, escrita e reescrita de literatura (1992a: 15). " Como é que a patronagem exerce seus poderes sobre a tradução? "Poder pode ser exercido por meio de paus (poder com força obrigatória), cenouras (negociação) e ideias (persuasão)[29]. " Como é referido acima, a patronagem de Lefevere consiste em três elementos: o componente ideológico, o componente econômico e o componente de status. Constrangendo principalmente a escolha e o desenvolvimento da forma e do assunto focalizado, o componente ideológico exerce sua influência através da combinação de "paus" e "ideias". Muitos patronos, tais como um rei, uma instituição religiosa, um partido político, uma corte imperial, uma editora, entre outros, podem exercer seu poder com força obrigatória, por uma variedade de meios: a edição, recusa ou proibição da publicação, a restrição do público leitor, a punição de tradutores, a ameaça à segurança pessoal de tradutores e até a privação da vida de um tradutor. O poder do componente ideológico da patronagem é tão influente e obrigatório porque os patronos podem representar o poder do país e é apoiado pela política e forças armadas do país. A "persuação" significa que, por vezes, os institutos acadêmicos, as instituições de ensino, a mídia e os jornais críticos insinuam a ideologia da classe governadora

---

[29] Tradução minha de "Power can be exerted by means of sticks (impositional power), carrots (bargaining) and ideas (persuasion)." (Phillipson, 1992: 53)

na mentalidade dos tradutores para que os mesmos aceitem a ideologia predominante e trabalhem de acordo com os parâmetros delimitados pelos patronos. Os demais dois componentes da patronagem, nomeadamente o econômico e o de status exercem normalmente seu poder por meio de várias "cenouras", tais como um salário, um subsídio, uma atribuição de um cargo, prémios ou honras de tradução, aceitação do tradutor em uma classe social mais elevada ou uma vida de melhor qualidade, etc., o que implica que a patronagem exerce sua manipulação através de incentivo e coerção.

O patrono desempenha normalmente um papel significante na seleção de textos a ser traduzidos, como traduzir os textos selecionados e que estratégias devem ser adotadas. Também não se deve ignorar alguns casos especiais, por exemplo: quando um tradutor estiver muito interessado por determinado texto, irá traduzi-lo, meramente pelo próprio entretenimento, sem nenhuma ambição pelo renome ou pela publicação do trabalho traduzido. Mas quando um tradutor quer que sua tradução possa produzir algum efeito, não tem outro remédio senão aceitar a influência ou restrição por parte de algum patrono, que poderá ser um rei, uma instituição no poder ou uma editora. Neste caso, um tradutor tem que aceitar o texto fonte indicado pelo patrono e satisfazer os requerimentos do mesmo durante o processo da tradução. Os patronos têm o poder de decidir se a tradução vai ser publicada: se a tradução é considerada aceitável, os patronos encorajarão a publicação, mas se o tradutor violar o desejo do patrono, o trabalho traduzido não terá a oportunidade de ser publicado e até o próprio tradutor sofrerá uma punição ou perderá a vida.

No processo da publicação, os patronos exercem sua manipulação na tradução através de uma série de estratégias de publicação. Terry Hale define o termo "estratégias de publicação" como "o processo especulativo pelo qual livros são selecionados para serem traduzidos e publicados para outras línguas: apesar da sua importância cultural, a produção de livros é geralmente regulada pelas forças puramente comerciais" (Mona Baker, 2004: 190). Esta definição só contempla uma parte do processo de publicação. Para além da seleção de textos, as estratégias de publicação ainda incluem: a oferta de sumários de tradução, a recusa ou proibição de publicação, a restrição do público leitor. A punição a tradutores, assim como prémios e honras de tradução podem ser considerados também como estratégias de publicação.

Os patronos podem-se dividir em vários estratos e formam uma rede hierárquica gigantesca em uma sociedade. Nesta rede gigantesca, a posição mais elevada é ocupada pelo governante da sociedade, tais como o rei, o partido político no poder, a classe social no poder e a corte imperial. A ideologia deles é a ideologia predominante da sociedade e eles definem um grupo de parâmetros ideológicos para os demais patronos seguirem. No meio estão distribuídas instuições regligiosas, institutos acadêmicos, instituições de ensino e serviços de censura, entre outros, que, por um lado, podem manipular os patronos de estrato inferior, e por outro, têm que ser manipulados pelos patronos de estrato superior. As editoras e a mídia, inclusive jornais, revistas e televisões, são do estrato mais baixo e a manipulação que eles exercem sobre a tradução está sujeita a todos os patronos dos estratos mais elevados. Portanto, é mais fácil compreender por que algumas editoras ainda publicam uns trabalhos traduzidos embora estes contenham opiniões divergentes. Acontece que as editoras declaram no prefácio de alguns livros traduzidos que o autor do texto fonte tem opiniões contrárias ou não aproriadas. Este tipo de declaração evidencia claramente que as decisões de publicação não são feitas a partir do desejo das prórpias editoras, que temem a eventual punição. Quando houver alguma censura contra a tais publicações, a declaração ajudará as editoras a ficar isentas de qualquer responsabilidade política.

A pesquisa mais sistemática acerca da poética na linguagem foi feita pelos pesquisadores que trabalhavam na antiga Checoslováquia e estavam bem versados no Formalismo Russo, tais como: Roman Jakobson, Jiri Levy e Frantisek Miko, etc

(Mona Baker, 2004: 168). Com base no Formalismo Russo, eles desenvolveram ideias formalista no estudo de poética e introduziram a poética nos estudos de tradução, em que o termo "poética" ficou a ganhar mais significados: a poética refere tanto ao estudo da composição da poesia quanto ao estudo teórico de toda a literatura, inclusive a poesia.

A poética é definida por Lefevere como "que literatura deve ser" (1992a: 14). Ele cita as palavras de Earl Miner: "Uma poética sistemática emerge em uma cultura depois de um sistema literário adequado ter sido gerado e quando importantes concepções críticas são baseadas em um gênero então florescente ou normativamente considerado[30]." Como é abordado acima, segundo Lefevere, a poética sistemática contém dois componentes: o componente de inventário e o componente funcional. Gentzler compartilha a mesma opinião que Lefevere e os dois argumentam que a poética deve ser estudada em um abrangente contexto social e cultural e salientam o papel que um sistema literário desempenha em um maior sistema social.

Como a poética de tradução, para Lefevere, é descritiva na natureza, não contém prescripções para as atividades de tradução, mas sim descrições de possíveis estratégias que os tradutores podem utilizar. Dentre os dois componentes de uma poética, o componente funcional está estreitamente ligado às influências ideológicas fora da esfera da poética e é gerado pelas forças ideológicas dentro do ambiente do sistema literário. Em contrapartida, o componente de inventário: técnicas, gêneros, tópicos, caráteres prototípicos, situações e símbolos da literatura, que pertencem ao estudo interno de um sistema literário e não será abordado neste trabalho, em que se pesquisam os fatores que influenciam a tradução de obras de Jorge Amado na China e, a ideologia e a patronagem, enquanto dois fatores mais relevantes, serão abordadas, de forma concreta, neste trabalho.

---

[30] Tradução minha de "A systematic poetics emerges in a culture after a literary system proper has been generated and when important critical conceptions are based on a then flourishing or normatively considered genre." (Lefevere, 1992a: 26)

3. PODER E ESTUDOS DE TRADUÇÃO

3.1. CONCEITOS DE "PODER" NOS ESTUDOS RELACIONADOS COM TRADUÇÃO

"Poder" é um termo bastante complexo e polissêmico. O Novo Dicionário Aurélio da Língua Portuguesa (Editora Nova Fronteira, 2003:1591) enumera 14 significados para o substantivo "poder", inclusive "direito de deliberar, agir e mandar", "faculdade, possibilidade", "vigor, potência", "autoridade, soberania, império", "domínio, influência, força", "posse, jurisdição", e "eficácia, efeito, virtude" etc. "Poder" tem sido alvo de pesquisas nas mais variadas disciplinas, tais como a política, a sociologia, a filosofia e os estudos culturais, entre outras. Nos estudos de tradução, a partir dos anos 90 do século XX, quando Susan Basnett e André Lefevere publicaram *Translation, History and Culture*, as correlações entre poder e tradução começaram a ser pesquisadas.

A tradução constitui uma atividade cultural e social. Uma melhor compreensão do conceito do poder nos estudos de tradução poderá ser inspirada nas pesquisas a respeito de poder em outras ciências sociais e humanas, como sociologia, estudos da comunicação intercultural, política e filosofia, etc. Portanto, é essencial conhecer os conceitos de poder nos estudos relacionados com a tradução.

A sociologia define poder, geralmente, como a habilidade de impor a sua vontade sobre os outros, mesmo se estes resistirem de alguma maneira. Existem, dentro do contexto sociológico, diversos tipos de poder: o poder social, o poder econômico e o poder militar.

Na comunicação intercultural, os pesquisadores estudam a importância que o poder tem para com o uso da linguagem por participantes da comunicação e os efeitos da comunicação. Para He Xianbin (2004: 2), "poder" é a disparidade vertical entre participantes numa estrutura hierárquica. "+ Poder" (mais poder) é normalmente usado para descrever uma situação em que existe uma diferença de estatutos entre participantes num ato de comunicação. Por sua vez, "- Poder" (menos poder) se refere à situação em que existe pouca ou nenhuma diferença entre participantes.

Vale salientar a relevância de poder para a análise de discursos e a retórica, sendo esta última uma disciplina dedicada à pesquisa da arte de persuasão. A retórica tem como objetivo aumentar a capacidade de influência da linguagem e o poder de falante para influenciar e convencer os outros através do uso da linguagem. O poder no discurso se reflete na restrição verbal da parte menos poderosa, perante a parte mais poderosa, nos seguintes aspectos: tema de discurso, relacionamento social entre participantes e posições subjetivas de participantes.

O poder também constitui um tópico muito importante na ciência política e na filosofia. No livro *Power: A New Social Analysis*, Bertrand Russell (1938) propõe duas dimensões para a definição do termo "poder": "poder para" (power to) e "poder sobre" (power over). Segundo Russell, "poder para" é considerado como a capacidade de agir de uma pessoa, a fim de atingir seus objetivos e, "poder sobre" é a capacidade de manipular ou controlar os outros. A título de exemplo, numa estrutura hierárquica, X fica numa posição inferior à de Y. Pode-se dizer, portanto, que Y tem poder sobre X.

Para Lu Deshan (2000: 60-71), o "poder" pode ser classificado sob diversas formas. O "poder" pode se dividir em poder individual, poder coletivo e poder de estado em termos de suas características. O poder também se pode dividir em poder posicional e poder não-posicional, de acordo com o critério ou a posição de seu detentor. Pode-se adquirir o poder individual através da qualidade pessoal, os conhecimentos que se formam ao longo de estudos, habilidades profissionais e outras vantagens pessoais. O poder coletivo se refere ao poder de partidos políticos, organizações sociais, organizações governamentais, etc. O poder de estado é exercido por instituições governamentais e é formado pelo governo, polícia e forças armadas, entre outros.

O poder posicional diz respeito ao poder empregado nos serviços públicos em instituições governamentais e tem diversas categorias: o poder legislativo, o poder administrativo, o poder militar e o poder judicial. O poder posicional é exercido pela força impositiva. O poder não-posicional constitui o poder de manipular e controlar os outros em uma sociedade e não é adquirido através da ocupação de posições governamentais, mas das vantagens em conhecimentos, capacidades, riqueza, talentos e sexo, etc. Este tipo de poder não é muito estável. É relacionado com os interesses pessoais e como não conta com a força das instituições governamentais, é relativamente mais fraco.

Lu Deshan (2000: 61-75) ainda distingue o poder político do poder econômico e do poder cultural. Com relação ao poder político, que é o núcleo das normas estatais, vale mencionar as forças armadas, a polícia, as organizações governamentais, até as ideias políticas e a religião, ao passo que o poder econômico inclui principalmente diversos sistemas econômicos e relações econômicas. Quanto ao poder cultural, as instituições culturais, mentalidades culturais e até atividades culturais podem possuir o poder cultural. Além disso, o poder cultural serve para os poderes político e econômico.

Não é difícil descobrir os pontos em comum na pesquisa de "poder" nas áreas de linguística, política e filosofia. Mas bastantes disparidades também se evidenciam entre si. Para He (2004: 6), a maior diferença reside na ênfase seletiva de diferentes partes do poder. Os linguistas colocam o enfoque de pesquisa no poder individual, cultural e não-posicional. O poder "escondido" em ou atrás de discursos também é alvo de atenção de linguistas. Contrastando com isso, os teóricos da política se concentram nos poderes político, econômico e posicional.

Também se pode verificar pequenas diferenças nas definições do mesmo termo "poder". A autoridade, por exemplo, é incluída no poder da linguística, mas excluída de algumas teorias políticas, porque o poder e a autoridade não se correspondem totalmente. A possessão de um poder grande não implica necessariamente, em muitos casos, que o possuidor seja respeitado ou tenha uma autoridade do mesmo nível. Contudo, em outros casos, a autoridade continua existindo quando o poder desaparece. Quando o poder for exercido por diferentes indivíduos, pode gerar a autoridade em diferentes graus.

Os objetivos de pesquisa serão diferentes, de acordo com distintas áreas de conhecimento. O maior interesse de teóricos de linguística social e comunicações interculturais está na descoberta das diferenças linguísticas entre participantes de conversação e seus efeitos potenciais para o sucesso da comunicação. Pesquisadores da análise crítica de discurso estudam a conexão entre o uso da linguagem e as suas relações desiguais com o poder. Teóricos da política estudam estratégias de poder nas regras de estado e tentam propor uma definição adequada do uso legítimo de poder, a fim de evitar o abuso de poder e a corrupção governamental. Os teóricos, tanto de política quanto de linguística, têm interesse pela ideologia, mas os teóricos de linguística buscam revelar a ideologia transmitida por discursos, ao passo que os de política estudam como as atuais estruturas de poder servem à ideologia.

O termo "poder" aparece frequentemente nos trabalhos de Lefereve. Quando afirma que a tradução é uma reescrita de um texto original, Lefevere diz que "reescrita é manipulação, acontecendo a serviço do poder (1992a: vii). " E explica depois:

É minha opinião que o processo, que resulta na aceitação ou rejeição, na canonização ou não canonização de obras literárias, não é dominado por nada, mas por fatores muito concretos que são relativamente fáceis de discernir, assim que se decide a olhar para eles, isto é, assim que se evite a interpretação como o núcleo de estudos literários e se comece a abordar temas como poder, ideologia, instituição e manipulação[31].

Na definição da patronagem, Lefevere considera-a como "algo como poderes (pessoas, instituições) que podem promover ou proibir a leitura, escrita e reescrita da literatura " e destaca que "é importante entender 'poder' aqui no sentido Foucaultiano, não apenas nem mesmo principalmente como uma força repressiva" (1992a: 15). É bastante evidente que a teoria de Lefevere está bem relacionada com a teoria de poder e discurso do filósofo francês Michel Foucault.

Foucault é um autor fecundo e os livros mais famosos são: *Madness and Civilization (1961), The order of Things: Na Archaeology of the Human Sciences (1966), The Archaeology of Knowledge and the Discourse on language (1969), Discipline and Punish: the Birth of the Prison (1975), The History of Sexuality (1976-1984)*. Sua teoria de poder e discurso tem sido aplicada em muitas áreas acadêmicas e tem exercido profundas influências nos estudos culturais ocidentais, graças à natureza interdisciplinar de seus trabalhos.

Apesar de que nunca discuta diretamente a questão de tradução, Michel Foucault fez muita pesquisa sobre as relações entre o poder e a sociedade em suas obras, nas quais ele se concentrava nas relações entre a pessoa e o grupo de que a pessoa faz parte, nas relações entre a pessoa e o costume, e

---

[31] Tradução minha de "It is my contention that the process resulting in the acceptance or rejection, canonization or non-canonization of literary works is dominated not by vague, but by very concrete factors that are relatively easy to discern as soon as one decides to look for them, that is as soon as one eschews interpretation as the core of literary studies and begins to address issues such as power, ideology, institution, and manipulation." (Lefevere,1992a:2)

entre a pessoa e vários tipos de instituições. Para Foucault, o poder não existe, o que existe são as relações de poder.

O "poder" no passado era considerado como uma força que proíbe ou impede as pessoas de fazer algo. No entanto, Foucault discorda deste ponto de vista e tomou "poder" como uma rede composta de todos os poderes que governam e controlam. Sendo assim, os poderes se dividem em dois tipos: os poderes visíveis como órgãos do Estado e disposições jurídicas e, os invisíveis são como ideologia, tradições e costumes culturais, assim como as influências religiosas. São todos considerado poderes, pois controlam e governam os pensamentos e comportamentos das pessoas. Todos estes poderes formam uma rede gigantesca e nenhum pode existir independente desta rede, que regula o comportamento das pessoas, dizendo-lhes o que eles devem fazer, o que não devem fazer e que comportamentos são aceitáveis ou inaceitáveis na sociedade. O termo "discurso" utilizado por Foucault não se refere ao mesmo conceito nos estudos linguísticos e literários. De acordo com Foucault, o "discurso" é a forma de representação de "poder" e todos os poderes são realizados por meio de "discurso". Por isso, o poder é essencialmente o poder de falar. O "discurso" não só é a ferramenta para exercer o poder, como também é a chave para agarrar o poder. O poder e o discurso são inseparáveis (Lv Jun, 2002: 108).

No entender de Foucault, o poder é uma realidade dinâmica que ajuda o ser humano a manifestar sua liberdade com responsabilidade. A ideia tradicional de um poder estático, que habita em um lugar determinado, de um poder piramidal, exercido de cima para baixo, é transformada em Foucault. Ele acredita no poder como um instrumento de diálogo entre os indivíduos de uma sociedade. A noção de poder onisciente, onipotente e onipresente não tem sentido na nova versão, pois tal visão somente servia para alimentar uma concepção negativa do poder.

A teoria de poder e discurso de Foucault contém a dimensão da história. Ele argumenta que a produção de qualquer conhecimento é muito relacionada com o específico sistema de poder na história, e qualquer área ou classe em qualquer sociedade tem seu discurso particular. Neste sentido, a teoria de Foulcault proporciona uma nova perspectiva teórica e método de pesquisa para os estudos de tradução. Sob sua influência, teóricos de tradução contemporânea representados por Susan Bassnett e André Lefevere começaram a prestar mais atenção à perspectiva de cultura e colocar os objetos de pesquisa, nomeadamente os textos, em um contexto histórico e cultural muito mais amplo para tentar descobrir os vários fatores de manipulação de poder escondidos detrás dos textos, provocando, desta maneira, a viragem cultural dos estudos de tradução.

O que Foucault entende por relações de poder? Segundo o autor, quando se fala de poder, as pessoas pensam imediatamente em estrutura política, um governo, uma classe social dominante e o mestre frente ao escravo, etc. Mas Foucault acha que, nas relações humanas, quaisquer que sejam – quer se trate de comunicar verbalmente, como fazemo-lo agora, ou quer se trate de relações amorosas, institucionais ou econômicas -, o poder continua presente: uma relação na qual alguém tenta dirigir a conduta do outro. Estas são, por conseguinte, relações que se pode encontrar em diversos níveis, sob diferentes formas; estas relações de poder são relações móveis, ou seja, elas podem alterar-se, elas não são dadas de uma vez para sempre (Foucault, 2001, *apud* Marinho, 2008). Foucault considera que, como relação de poder, toda relação compromete o ser humano. Vendo por este ângulo, toda ação do cotidiano, mesmo a menor e a mais banal, constitui uma relação de poder.

Foucault não usa o termo "ideologia" em seus trabalhos, porque ele acredita que o conceito de ideologia tem a natureza do compromisso absoluto de um sistema de ideias e segue o padrão que não está em conformidade com sua ideia desconstrucionista. O termo "poder e discurso" é preferido por Foucault, que insiste que o próprio discurso seja o poder. De acordo com sua análise sobre poder e discurso, que são aproximadamente iguais à ideologia dominante, ou seja, as atividades de tradução são manipuladas por poder e discurso da ideologia dominante em uma sociedade (Lv Jun, 2008: 44).

3.2. IMPORTÂNCIA DE PESQUISAR AS RELAÇÕES ENTRE TRADUÇÃO E PODER

Seguindo a ordem de seu desenvolvimento histórico, os estudos de tradução são abordados basicamente a partir de três perspectivas: filologia, linguística e estudos culturais. Estas três abordagens concentram-se em diferentes aspectos do fenômeno de tradução e são complementares em vez de ser contraditórias. Nida afirma (2002: 109):

> Filologia, o estudo de textos escritos, incluindo sua autenticidade, forma, significado e influência, tem sido a principal base para discussões sobre teorias e práticas de tradução durante cerca de dois mil anos. Em geral, os textos foram produções literárias, uma vez que estes têm sido os únicos textos considerados dignos de tradução cuidadosa[32].

A abordagem filológica de tradução é mais orientada para o produto e sua metodologia principal é a comparação entre textos fontes e textos alvos, assim como análises e comentários no nível de correspondência alcançada na estética e estilo. O foco de pesquisa da abordagem filológica reside na recriatividade or literariedade na tradução de obras literárias. Esta abordagem é abundante em discussões como: A tradução deve ser literal ou livre? Os tradutores devem ter estilos deles próprios? Ou eles apenas seguem o estilo do autor do texto fonte?

---

[32] Tradução minha de "Philology, the study of written texts, including their authenticity, form, meaning, and influence, has been the primary basis for discussions of translation theories and practice for some two thousand years. In general the texts have been literary productions, since these have been the only texts considered worthy of careful translating." (Nida, 2002: 109)

As tradicionais teorias linguísticas de tradução enfocam-se no processo da transferência interlingual e tem como objetos de pesquisa a análise contrastiva entre a língua fonte e a língua alvo, a redução de segmentos de linguagem e unidades de tradução e a busca de correspondentes ou equivalentes nas linguas alvos. Portanto, a palavra chave das teorias linguísticas de tradução é justamente "equivalência" ou "correspondência". Pode-se concluir que a abordagem linguística é basicamente prescritiva, está principalmente interessada em "como traduzir" e é mais aplicável para a pedagógica de tradução.

Por sua vez, a abordagem cultural de tradução é mais orientada para o processo. Em vez de estudar apenas o processo de transferência interlingual, como fazem as tradicionais teorias linguísticas de tradução, a abordagem cultural pesquisa toda a cadeia de atividades de tradução, vai além do início e fim do processo de tradução e envolve a iniciação da tradução, a seleção de tradutores e textos fontes a ser traduzidos, a recepção de tradução nas culturas de chegada. A literatura constitui o objeto de pesquisa da abordagem cultural de tradução e os pesquisadores desta área vêm das áreas de literatura comparativa, estudos culturais e históricos, filosofia, entre outras áreas. A abordagem cultural coloca a tradução em contextos globais das culturas de partida e de chegada, e amplia, por conseguinte, o escopo dos estudos de tradução. A "viragem de poder" é uma área de pesquisa da abordagem cultural.

A importância da pesquisa das relações entre tradução e poder é evidenciada em diversos modos. Para Lv e Hou (2001:68), a investigação das "lutas" de poder na tradução nos permite ter um melhor conhecimento sobre a natureza da tradução. Descobre-se que a tradução não é uma atividade neutra e independente da política, ideologia e dos conflitos de interesse, também não é um trabalho puramente linguístico, ou faz a transferência ou substituição de signos discursivos entre textos. Pelo contrário, é a alteração, a distorção e a recriação de um tipo de cultura, pensamento e ideologia em outro tipo. Da mesma forma, através da análise de alguns fenômenos de tradução, podemos ficar a conhecer outra cultura, sociedade ou ideologia.

A pesquisa das relações de poder representa um ângulo novo para os estudos de tradução e a presença do poder tem sido abundante em muitos fenômenos de tradução ao longo da história humana. A pesquisa das relações de poder nos estudos de tradução toma a tradução como uma série de atividades de conciliação ou de cedência entre todos os tipos de relações de poder: língua fonte e língua alvo, cultura de partida e cultura de chegada, autor e tradutor, texto central e texto periférico, leitor e tradutor, tradutor e patrono, entre outros. Em vez de se focalizar em como traduzir, avaliar traduções, ou se a tradução deve ser literal ou livre, a pesquisa das relações de poder nos permite a entender por que certos textos são traduzidos ou proibidos de ser traduzidos, por que tradutores omitem, adicionam ou alteram certos elementos nos textos fontes e como a patronagem manipula os tradutores. A pesquisa ainda proporciona interpretações à fieldade do tradutor para com o autor e a cultura fonte a certa altura.

A "viragem de poder" coloca as atividades de tradução em determinados contextos históricos e culturais e possibilita aos pesquisadores tratarem dos elementos socioculturais da tradução e, em particular, as relações de poder escondidos na tradução. A pesquisa acerca do poder vê a tradução a partir de uma macro perspectiva, que torna a tradução mais objetiva e compreensiva. Sendo assim, este tipo de estudo serve como um complemento importante para outros estudos na área de tradução.

3.3. AS RELAÇÕES ENTRE TRADUÇÃO E PODER

Como é referido acima, para Foucault, o poder constitui uma rede que é composta por toda força de controle e é ubíqua. Esta rede de poder existe em todas as atividades humanas. As atividades de tradução são, sem dúvida, influenciadas pelo poder.

As relações entre tradução e poder são muito complexas. No livro *Translation, History and Culture*, os autores Susan Bassnett e André Lefevere sugerem aos estudiosos que considerem "as errâncias e vicissitudes do exercício de poder em certa sociedade e o que o exercício de poder significa em termos da produção da cultura, da qual a produção de traduções é uma parte" [33], para poderem explicar as estratégias empregadas nas atividades de tradução.

Os estudos culturais na tradução chegaram a alargar os horizontes dos estudos de tradução, que, antes do aparecimento dos estudos culturais, eram principalmente marcados pelos estudos linguísticos. Em contextos sociais e políticos, a tradução constitui uma série de atividades em que se cruzam diferentes culturas e línguas, mantendo relações muito estreitas com a cultura. Para Tymoczko e Gentzler (2002: xvi), a viragem cultural dos estudos de tradução é, de certa maneira, a viragem de poder. O poder já se tornou o tópico central das pesquisas historiográficas em tradução e das pesquisas de estratégias de tradução.

As relações entre tradução e poder podem ser lidas em três dimensões: a tradução do poder, que significa que a tradução é manipulada pelo poder; o poder da tradução, como diz o próprio nome, que se refere à influência, valor e funções da tradução; as relações de poder no processo da tradução, isto é, as relações entre o tradutor e o autor, entre o texto fonte e o texto alvo.

Segundo Foucault, as relações de poder são sentidas em todas as circunstâncias e sem dúvida, nas atividades de tradução. A história da tradução é a história também de inovação literária, da formação do poder de uma cultura sobre a outra (Bassnett & Lefevere 1990: ix). Sendo uma atividade social, a tradução nunca se pode livrar do controle e da manipulação

---

[33] Tradução minha de "the vagaries and vicissitudes of the exercise of power in a society, and what the exercise of power means in terms of the production of culture, of which the production of translations is a part." (Bassnett & Lefevere, 1990: 5)

do poder, que se traduz na manipulação feita pela cultura de chegada, cultura de partida, autor e texto fonte sobre a tradução. Para Hermans (1985: 9), que foi o primeiro teórico a entrelaçar a tradução e a manipulação a partir do ponto da cultura de chegada, todas as traduções demonstram certo grau de manipulação do texto fonte para um determinado objetivo. A manipulação da cultura de chegada sobre a tradução é muito pesquisada pelos teóricos da escola da Manipulação e teóricos de estudos culturais.

A patronagem proposta por Lefevere implica na existência do poder. Lefevere descreve o sistema literário, em que a tradução funciona, como sendo controlada por três fatores principais: os profissionais dentro de um sistema literário, patronagem fora do sistema literário e a poética dominante. Vale salientar que os dois primeiros fatores representam fatores de poder que influenciam a tradução. Os profissionais dentro de um sistema literário são os críticos e revisores, cujos comentários influenciam a recepção de uma obra, os pesquisadores e acadêmicos, que decidem frequentemente se um livro é recomendado ou não, e os próprios tradutores, que decidem sobre a poética e, por vezes, a ideologia de um texto traduzido. A patronagem fora do sistema literário é constituída justamente pelos poderes, tais como indivíduos e instituições, que podem promover ou prejudicar a leitura, escrita e reescrita de literatura.

Conhecidas as ideias no âmbito dos estudos de tradução, colocam-se as seguintes questões: Por que se faz a tradução? Quem será responsável pela seleção de obras a serem traduzidas? Quem será responsável pela edição e publicação das traduções? Como são selecionados tradutores? Por que tradutores adotam umas estratégias de tradução e deixam de usar outras? Evidencia-se a presença do poder nas respostas do questionário acima. Ademais, a manipulação feita pela cultura de chegada sobre a tradução contém, ao mesmo tempo, fatores de poder como público-alvo e questões de mercado.

Contudo, como referido acima, o texto original, o autor e a cultura de partida também são capazes de manipular a tradução, porque, de qualquer maneira, o texto original é sempre o ponto de partida da tradução. O poder da cultura de partida é sentido, na maioria dos casos, na manipulação feita pela cultura das nações predominantes sobre a cultura das nações periféricas no mundo. O texto original e o autor, provenientes da cultura das nações periféricas, exercem o poder dependendo do contexto e do ambiente da sua cultura. Neste caso, o poder exercido será menos forte devido à posição inferior da cultura de que o autor e o texto original fazem parte. Mas também pode acontecer a possibilidade de o autor ou o texto original contarem com uma maior autoridade e influência, que consegue ampliar muito o seu poder e que, por conseguinte, poderá fazer uma manipulação mais forte da tradução.

A tradução era considerada algo dependente. A partir desta perspectiva, a tradução era vista no passado como "lado posterior do tapete", "réplica do texto original" e até "esposa" ou "criada" do homem, o que implica uma discriminação para com o sexo feminino, além de inferiorizar a tradução. Pode-se dizer que a fidelidade ou a equivalência que eram extremamente salientadas no passado são fruto dessas ideias que privilegiam a posição do autor e do texto fonte. A força de manipulação que a cultura de partida e o texto fonte possuem está estreitamente relacionada com a diferença entre o poder da cultura de partida e o poder da cultura de chegada. Quando a cultura de partida é mais forte, a força de manipulação será mais sentida no texto alvo, o que dá origem ao chamado "tradutês" (*translationese*) que Toury (2001:208) defende. Para Toury (2001:208), a manipulação do texto fonte tem levado o texto alvo a se descentralizar da cultura de chegada, apresentando características exóticas e divergentes da cultura de chegada.

Em resumo, a tradução é fruto das relações de poder entre cultura de partida, texto original e cultura de chegada. As relações de poder se traduzem, ao longo da história da tradução, em um desequilíbrio na direção de fluxos de tradução, na seleção de textos a serem traduzidos, na adoção de estratégias de tradução e até no desenvolvimento de teorias dos estudos de tradução. A título de exemplo, vejamos o desequilíbrio da direção de fluxos de tradução: as culturas "hegemônicas" da Europa e dos Estados Unidos têm sido colocadas em evidência muito mais do que as culturas dos países do "terceiro mundo". No que diz respeito à seleção de textos a serem traduzidos, na Europa e nos Estados Unidos, a literatura traduzida das nações periféricas costuma demonstrar a faceta mais atrasada, não civilizada ou misteriosa daqueles povos, ao passo que a seleção de textos das culturas europeias e norte-americanas nos países de nações periféricas é mais abrangente e tolerante. Além disso, se se tentar descobrir os motivos da adoção de distintas estratégias de tradução, as relações de poder ocupam uma posição substancial.

O poder da tradução consiste em influências, valores e funções desta atividade. De acordo com as ideias de Foucault, o conhecimento é entendido como a parte central do poder. Para entender melhor as relações entre a tradução e o poder, particularmente o poder de tradução, é importante conhecer as relações entre a tradução e o conhecimento, entre o conhecimento e o poder. Tymoczko e Gentzler (2002: xxi) argumentam que o colonialismo e o imperialismo foram e são possíveis não apenas pela força militar ou pela vantagem econômica, mas pelo conhecimento também. O conhecimento e as representações assim configuradas estão sendo entendidos como um aspecto central do poder. A tradução tem sido uma ferramenta fundamental na produção de conhecimento e de representações.

O poder da tradução tem sido sentido, ao longo da história da tradução, na conquista e na difusão de religiões, conhecimentos, valores culturais e literaturas. Houve mesmo casos em que tradutores, com recurso ao poder da tradução, fizeram pseudotraduções para satisfazer exigências da cultura de chegada.

Em termos gerais, o poder da tradução se mostra no fato de que a introdução de elementos alheios para a cultura de chegada ajuda a sua transformação e incentiva, por conseguinte, a transformação na sociedade. Lin Kenan (2002: 160-183) afirma que a tradução constitui um tipo de "catalisador" para a transformação cultural e social da China. Segundo Lin Kenan (2002: 160-183), existem na história da China cinco momentos mais importantes de tradução: a tradução de livros religiosos nas dinastias Han (202 a.C-220 d.C.) e Tang (618-907), a tradução de ciências e tecnologias ocidentais no fim da dinastia Ming (1368-1644), a tradução de ciências sociais ocidentais no fim da dinastia Qing (1636-1912), a tradução da literatura russa em meados do século XX e a tradução dos dias de hoje. Estes cinco momentos de tradução contribuíram respectivamente para a transformação social em diferentes etapas históricas da China, o que revela que o poder da tradução é sempre relevante para a cultura de chegada. A maioria das funções de tradução, tais como a difusão de religião, a disseminação de conhecimento, a transmissão de cultura e a promoção de uma literatura nacional, que é discutida por Jean Delisle e Judith Woodsworth em *Translators through history* (1995), é evidenciada na história de tradução na China (Lin Kenan, 2002: 160-183).

Em termos mais concretos, a tradução é considerada um "semeador" de culturas humanas, com funções de transmitir conhecimentos e esclarecer dúvidas aos leitores, entre outras. Na dinastia Han (202 a.C.-220 d.C.) da China, a tradução de livros religiosos do budismo ganhava muita importância e o budismo chegou a ser "semeado" na cultura chinesa e permanece até hoje em dia. A intensidade da influência da tradução varia dependendo do poder que manipula a tradução. Para a cultura de chegada, a tradução pode ter impactos negativos ou positivos, o fator decisivo é o poder que atua nas condições de tradução.

A tradução também é uma ferramenta para se efetuar a repressão cultural, a defesa cultural e a subversão cultural

(Tymoczko & Gentzler 2002: xix). O teórico do pós-colonialismo Robinson (1997:31, *apud* Huang Yanjie 2007) enumerou três papéis da tradução: um canal de colonização, um "para-raios para desigualdades culturais" e um canal de descolonização, sendo os dois últimos assumidos pela tradução no contexto pós-colonial de hoje.

Teóricos da manipulação e descrição fazem questão de "moldar" a tradução a partir da cultura de chegada, porque a maioria deles vem dos países europeus não centrais, tais como Países Baixos e Israel, cujas literaturas são principalmente literaturas traduzidas e, portanto, a tradução é tida como maneira de sobrevivência das nações deles.

A metáfora como ferramenta da tradução também pode evidenciar com clareza o poder da tradução. Na literatura pós-colonial há constantes referências à tradução como metáfora da colônia. Semelhantemente às tradutoras feministas, que identificam a metáfora tradução-mulher, o movimento pós-colonial explica que essa metáfora sugere a posição de inferioridade tanto da colônia em relação à metrópole como da tradução em relação ao texto original.

No entanto, o exercício do poder nem sempre acontece "de cima para baixo", reprimindo e limitando as atividades de tradução. Por sua vez, a tradução pode introduzir "contra discurso", praticando subversão e exercendo, "de baixo para cima", influência sobre o poder. Bassnett e Trivedi (1999: 4) afirmam que teóricos pós-coloniais apresentam ainda outro traço semelhante às tradutoras, escritoras e teóricas feministas, que é o de desafiar normas europeias estabelecidas acerca da tradução e do que ela significa. A revisão do conceito de tradução, "do que ele significa" no senso comum, já é uma maneira de reivindicar um novo espaço.

Se durante o período colonial os nativos não puderam se expressar, contar a história a partir de sua perspectiva, em suas próprias línguas e tiveram de se submeter ao domínio das metrópoles, agora, num período pós-colonial, é o momento de se fazerem ouvir. Passada a colonização, os diferentes povos oprimidos pelo colonizador podem contar a história do seu ponto de vista, podem mostrar ao mundo os abusos dos quais foram vítimas, assim como reconhecer o que de valor foi deixado pelo colonizador. A par da produção literária original pós-colonial, a tradução pós-colonial tende a se equacionar a si mesma e ao texto original, tendo como objetivo fortalecer suas identidades culturais, em que marca sempre a presença do poder da tradução.

O assim chamado "canibalismo cultural brasileiro" (Vieira, 1994) é, de certa maneira, algo extremo, porque nele o poder da tradução prevalece sobre o texto original e a cultura de partida é "engolida". O canibalismo não é apenas uma resposta à experiência do mundo colonial e pós-colonial, mas um modelo que é capaz de explicar todos os tipos de recombinações, reescritas, traduções e processos de reciclagem culturais. Um dos primeiros registros da metáfora do canibalismo no Brasil pode ser encontrado no 'Manifesto Antropófago', primeiro número da Revista de Antropofagia publicada por Oswald de Andrade em maio de 1928. Para ele, a solução deveria ser uma síntese dialética do passado e do presente: tirar vantagem de todos os tipos de influências, não importando de onde elas viessem, devorando-as e reelaborando-as criticamente nos termos das condições locais, tentando não ser culturalmente suprimido e destruído durante o processo. Neste período inicial do uso da metáfora do canibalismo, o aspeto da tradução ainda não tinha um papel. Somente algumas décadas mais tarde, pode-se observar o fenômeno que dará suporte ao que o autor gostaria de discutir brevemente antes de se concentrar no tema principal do artigo, o uso inovador da metáfora do canibalismo, como usado pelos escritores brasileiros nos anos 60 e 70 do século XX, associado ao seu impacto teórico na visão da construção da identidade cultural através da tradução.

Ao longo de todo o processo da comunicação "transcultural" e "trans-linguística", a tradução fica sempre em um estado de "negociação" com as mais variadas relações de poder. Esta negociação contínua foi capaz de impulsionar o intercâmbio e a hibridização das culturas. Para além de aperfeiçoar e enriquecer culturas de chegada, a negociação tem concretizado a diversificação das culturas humanas.

Homi K. Bhabha (1994:212) elaborou os termos de "cultura tradutória" (*translational culture*) e "terceiro espaço" para neutralizar a "oposição" entre o centro do texto fonte e o centro do texto alvo. Para Bhabha, a hibridação, que é processo de mistura de diferentes grupos étnicos, ideologias, culturas e línguas, acontece com o intercâmbio cultural. As formas da hibridação são diversas, incluindo as formas linguística, cultural, política, étnica e ideológica. A hibridação é considerada uma estratégia de subversão que o colonizado toma para enfrentar a hegemonia da cultura colonizadora. Quando duas culturas se encontram, existe um espaço intersticial, do qual resulta uma cultura híbrida. No contexto pós-colonial, o hibridismo proposto por Homi K. Bhabha abre o processo de negociação cultural, que poderá superar as diferenças culturais entre diferentes etnias, classes sociais, sexos e tradições.

As relações de poder no processo da tradução são relações entre tradutor e autor e relações entre texto fonte e texto alvo. Pode-se verificar que o tradutor desempenha o papel de "ponte" que liga o texto fonte ao texto alvo e ele representa todos os tipos de poder, provenientes tanto da cultura de partida como da cultura de chegada. É muito importante o papel como "coordenador" do tradutor entre as culturas de partida e de chegada. A atitude do tradutor sobre o autor do texto original e a estratégia que o tradutor adota durante o processo da tradução refletem a posição substancial do tradutor. Após o conhecimento das duas outras relações entre a tradução e o poder, pode-se concluir que dois tipos de relações não podem se livrar da intervenção e da mediação por parte do tradutor.

Em *Invisibility* (1995), Lawrence Venuti retomou os termos "domesticação" e "estrangeirização", inspirados em Friedrich

Schleiermacher, para se referir às posturas passíveis de serem adotados por um tradutor durante seu trabalho. A invisibilidade do tradutor proposta por Venuti, contesta o modelo de Toury, pois este se baseia em normas que estão ligadas a pessoas com posições e papeis na cultura dominante e agendas políticas. Para Venuti, os estudos de tradução têm de ser alargados para incluir a natureza de valores de um quadro sociocultural. A invisibilidade foi produzida pelos próprios tradutores que tendem a traduzir para o inglês, de uma forma fluente, para produzir um texto alvo familiarizado aos leitores norte-americanos e de leitura fácil para criar a ilusão da transparência de tradutores, dando a impressão de que não estão lendo uma tradução, mais sim uma obra original. Assim, as traduções continuam sendo vistas como tendo importância secundária e são consideradas formas secundárias de literatura. Segundo Venuti, a domesticação se refere a uma "redução do texto estrangeiro em detrimento dos valores culturais da língua-meta", ao passo que a estrangeirização diz respeito a uma "pressão [etnocêntrica] sobre tais valores a fim de se registrar as diferenças linguísticas e culturais do texto estrangeiro" (Venuti,1995: 20). Os estudos de Venuti apontaram para o fato de que o contexto anglo-americano tem sido dominado, há muito tempo, por posturas domesticantes, que recomendam a execução de uma tradução fluente, ou seja, de uma tradução que gera o apagamento da cultura fonte e, consequentemente, do próprio tradutor, tornando o mesmo invisível. Na domesticação, os esforços de um tradutor constituem esconder a si próprios e à cultura de partida.

A estrangeirização, por sua vez, é um procedimento que, ao contrário da domesticação, expõe ao máximo a figura do tradutor, uma vez que é realizada com o objetivo de ocasionar o crescimento da língua e da cultura da tradução. Os procedimentos estrangeirizantes de tradução configuram uma postura corajosa do tradutor que, diante da existência de uma lacuna na língua e na cultura do texto da tradução, traz elementos novos para essa língua e essa cultura, iniciando uma nova tradição ou renovando a já existente. A estratégia de estrangeirização é a preferência de Schleiermacher. Venuti considera-a uma forma de pressionar a cultura para registrar diferenças linguísticas e culturais, conduzindo o leitor ao "estrangeiro", sendo o mais desejável. Assim, torna visível a presença do tradutor pela sua resistência. Na estrangeirização, os esforços do tradutor constituem um trabalho de mostrar a sua presença, juntamente com a cultura de partida.

As relações de poder são relevantes tanto na domesticação quanto na estrangeirização. Nestas duas estratégias de tradução, está envolvido o poder do tradutor, cuja intensidade varia dependendo de fatores externos e de fatores internos: diferentes condições e diferentes tradutores. Os contextos históricos se referem às relações entre diferentes culturas em diferentes etapas históricas, certos acontecimentos históricos, contextos literários e culturais, enquanto as condições pessoais de tradutores incluem carreiras profissionais, personalidade, conhecimentos e mentalidade, entre outras. A combinação desses fatores externos e internos fortalece a complexidade das relações entre a tradução e o poder.

Perante as complicadas relações de poder existentes na tradução, os tradutores podem ficar com várias imagens ou identidades, razão pela qual tradutores devem lidar bem com as relações de poder durante todo o processo da tradução, que nunca é uma transposição de significados, uma busca de equivalentes ou um processo de decodificação entre dois sistemas linguísticos diferentes, mas sim uma atividade cultural que envolve complexas relações de poder.

O poder marca sua presença em todo o organismo social, apresentando as mais variadas formas de exercício, tais como: a repressão que acontece "de cima para baixo" e a subversão "de baixo para cima", assim como a conciliação e a comunicação entre diferentes atores sociais. O estudo das correlações entre a tradução e o poder toma como base esta característica múltipla do poder e faz com que as atividades de tradução deixem de ser atividades que se somente enfocam nos conflitos culturais, mas sim atividades que se preocupam mais com a diversidade cultural dos seres humanos. Nos estudos de tradução, tanto sincrônicos como diacrônicos, se verifica a existência das relações de poder e isso mostra que a própria tradução é também fruto das relações de poder. Por isso, a pesquisa das relações de poder nos estudos de tradução é relevante para o desenvolvimento da área.

4. HISTORIOGRAFIA

4.1. HISTORIOGRAFIA DA TRADUÇÃO

A historiografia da tradução não se desenvolve ao mesmo ritmo dos estudos de tradução e constitui uma subdisciplina incipiente e menos explorada na própria disciplina dos estudos de tradução, que estão em vias de consolidação. Para Bassnett (1980), os estudos de tradução ficam a ser uma disciplina autônoma nos anos 80 do século XX, com propostas teóricas, discussões de problemáticas e metodologia específica. Os processos da tradução deixam de ser considerados como meros fenômenos linguísticos, mas sim como processos da transferência de significados entre diferentes culturas. A partir dos anos 80, o estudo do ato, processo e resultado (produto) da tradução em um contexto histórico e cultural fica cada vez mais importante na disciplina dos estudos de tradução, que têm como objetos de pesquisa os motivos das atividades de tradução, as estratégias de tradução, a seleção de textos a serem traduzidos, os processos cognitivos envolvidos nas atividades de tradução, as relações estabelecidas entre os textos de partida e de chegada, e a posição do tradutor em um lugar ambivalente entre duas ou mais línguas e culturas. Um caráter interdisciplinar se evidencia nas problemáticas que se enfocam nos estudos de tradução, que passam a dialogar com a Linguística, a Literatura, a Psicologia, a Antropologia, a Filosofia e a História. Além disso, os estudos de tradução ainda se relacionam com outras disciplinas que emergem ou ganham maior importância nos anos 80 do século XX, tais como os estudos pós-coloniais e os estudos culturais.

As abordagens pós-estruturalistas da história e do discurso estabelecem as bases para se reler a tradução, em que as condições de trabalho do tradutor, os fatores que determinam a produção, a circulação e a recepção dos textos de chegada serão pesquisados. Diversos focos de atenção acerca dos estudos de tradução vêm aparecendo com a crescente visibilidade da tarefa tradutória no âmbito acadêmico. Bassnett (1980) identifica quatro áreas de interesse dos estudos de tradução: tradução e linguística, tradução e poética, tradução e recepção e história da tradução. Dentre estas quatro sub-áreas, a história da tradução é marcada por Bassnett (1998) como força motriz de mudanças já acontecidas e a acontecer no âmbito dos estudos de tradução. Na história da tradução, se pesquisam o papel ou a importância das atividades de tradução em certos períodos históricos, as diferentes teorias desenvolvidas em diferentes épocas históricas, os mais variados aspectos institucionais e mercadológicos na produção e recepção de tradução e a tarefa dos tradutores ao longo da história da civilização. É de salientar que a escrita da história ou historiografia da tradução não é mais tida como uma atividade menos importante do que a própria produção de textos originais, mas como uma operação visível e importante, presente desde quando se desencadearam as relações de intercâmbio entre diferentes povos e civilizações.

Desde o início de 1990, o interesse na história da tradução tem vindo a crescer de forma constante. Para Judith Woodsworth (1998, *apud* James St André 2009), assim como as teorias linguísticas da tradução foram estendidas e complementadas pelas teorias culturais, a tradução deve ser analisada em seu contexto sociológico e cultural. Nesse sentido, a viragem cultural nos estudos de tradução pode também ser considerada como o início de uma mudança nos estudos da história da tradução, demonstrando que as atividades de tradução estão intimamente relacionadas com eventos ou movimentos históricos e devem ser analisadas em contextos históricos.

Como na maioria dos campos de ciências humanas e sociais, a história teve uma "viragem cultural", sob a influência do pós-modernismo. Houve uma mudança de uma história objetiva, eurocêntrica, mais relacionada com grandes homens, grandes ideias, acontecimentos e nações políticas discretas, para uma história que é vista como uma narrativa natural e subjetiva, relacionada com sistemas tanto locais como mundiais, com pessoas comuns, culturas populares e o desenvolvimento das instituições sociais que ultrapassam fronteiras políticas e duram longos períodos de tempo. Como resultado, os estudos da história acerca de tradutores individuais, que vêm substituindo a chamada "história de grandes homens" (Cary 1963, *apud* James St André 2009), têm sido feitos num maior contexto social, político e cultural. Também tem havido uma tendência em que se levam em conta elementos como sexualidade, contextos pós-coloniais e a interação entre história e cultura.

Em seu artigo *Why and How to Write Translation Histories* (2001), Lieven D´hulst propõe quatro razões substanciais para valorizar os estudos historiográficos sobre a tradução: a história abre os olhos dos pesquisadores da tradução e expande seus conhecimentos; a história fornece aos pesquisadores a flexibilidade intelectual para adaptar suas ideias a novos pontos de vista; os pesquisadores, com o conhecimento da história da tradução, deixarão de seguir cegamente uma única teoria, e o conhecimento da história da tradução demonstra os relacionamentos subjacentes entre práticas e abordagens teóricas.

A historiografia da tradução implica a inserção dos estudos de tradução em um contexto histórico. Sendo assim, a escrita da história da tradução nunca pode ser considerada como uma tarefa simples e fácil de registro ou catalogação de dados históricos acerca da tradução. Uma reflexão complexa sobre a própria tarefa historiográfica, até o conceito da história é requerida na historiografia da tradução. A história passa a ser interpretada com percepção de uma multiplicidade em tempos históricos descontínuos. Levando em conta esta multiplicidade e descontinuidade, os historiadores podem incluir no seu corpus de pesquisa diversos tipos de documentos, tais como os relatos orais, as memórias, a correspondência, os diários e até as ficções da autoria dos indivíduos que tenham testemunhado ou participado da história. O papel do historiador passa de um observador e compilador de fatos historiais para uma participante na construção da narrativa histórica que se gera no seu trabalho.

A historiografia da tradução requer uma investigação muito mais cuidadosa, porque antigamente a história da tradução era considerada uma parte secundária e até supérflua. A história da tradução ficou então fragmentada e, muitos tradutores e obras foram esquecidos ou desprezados pelos relatos históricos sucintos que marcaram a história da tradução. Razão pela qual, deve-se trabalhar minuciosamente com os dados que a história oferece e, ampliar, o mais possível, o material histórico existente. Para além disso, uma perspectiva interdisciplinar é necessária para a criação do corpus do estudo da historiografia da tradução, porque os pesquisadores enfrentam a escassez de documentação e desconhecem, muitas vezes, outros fatores que operam juntamente com as atividades de tradução no contexto pesquisado. Ficam imprescindíveis as abordagens de outras áreas, tais como os estudos culturais, os estudos pós-coloniais e os estudos sobre a imprensa e a história do livro. A título de exemplo, nos estudos culturais, as inter-relações entre diferentes áreas sociais, os meios de produção e os processos de reprodução da cultura são destacados, o que é, tal como uma combinação de diversos métodos, favorável à pesquisa da historiografia da tradução.

4.2. HISTÓRIA DA LITERATURA TRADUZIDA NA CHINA

A identidade da "literatura traduzida" tem sido uma questão ambígua e opaca no contexto literário chinês, devido ao fato de que a literatura traduzida na China era tida como uma transformação meramente ténica e simples a nível linguístico, daí que a literatura traduzida não passava de ser uma parte da "literatura estrangeira". Nesta classificação, as complexas atividades de tradução literária foram simplificadas, sendo descartadas suas próprias caracterísitcas distintas.

Com a formulação de "traição criativa" na tradução literária, Xie Tianzhen (1999) argumenta que a literatura traduzida não é igual à literatura estrangeira e a sua identidade se deve enquadrar no contexto da cultura de chegada. Para Xie (1999), a tradução literária é distinta em comparação com outros tipos de tradução por causa da linguagem que se emprega durante a tradução. Esta linguagem, que é bastante especial, não só serve para transmitir informações contidas nas obras literárias, como também "é capaz de evidenciar a concepção artística do texto fonte, permitindo aos leitores do texto alvo obterem a mesma inspiração, afeto e sensação da beleza, que se obtêm durante a leitura do texto fonte" (Mao Dun, 1984:10). Com efeito, a linguagem na tradução literária é dotada de funções estéticas e é uma linguagem artística, que é capaz de encarnar o mundo, as imagens, assim como os personagens criados pela imaginação do autor do texto fonte.

É de consenso que as expectativas da tradução literária combinam raramente com o resultado final, o que é explicado, por um lado, por razões linguísticas e por outro, pelas características da literatura, que, em comparação com outras formas artísticas (tais como a música, a pintura, a escultura e até o cinema), é a única forma que não se limita apenas a uma estrutura linguística (Xie, 2003: 101). Graças à acumulação de elementos históricos e culturais dentro da linguagem e à experiência de vida dos usuários da lingugem dentro de certo ambiente linguístico, a linguagem pode visualizar a criatividade e a expressividade vividas nas obras literárias. Quando uma obra literária for "transplantada" para outro sistema linguístico, o tradutor deve tentar reproduzir o efeito artísitco que a obra literária possui na língua de partida, em vez de transmitir simplesmente os significados que as frases contêm na obra original, o que significa que a obra traduzida deve ser, tal como a obra original na língua de partida, outra obra artísitca na língua de chegada. Sendo assim, a tradução literária e a criação literária possuem algo em comum e a primeira deixa de ser uma tarefa simples de transmissão de palavras, mas antes um trabalho que exige a criatividade durante todo o processo. Para Mao Dun (1954: 10),

> uma tradução destas, naturalmente, não é uma transformação puramente técnica de aparências linguísticas, mas requer que o tradutor, através das aparências línguísticas do texto fonte, perceba o processo da criação feita por parte do autor; compreenda a essência do texto fonte; encontre equivalentes mais adequados nos próprios sentimentos, pensamentos e experiência de vida; utilize uma linguagem literária que seja compatível com o texto fonte e por conseguinte, reproduza, de maneira mais exata e correta possível, o conteúdo e a forma do texto fonte. Durante todo o processo de tradução, o tradutor e o autor se unem em uma pessoa singular que consiga escrever sua obra com outra língua. Para além de ser fiel ao propósito do autor, o tradutor deve recorrer à criatividade durante a tradução, o que faz com que a tradução seja uma tarefa complicada[34].

Guo Moruo (1954: 22) também indica que a tradução é um trabalho criativo, uma boa tradução é igual a uma criação original e é capaz de ser melhor do que ela. A tradução nunca é um trabalho ordinário e, por vezes, é mais difícil do que uma criação original.

Diferentemente da criatividade original contida no texto fonte, a criatividade da tradução constitui uma recriação, porque a criação do texto fonte tem sua origem na vida verdadeira do autor, ao passo que a criação na tradução vem do texto fonte e da realidade que o autor cria. Mas mesmo assim, o tradutor deve possuir a capacidade de sentir e perceber os sentimentos, pensamentos e comportamentos dos personagens no texto fonte e, por conseguinte, reproduzi-los no texto alvo, o que é considerado uma criação, ou melhor dito, uma recriação.

---

[34] Tradução minha de: "这样的翻译，自然不是单纯技术性的语言外形的变易，而是要求译者通过原作的语言外形，深切体会原作者的艺术创造的过程，在自己的思想、感情、生活体验中找到关于原作内容的最适合的印证，同时还必须运用适合于原作风格的文学语言，把原作的内容与形式正确无遗地再现出来。这样的翻译的过程，是把译者和原作者合而为一，好象原作者用另外一国文字写自己的作品。" (Mao Dun, 1954: 10)

Se se disser que esta recriação na tradução literária representa uma diligência feita por parte do tradutor para representar e se aproximar, o mais possível, do texto fonte, a traição na tradução literária constitui uma infidelidade da tradução em relação ao texto fonte, a fim de alcançar suas expectativas subjetivas. Contudo, nas práticas de tradução, a criação e a traição nunca se podem separar, porque as duas formam um organismo harmonioso. Sendo assim, a tradução é considerada como uma tradição criativa (Xie, 2003: 106). A traição criativa da tradução literária introduz o texto fonte em um ambiente de recepção que o autor, na maioria dos casos, não conhece. No entanto, uma nova fisionomia é proporcionada ao texto fonte pela tradução, que lhe permite um público maior e lhe dá "vida" nova na língua de chegada. Pode-se dizer que se não houvesse a traição criativa, não seriam possíveis a difusão e a recepção da literatura no mundo (Xie, 2003: 109).

Com base na traição criativa, pode-se concluir que a tradução literária é uma forma de criação literária e também uma forma de existência da obra literária. Não se deve julgar que, como a literatura traduzida transmite conteúdos da literatura estrangeira, a literatura traduzida é totalmente igual à literatura estrangeira no país. Para além disso, a literatura traduzida faz parte da literatura nacional, porque, em primeiro lugar, no caso da literatura traduzida em chinês, o autor do texto alvo, nomeadamente o tradutor é, na maioria dos casos, chinês e busca, durante o processo de tradução, os equivalentes mais adequados a fim de reproduzir todos os pensamentos e comportamentos de personagens no texto, empregando a língua chinesa, que é a mesma ferramenta com que os demais literatos chineses utilizam na escrita. A literatura traduzida tem desempenhado o mesmo papel que a literatura nacional, tal como Tang Tao (1984:4) afirma, dentre os romances publicados no fim da Dinastia Qing, os romances traduzidos eram dois terços. Sobretudo as traduções de Lin Shu tinham grandes repercussões na época. Os tradutores, como Ma Junwu e Su Manshu, traduziram as poesias de Walther von Goethe, Augusta Ada Byron e Percy Bysshe Shelley. As traduções da época desempenharam um papel positivo na propaganda da revolução democrática e nacional.

É de salientar que na história da literatura moderna chinesa, não há uma parte exclusiva sobre a literatura traduzida, que era citada, de forma resumida, apenas na parte da literatura estrangeira. Após a fundação da República Popular da China, nos trabalhos que pesquisam a história da literatura moderna chinesa, nenhum livro deu uma identidade clara da literatura traduzida (Xie, 2003: 196).

Ser um componente da literatura nacional não implica que a literatura traduzida em chinês seja totalmente igual à literatura nacional chinesa, porque a literatura traduzida transmite ideias e pensamentos do autor de outra língua e o texto alvo é recriado com base no texto fonte, o que é diferente da criação original feita pelos escritores chineses. Para Xie (2003: 207), o reconhecimento da identidade independente da literatura traduzida em chinês se traduz em dois aspectos: uma posição reservada para a literatura traduzida na história da literatura nacional e uma história relativamente independente da literatura traduzida. No entanto, a história da tradução literária e a história da literatura traduzida são dois termos confundíveis, mas distintos, porque a história da tradução literária toma como núcleo de pesquisa os acontecimentos de tradução e pesquisa principalmente um processo diacrônico das atividades de tradução, ao passo que a história da literatura traduzida não apena presta atenção ao que a história da tradução literária pesquisa, leva ainda em conta o espaço cultual dos acontecimentos da tradução, o objetivo literário e cultural das atividades de tradutores, assim como os próprios escritores estrangeiros que entram no país da língua de chegada, como por exemplo, a China. A história da literatura traduzida coloca a literatura traduzida em determinado espaço e tempo cultural, e revela seus objetivos literários e culturais, processos de tradução, estratégias de tradução, pesquisando também as relações entre a literatura traduzida e a literatura nacional em determinada época histórica.

A história da literatura traduzida é, antes de mais, a história da literatura, que contém concretamente três elementos básicos: o escritor, a obra literária e o evento literário. Consequentemente, a história da literatura traduzida também contém esses três elementos básicos e tem como tarefa básica descrever e caracterizar a literatura traduzida e seu desenvolvimento no país da língua de chegada, assim como explicar a formação da literatura traduzida no contexto cultural do país da língua de chegada.

Dentre os três elementos básicos da história da literatura traduzida, o "escritor" constitui um elemento dual que é composto pelo tradutor e autor. Para Xie (2003: 207), o autor na história da literatura traduzida é diferente do próprio autor do texto fonte e é o escritor estrangeiro que está revestido da roupa da cultura de chegada. Um texto fonte da autoria de um escritor estrangeiro pode ser traduzido por diferentes tradutores em diferentes etapas históricas da China, e têm-se portanto diferentes autores de um texto fonte na história da literatura traduzida. A tradução e a recepção dos textos traduzidos daqueles autores na China, desde a primeira introdução do autor até a publicação de todas as traduções de suas obras e a recepção das obras traduzidas na China formam o "evento literário" da história da literatura traduzida, que tenta ainda analisar as caraterísticas da introdução e recepção dos autores e suas obras, e explicar as razões no contexto cultural, social e histórico. Para além dos próprios textos traduzidos, os textos como o prefácio e o pós-escrito (nota de tradução) são relevantes na história da literatura traduzida.

É de salientar que a "obra literária" na história da literatura traduzida é divergente da na história da literatura e, ela se refere a diferentes textos traduzidos do mesmo texto fonte. No caso da história da literatura, as obras literárias são normalmente únicas, mas uma obra pode ter diferentes versões de tradução, em diferentes épocas históricas ou até no mesmo período, o que é um fenômeno particular na história da literatura traduzida e evidencia o fato de que no país da cultura de chegada uma obra literária pode ter diferentes introduções, recepções e influências.

Uma história da literatura traduzida é também uma história de intercâmbio cultural, uma história de influência literária e uma história de recepção literária (Xie, 2003: 208).

4.3. ÂNGULOS DE PESQUISA

O historiador britânico J. Tosh (2005/2007: xviii) afirma que "história" contém duas dimensões: fatos que ocorreram no passado; fatos que ocorreram no passado e são relatados na escrita de historiadores. No caso da história da tradução, seu objeto de pesquisa contém os mais variados fenômenos de tradução que aconteceram no passado, com destaque para atividades e acontecimentos de tradução, tradutores, instituições de tradução, escolas (grupos) de tradução, etc. Sendo assim, a história da tradução da China deve tomar como objeto de pesquisa os fenômenos de tradução que ocorreram dentro da China, e talvez, na diáspora chinesa pelo mundo.

Os estudos da história da tradução contam com diversos ângulos de pesquisa. Tradicionalmente, a história da tradução era vista através do ângulo espaço-temporal, que é mais comum e também mais utilizado. Sob este ângulo de pesquisa, pode-se pesquisar a história da tradução de certo país, tal como a história da tradução da China e a história da tradução durante certo período histórico, a que pertence, por exemplo, a história da tradução do período romântico alemão. Diferentes gêneros de texto também constituem parâmetros na formação de um ângulo de pesquisa e sob o qual a história da tradução jurídica, de poesia ou de ficção pode ser pesquisada. Na região de Macau, que foi colônia de Portugal, a tradução jurídica é muito relevante para a pesquisa da historiografia porque em Macau se aplica a lei europeia e, ao mesmo tempo, a lei tem que ser bilíngue, mesmo depois da transição da administração de Portugal à China. No ângulo "transcultural", as relações de poder manifestadas em intercâmbios de diferentes países que são, por exemplo, colonizadores e colonizados, constituem um foco de pesquisa importante da história da tradução. Em *História e*

Atualidade da Tradução em Macau, Zhang Meifang e Wang Kefei (2006) apresentam o desenvolvimento de atividades de tradução em Macau, demonstrando que a tradução é uma ponte que atravessa diferentes culturas, além de ser um espelho que reflete o desenvolvimento social, econômico e comercial. Os dados estatísticos são relevantes para a pesquisa historiográfica, porque a coleção de dados pode evidenciar as características da tradução em certo período histórico e contribui, no ângulo estatístico, para a pesquisa dos estudos de tradução.

Os estudos da história da tradução são classificados em vários tipos. A história da tradução pode ser estudada no âmbito de certo país ou região. Isto é, cada país ou região do mundo possui sua própria história da tradução. A pesquisa da tradução em certo período histórico também constitui o estudo sincrônico da história da tradução.

A pesquisa sobre tradutores é outro tipo de estudo, em que se examinam atividades de tradução exercidas por certo tradutor, assim como suas teorias e práticas com relação à tradução. O objeto deste tipo de pesquisa pode ser mais abrangente, incluindo grupos de tradutores que mantém certa analogia de caraterísticas.

As teorias em diferentes etapas históricas mostram caraterísticas distintas e a pesquisa de teorias com base em um estudo diacrônico contribuirá para revelar a evolução de teorias da tradução. A seleção e a compilação de trabalhos sobre teorias da tradução fazem parte deste tipo de pesquisa. As instituições de tradução e publicação, e suas contribuições para a tradução também são alvos de pesquisa no âmbito da historiografia. Além disso, as pesquisas também podem acontecer de acordo com diferentes tópicos, tais como a história da tradução de budismo, da Bíblia, entre outros tópicos específicos.

Os ângulos de pesquisa historiográfica não são todos independentes e, de fato, na maioria dos casos, os ângulos são interdependentes e se empregam em uma determinada pesquisa historiográfica.

5. JORGE AMADO E SUAS OBRAS NA CHINA NOS ANOS 1950-1970

Na história da literatura moderna chinesa, houve já componente da tradução de obras literárias da América Latina, inclusive o Brasil, mas as traduções esporádicas foram feitas a partir de uma terceira língua, que era mais utilizada pelo mundo e, na maioria dos casos, era o inglês. O mercado de publicação chinês de obras literárias, que abarca o período entre 1950 e 1970, já contava com obras latino-americanas, incluindo de autores brasileiros. Todavia, as traduções disponíveis de tais obras para o chinês eram, em sua maioria, a partir de uma terceira língua, ou seja, que não a original da obra ou do autor – no caso de Jorge Amado, a língua portuguesa. Após a fundação da República Popular da China, o governo criou nas universidades os cursos de espanhol e de português em 1952 e 1960, respectivamente, a fim de formar tradutores e intérpretes de espanhol e de português. A partir de então, começaram a aparecer mais obras literárias traduzidas diretamente do espanhol e do português.

Nas décadas de 1950 a 1970, na parte continental da China, foram lançadas no mercado mais de 300 gêneros de publicações (romances, livros de referência, atlas, coleção de fotos, e assim por diante, latino-americanas, abrangendo mais de 16 países e regiões da América Latina, tais como: Cuba, Chile, Brasil, México, Colômbia, Costa Rica, Guatemala, Haiti, Argentina, Peru, Índias Ocidentais, Honduras, Uruguai, Paraguai, Equador, Bolívia, entre outros. O país com o maior número de obras traduzidas é Cuba, ficando o Brasil em terceiro lugar. O escritor mais traduzido na China é Pablo Neruda. Jorge Amado, por sua vez, fica em terceiro lugar, mas, em contrapartida, ocupa o primeiro lugar na tiragem de exemplares de três de seus romances[35], os quais foram os três primeiros traduzidos nos anos 1950.

Em vista desse cenário não é difícil constatar que nas décadas de 1950 a 1970, a prática da tradução de obras em geral a partir de uma terceira língua ainda era muito comum e que, ao mesmo tempo, traduções realizadas diretamente do espanhol[36] ocupavam quase a metade, graças ao ensino de espanhol na China. Além disso, pode-se levantar indagações sobre como os cursos de português e de espanhol foram criados na China, sobre como a literatura latino-americana foi traduzida em grande escala, se existe algum mecanismo histórico especial que motivou as atividades de tradução e, por fim, quais estratégias foram adotadas na introdução e tradução da literatura latino-americana na China.

Muitos escritores que foram introduzidos e traduzidos na China, tais como Jorge Amado e Pablo Neruda, eram considerados, à época, "escritores revolucionários" ou "escritores de esquerda", levando uma etiqueta vermelha, ou melhor, comunista,

---

[35] Os exemplares da tradução de *Terras do Sem-Fim* são no total 34.500, divididos em 3 tiragens. Os exemplares da tradução de *São Jorge dos Ilhéus* são no total de 16.300 em 2 tiragens. Os exemplares da tradução de *Seara Vermelha* são no total 31.500 em 4 tiragens.

[36] A tradução diretamente do português só se deu nos anos 80 do século passado, porque o curso de português começou mais tarde que o de espanhol. Contudo, o curso de espanhol também ajudou indiretamente a tradução dos escritores brasileiros, por causa da analogia entre as duas línguas que fazem parte da família latina.

patente, que era colocada pelo governo chinês. A maioria das obras traduzidas, inclusive poesias, romances, teatros e contos de fadas, tinha como temas principais o anti-imperialismo e o anticolonialismo. No contexto literário da China desde os anos 50 aos 70 do século passado, a literatura latino-americana era recebida como uma literatura revolucionária. Isto posto, pergunta-se: como esta identidade da literatura latino-americana foi estabelecida durante o processo da tradução na China?

5.1. CONJUNTURA DOMÉSTICA E INTERNACIONAL

No dia 1 de outubro de 1949, foi proclamada a fundação da República Popular da China, que nasceu de uma guerra civil (1945-1949) em que o Partido Comunista da China derrotou o Partido Nacionalista da China, a qual estabeleceria posteriormente seu próprio regime em Taiwan. Com a fundação do regime comunista, a China tornou-se um país independente e soberano, depois de ter passado por uma história de invasões e "colonização" de seu território por mais de cem anos[37]. Esta mudança drástica política e social no país chegou a possibilitar uma maior mudança social e a modernização posterior do país, uma vez que todos os obstáculos dentro do país que a história recente deixara seriam gradualmente eliminados, restando apenas o partido comunista como único partido político no poder. Contudo, naquela época, este jovem "regime vermelho" ain-

---

[37] Empregando o termo "semicolonialismo" da teoria marxista, segundo o qual um país que é oficialmente uma nação independente e soberana, mas que na realidade é dependente e/ou dominado por outra nação imperialista ou, em alguns casos, vários países imperialistas, é denominado "país semicolonialista", o governo comunista da China reconheceu que o país passara por um período em que a sociedade era feudal em termos da forma e, ao mesmo tempo, era colonialista em termo da conotação, desde a Primeira Guerra do Ópio (1840) à fundação da República Popular da China (1949). Mao Zedong (1939) afirmou que o reconhecimento do estatuto semifeudal e semicolonialista da China na época moderna era o fundamento do conhecimento de todas as questões com relação à causa revolucionária na China.

da fazia parte dos elos mais frágeis da corrente do comunismo internacional, devido à pobreza e fraqueza proveniente da turbulência política e estagnação econômica do país ao longo de mais de um século, não obstante sua grande dimensão territorial e populacional. Além disso, a despeito da proclamação da República Popular da China em 1949, a guerra entre o Partido Comunista e o Partido Nacionalista não havia terminado completamente, além do que, as tropas conduzidas pelo último permaneciam em algumas regiões do sul e sudoeste do país, cuja intenção era esperar por ensejos apropriados e recuperar o domínio do país[38]. Apenas em dezembro de 1949, o Partido Nacionalista da China declarou a mudança da capital de Chengdu para Taipei, tendo transferido, ainda em 1948, toda a fortuna do tesouro nacional do país, o que também explica a escassez de recursos da República Popular da China. Fixando-se em Taiwan, que fica separado do continente chinês pelo Estreito de Taiwan, o Partido Nacionalista jamais deixou de envidar esforços no sentido de recuperar a parte continental do país com lições aprendidas ao longo da disputa pelo poder com o Partido Comunista da China. O regime do Partido Nacionalista da China em Taiwan era considerado uma das maiores ameaças para o novo regime comunista no continente da China.

A economia da República Popular da China em 1949 caracterizava-se como semicolonialista e semifeudal, pelo baixo nível de desenvolvimento e alta dependência do capital estrangeiro, pelo completo monopólio do latifúndio e da burguesia burocrática, e, for fim, pela extrema inércia do capital nacional e enorme pobreza do povo. Uma tradição milenar da economia chinesa se traduz no papel predominante da agricultura, nomeadamente uma pequena economia camponesa, que era organizada de forma separada e individual, detendo quase toda a força de trabalho em respectivas terras agrícolas e apresentando, por conseguinte, uma fraca capacidade de

---

[38] Só até final de 1952, o Exército de Libertação Popular da República Popular da China chegou a exterminar todas as forças armadas, pertencentes ou associadas a Taiwan, existentes na parte continental do país.

produção. O jovem regime comunista da China herdou em outubro de 1949 uma economia que se encontrava à beira do colapso, que havia piorado em decorrência das guerras ocorridas no país. Em comparação com poucos anos antes de 1937, ano em que estourou completamente a guerra de resistência antijaponesa, em 1949 as atividades de produção agrícola e industrial ficaram quase paralisadas e muitas regiões do país se encontravam quase desconectadas devido ao transporte e trânsito gravemente danificado. O povo chinês, 80% do qual habitava em zonas rurais e 80% do qual era analfabeto, levava uma vida semi-auto-suficiente, mas ao mesmo tempo extremamente escassa, tendo, em média, uma esperança de vida de 35 anos. Na fase inicial da República Popular da China, a Nova Revolução Democrática[39] ainda não havia tido sucesso a nível nacional, uma vez que o novo regime comunista vivia ainda sob a ameaça das forças armadas hostis, para não mencionar que as relações econômicas de natureza semifeudal e semicolonialista continuavam condicionando o desenvolvimento da produtividade do país. Sendo assim, as prioridades do jovem governo comunista na altura eram a consolidação do regime e a revitalização da economia nacional.

Ainda no dia 5 de março de 1946, o então primeiro-ministro britânico *Winston Churchill*, que foi o primeiro no mundo ocidental a perceber o avanço crescente do comunismo durante a Segunda Guerra Mundial, proferiu seu discurso famoso no *Westminster College*, em *Fulton* nos Estados Unidos da América:

---

39 O termo "Nova Revolução Democrática" é formulado por Mao Zedong, para designar a revolução, que teve lugar na China desde 1919 até 1949 e tinha como tarefa principal derrubar as chamadas três montanhas (o imperialismo, o feudalismo e o capitalismo burocrático) postas nos ombros do povo chinês. A Nova Revolução Democrática da China era liderada pelo proletariado chinês e seu partido comunista que mantinha a coalizão com outras três classes (os camponeses, os pequenos burgueses e os capitalistas de ordem nacional) classificadas por Mao Zedong. A fundação da República Popular da China simboliza um sucesso básico da Nova Revolução Democrática na China.

> De Estetino, no mar Báltico, até Trieste, no mar Adriático, uma cortina de ferro desceu sobre o continente. Atrás dessa linha estão todas as capitais dos antigos estados da Europa central e oriental. Varsóvia, Berlim, Praga, Viena, Budapeste, Belgrado, Bucareste e Sofia; todas essas cidades famosas e as populações em torno delas estão no que devo chamar de esfera soviética, e todas estão sujeitas, de uma forma ou de outra, não somente à influência soviética, como também a fortes, e em certos casos crescentes, medidas de controle emitidas de Moscou[40].

O discurso ficou famoso porque declarou o início da chamada "Guerra Fria"[41], que não era uma guerra convencional e direta, mas antes um conflito primeiramente político e, consequentemente, econômico, tecnológico, militar, ideológico e cultural entre as duas maiores nações, as chamadas superpotências da época, os Estados Unidos e a União Soviética, que lideravam seus respectivos grupos de países colaboradores. A partir daí, os dois blocos opostos entraram em uma época em que marcou o antagonismo e ocorreram imensas disputas indiretas e concorrências tecnológicas e militares. A China de então aderiu ao "bloco comunista", liderado pela União Soviética. Foi uma opção política e ideológica do país e, ao mesmo tempo, uma opção pragmática para o futuro do jovem Partido Comunista da China, que tinha que contar com o apoio pro-

---

[40] Tradução minha de "From Stettin in the Baltic to Trieste in the Adriatic an iron curtain has descended across the Continent. Behind that line lie all the capitals of the ancient states of Central and Eastern Europe. Warsaw, Berlin, Prague, Vienna, Budapest, Belgrade, Bucharest and Sofia; all these famous cities and the populations around them lie in what I must call the Soviet sphere, and all are subject, in one form or another, not only to Soviet influence but to a very high and in some cases increasing measure of control from Moscow." Sinews of Peace - Wikisource. en.wikisource.org. Página visitada em 20 de 12 de 2013.

[41] Em resposta à declaração britânica, o então presidente dos Estados Unidos da América, Harry S. Truman, pronunciou, em 12 de março de 1947, um discurso com o compromisso de defender o mundo livre contra a ameaça comunista. O discurso deu origem à Doutrina Truman e início à Guerra Fria, em que foi verificado o forte antagonismo entre os dois blocos da época: o capitalista e o comunista.

videnciado pela União Soviética, devido a uma conjuntura internacional complicada em que se encontrava e a uma situação doméstica complexa em que este país milenar carecia de meios necessários para revitalizar o desenvolvimento da economia e da sociedade. Mao Zedong afirmou que:

> Na época em que existe o imperialismo, a verdadeira revolução do povo de qualquer nação não terá nenhuma oportunidade de vitória se não puder contar com o apoio internacional nas mais variadas formas. E no caso de ter ganho a vitória, também não terá oportunidade de consolidá-la sem o apoio referido...... Com base na experiência de 40 anos de Sun Yat-sen e de 28 anos do Partido Comunista da China, a fim de ganhar a vitória e consolidá-la posteriormente, temos que nos inclinar para um lado e nos unir com a União Soviética, formando uma unida frente internacional[42].

A coalizão entre o regime comunista da China e a União Soviética estabeleceu-se na base da identidade de geografia e ideologia, e do relacionamento histórico e contatos contínuos entre as duas partes. No entanto, esta coalizão se desenvolveu a partir das relações entre quatro partes: dois partidos políticos principais da China que eram o Partido Comunista da China e o Partido Nacionalista da China, os Estados Unidos e a União Soviética. Terminada a Segunda Guerra Mundial, a União Soviética ofereceu apoio ao Partido Comunista da China para este dominar o nordeste da China, tais como: a entrega de armas da tropa japonesa, a recuperação de artérias de transporte no nordeste e a criação da cooperação comercial e econômica. Este apoio, porém, foi oferecido de forma cautelosa e limitada, porque a União Soviética tinha na altura seu destaque estratégico na Europa e adotou uma estratégia de cooperação com os Estados Unidos. Na sua política ex-

---

[42] Tradução minha de: "在帝国主义存在的时代，任何国家的真正的人民革命，如果没有国际革命力量在各种不同方式上的援助，要取得自己的胜利是不可能的；胜利了，要巩固，也是不可能的......一边倒，是孙中山的四十年经验和共产党的二十八年经验教给我们的，深知欲达到胜利和巩固胜利，必须一边倒。这就是联合苏联......结成国际的统一战线。" [《毛泽东选集》(Trabalhos Selecionados de Mao Zedong), Vol.4, pp.172-174, Editora do Povo, 1991.]

terna acerca da China, a União Soviética, em conformidade com o governo norte-americano, admitia o estatuto oficial do Partido Nacionalista da China, tendo como objetivo manter seus interesses na China. Por isso, o apoio soviético ao Partido Comunista da China era em primeiro lugar uma forma de restrição aos governos dos Estados Unidos e do Partido Nacionalista da China. A evolução da Guerra Fria e da guerra civil da China levou a União Soviética a repensar seriamente sobre seu relacionamento estratégico com o Partido Comunista da China. A diplomacia é uma forma de extensão da política interna e a União Soviética nunca parou de avaliar o papel do Partido Comunista e seus próprios interesses na China. Na véspera da fundação da República Popular da China, a caminho da coalizão com o Partido Comunista da China, a União Soviética não cortou suas relações diplomáticas com o governo do Partido Nacionalista da China, porque precisava da China como sua barreira de segurança no Extremo Oriente, e por outro lado, não gostaria de entrar em conflito com os Estados Unidos na China e Ásia, o que gerou divergências entre o Partido Comunista da China e a União Soviética, que exerceriam bastante influência sobre o relacionamento das duas partes depois de o Partido Comunista da China subir ao poder. Os conhecimentos comuns acerca da segurança e interesses estratégicos na altura superaram essas divergências e levaram as duas partes a estabelecer uma parceria, que seria capaz de desempenhar um papel extremamente influente no mundo nas décadas seguintes. Como não tinha nenhuma experiência na construção de um país, o Partido Comunista da China decidiu aprender com o "irmão mais velho", em todas as áreas, inclusive a arte e a literatura, e a União Soviética tornou-se naturalmente o "mestre" da China. O "modelo soviético" contribuiu de forma significativa para o desenvolvimento econômico, social e cultural da jovem República Popular da China, especialmente para o desenvolvimento do sistema industrial, com destaque para a indústria pesada, consolidando o regime recém-estabelecido e possibilitando o futuro desenvolvimento integral do país.

No dia 25 de junho de 1950, pouco depois da fundação da República Popular da China, estourou a Guerra da Coreia[43], que era uma guerra civil, mas envolveu forças armadas estrangeiras. A Guerra da Coreia fortaleceu o estado de separação do país e deu forma à estrutura da geopolítica da Ásia após a Segunda Guerra Mundial. Os Estados Unidos, por sua vez, tendo como objetivo preservar seus interesses e sua liderança na região asiática, decidiram intervir na Guerra da Coreia com as forças da Organização das Nações Unidas, compostas principalmente por tropas dos Estados Unidos e de outros 15 países membros da ONU. Ao mesmo tempo, mandaram a Sétima Frota para entrar no Estreito de Taiwan, a fim de impedir a possível passagem do Exército de Libertação Popular liderado pelo Partido Comunista da China. No dia 28 de junho de 1950, Mao Zedong proferiu um discurso na oitava sessão do Comitê do Governo Popular Central da China, apelando que "se unam o povo chinês e outros povos do mundo e façam plenas preparações, no sentido de derrotar todas as ameaças lançadas pelos imperialistas dos Estados Unidos da América". No mesmo dia, o primeiro-ministro chinês, Zhou Enlai repreendeu, em nome do governo chinês, a invasão norte-americana na Coreia do Norte e Taiwan, bem como a intervenção violenta nos assuntos asiáticos. Tal atitude nítida por parte do governo chinês é algo incontornável, por causa das ambições patentes dos Estados Unidos da América: a par do bloqueio do Estreito de Taiwan feito pela Sétima Frota, o avanço das tropas da ONU para o norte da Coreia do Norte seria capaz de levar à vitória por parte das tropas da ONU, representada pelos Estados Unidos da América. Alcançada a vitória na Guerra da Coreia, a China tor-

---

[43] A Guerra da Coreia é chamada na China de "Guerra de Resistência ao EUA e Apoio à Coreia do Norte", o que mostra de forma explícita a natureza desta guerra para o governo chinês e o objetivo do envolvimento da força militar do Partido Comunista da China.

nar-se-ia o próximo alvo das tropas norte-americanas, o que colocaria em ameaça a segurança da União Soviética. Uma saída eventual disso seria a alocação das tropas soviéticas no nordeste da China para enfrentar qualquer conflito militar com as tropas dos Estados Unidos. Sendo assim, a soberania da China ficaria gravemente danificada e ainda por cima, quando houvesse quaisquer atritos militares, aconteciam na planície nordeste do território chinês. E se a União Soviética não alocasse suas tropas no nordeste da China e a China deixasse os Aliados ocuparem a Coreia do Norte, a China ficaria posteriormente na mira das tropas dos Estados Unidos, apenas com o rio Yalu no meio. Esta possível evolução da conjuntura na Ásia durante a Guerra Fria também não era algo apropriado para o jovem governo comunista da China, que acabou envidando o chamado Exército de Voluntários do Povo Chinês, cruzando o rio Yalu para a Coreia do Norte no dia 19 de outubro de 1950. A decisão da participação da Guerra da Coreia, tomada pelo Partido Comunista da China, foi sustentada por toda a comunidade chinesa:

> A história nos deu a conhecer que a sorte da Coreia do Norte tem estado estreitamente relacionado com a segurança da China. Os dois países são como se fosse os lábios e os dentes, mantendo desde sempre relações muito próximas. Perdidos os lábios, os dentes ficam no frio. O apoio do povo chinês ao povo da Coreia do Norte na luta conta a invasão dos Estados Unidos não é justificado apenas pela responsabilidade em termos da moral e justiças, como também pela necessidade de defesa da nossa vida...... Para defender a nossa pátria, temo que ajudar a Coreia do Norte[44].

---

44 Tradução minha de: "朝鲜的存亡与中国的安危是密切关联的。唇亡则齿寒，户破则堂危。中国人民支援朝鲜人民的抗美战争不止是道义上的责任，而且和我国全体人民的切身利害密切地关联着，是为自卫的必要性所决定的。救邻即是自救，保卫祖国必须支援朝鲜人民。" [《中国各民主党派关于抗美援朝保家卫国的联合宣言》(A Declaração Conjunta dos Partidos Democráticos da China acerca do Guerra de Resistência ao EUA e Apoio ao Coreia do Norte)，《人民日报》(Diário do Povo), 5 de novembro de 1950.]

Até o dia 27 de julho de 1953, quando se assinou o acordo de cessar-fogo, as tropas chinesas lutaram na Coreia do Norte contra as tropas da ONU, o que tinha grande influência sobre a planificação de quase todas as áreas do país. Tal como o que aconteceu durante a guerra civil no país, os assuntos militares continuavam ocupando o lugar predominante dentre as prioridades do governo chinês durante estes três anos e o desenvolvimento econômico, que era prioritário do governo chinês antes de começar a Guerra da Coreia, ficou de certa maneira afetado. No entanto, a participação da Guerra e o cessar-fogo acabaram providenciando um ambiente pacífico e de longo prazo ao desencadeamento de todas as atividades de construção econômica e social da China. Além disso, a assinatura do acordo de cessar-fogo trouxe bastante visibilidade e reputação na comunidade internacional para a jovem República Popular da China, que chegou a impedir o avanço dos Aliados liderados pela potência norte-americana. A União Soviética conheceu, através da participação chinesa da Guerra da Coreia, a determinação e a força da China na luta contra os Estados Unidos da América e o bloco capitalista e decidiu canalizar apoio à China nas mais variadas áreas e sob as mais variadas formas, o que contribuiu substancialmente para o sucesso do primeiro plano quinquenal da China e lançou alicerces sólidos para a construção de um sistema industrial relativamente completo na China. Com base nisso, a China iniciou seu caminho independente de industrialização do país. Devido à Guerra da Coreia, a rivalidade entre a ideologia predominante na China e a ideologia ocidental dos países capitalistas multiplicou e ficou ainda mais consolidada a posição da ideologia Marxista na China.

Enquanto adotava o sistema político socialista, a China se alinhava à ideologia socialista com outros países "camaradas", que faziam parte do bloco comunista liderado pela União Soviética. Mais concretamente, a fim de reforçar e desenvolver o poder do novo regime, ganhar o suporte do povo ao novo poder político, reabilitar a economia do país, bem como dedicar os maiores esforços ao desenvolvimento de forças produtivas, o Partido Comunista da China tomou uma série de medidas para integrar a ideologia dominante na sociedade chinesa. Em primeiro lugar, o Marxismo-leninismo e o Pensamento de Mao Zedong[45] eram amplamente disseminada e profundamente enraizados no campo ideológico. As ideologias, tais como o feudalismo, o capitalismo comprador e o fascismo, que existiam antes da fundação da República Popular da China foram erradicadas e, ao mesmo tempo, as influências do imperialismo e do capitalismo na China foram gradualmente eliminadas. O Partido Comunista da China, enquanto o partido no poder, reforçou sua liderança na área artística e literária, por meio de reformar a arte e literatura antiga, seguindo o princípio de que todas as formas de arte e literatura deviam servir o novo regime comunista. A ideologia socialista orientada pelo Marxismo passou a ocupar a posição predominante e desempenha um papel fundamental na China contemporânea, o que é também uma característica marcante do domínio mental e cultural da China na época. Tal posição predominante da ideologia socialista na sociedade chinesa é determinada pela natureza socialista do fundamental sistema político e econômico do país. A fundação da República Popular da China e o estabelecimento do Estado proletário em 1949 resultam do fato de que a ideologia Marxista orientou a Nova Revolução Democrática até sua vitória na China e por sua vez, a revolução sucedida no país providenciou à ideologia Marxista uma sólida base política e econômica no país.

---

[45] O Pensamento de Mao Zedong é uma doutrina acerca da política, assuntos militares e desenvolvimento, aplicada na Nova Revolução Democrática, Guerra de Resistência Antijaponesa e Guerra Civil da China durante o Século XX, e é tido também como um desenvolvimento do Marxismo na China. O Pensamento de Mao Zedong, também conhecido fora da China como Maoísmo, é reconhecido pelo Partido Comunista da China como a cristalização da sabedoria conjunta da primeira direção do Partido, representada por Mao Zedong. É de salientar que o termo Maoísmo nunca foi utilizado pelo governo chinês.

5.2. DIPLOMACIA NÃO-GOVERNAMENTAL ENTRE A CHINA E A AMÉRICA LATINA

Se se lançar o olhar para a América Latina no início da década de 50 do século passado, a jovem República Popular da China ainda não tinha estabelecido relações diplomáticas com nenhum país[46]. Os países latino-americanos eram muito influenciados, ou melhor, controlados pelos Estados Unidos, que consideravam toda a América como seu "quintal" por causa da localização geográfica e não permitiam a penetração da influência por parte de qualquer outro país. Durante a Segunda Guerra Mundial, o vínculo entre os Estados Unidos e a América Latina ficou mais fortalecido e a presença dos EUA na América Latina tornou-se cada vez mais marcante, porque a Alemanha e o Japão perderam quase toda a influência, tanto econômica quanto política no mundo e, por sua vez, a Inglaterra e a França tinham a força gravemente enfraquecida na região. O Tratado Interamericano de Assistência Recíproca, que foi assinado 1947 e entrou em vigor em 1948, tinha seu objetivo principal de que um ataque contra um dos membros seria considerado como um ataque contra todos com base na chamada "doutrina da defesa hemisférica". Contando com o Tratado, os EUA tinham mais facilidade na interferência na política interna dos países latino-americanos e na consolidação da sua hegemonia na região.

A maior parte dos países latino-americanos adotavam a mesma posição que a norte-americana nos assuntos internacionais. Especialmente logo depois de a Guerra da Coreia começar, os países latino-americanos tiveram de reagir sob a pressão política dos Estados Unidos, manifestando suas atitudes a seu favor perante dois maiores blocos políticos. No dia 1 de fevereiro de 1951, a Assembleia Geral da ONU aprovou a

---

[46] Antes da fundação da República Popular da China, eram 13 países que mantinham relações diplomáticas: Peru, Brasil, México, Cuba, Panamá, Chile, Bolívia, Nicarágua, Guatemala, República Dominicana, Costa Rica, Argentina, Equador.

resolução pela qual condenava a China como potência agressora e os países latino-americanos votaram a favor. Mas os Estados Unidas não estavam satisfeitos apenas com a votação a favor, e a verdadeira participação militar da América Latina da Guerra da Coreia correspondia ao seu objetivo estratégico.

No entanto, não obstante a grande pressão procedente dos Estados Unidos, a maioria dos países latino-americanos decidiram não mandar seus exércitos para a Coreia, exceto a Colúmbia. No caso do Brasil, enfrentando a pressão do governo norte-americano, o governo brasileiro nunca mostrou, de forma nítida e definitiva, sua deliberação acerca da Guerra da Coreia. Em dezembro de 1950, o presidente eleito Gutélio Vargas, afirmou, antes de tomar posse, que o Brasil suportaria a ONU quanto à Guerra da Coreia, colaborando com os Estados Unidos, como o que acontecera durante a Segunda Guerra Mundial (Hong Yuyi, 1998: 196). Mas desistiu da atitude depois de tomar posse e o Brasil acabou não mandando exército à Coreia. Para Sun (2015), as relações sino-brasileiras não ficaram afetadas quando se fundou a República Popular da China em 1949 e os dois países mantinham até boas relações. A representação diplomática do Brasil na China transferiu para Tóquio por motivos de segurança e não de política e ficou no Japão durante três anos, em que mantinha uma ligação indistinta com a parte continental da China (Sun Hongbo, 2014). Muitos governos latino-americanos que tinham relações diplomáticas com a China antes da fundação da República Popular da China continuavam mantendo relações diplomáticas com o governo do Partido Nacionalista da China em Taiwan. Entre 1950 e 1955, Taiwan mantinha relações diplomáticas com 17 países latino-americanos, e até 1960 a rede diplomática de Taiwan alargou-se, incluindo 20 países na América Latina, onde o governo de Taiwan mantinha sua ambição de consolidar e ampliar ainda mais suas relações diplomáticas nesta região geograficamente distante. A maior prioridade da diplomacia de Taiwan residiu em impedir o estabelecimento das relações diplomáticas entre os países latino-americanos e o governo comunista da China. As ambições de Taiwan na região contaram com o forte apoio do governo norte-americano. A Guerra da Coreia maximizou a hostilidade, tanto política quanto ideológica, entre o regime comunista da China e o governo dos Estados Unidos, que não parou de fazer o melhor possível para afastar a América Latina da China, o que dificultou imenso o desenvolvimento da diplomacia da China na América Latina, porque, por um lado, a China tinha de começar de zero a diplomacia em uma região onde se encontravam a presença do governo de Taiwan e a forte influência dos Estados Unidos, e por outro, a diplomacia chinesa seguia desde sempre o princípio de uma "China única", segundo o qual existiria apenas uma China e Taiwan é uma parte integrante da China.

Enquanto o "quintal" dos Estados Unidos, a América Latina desempenhava um papel estratégico e muito relevante na política internacional. E ainda por cima, os países da América Latina, bem como a China, os países africanos e os demais países do bloco socialista da época, pertenciam ao Terceiro Mundo, denominado por Mao Zedong, o que fez com que a China não pudesse desistir da aproximação dos países latino-americanos. Mao Zedong afirmou logo após a fundação da República Popular da China acerca da diplomacia do país:

> Sempre que os países latino-americanos quiserem estabelecer relações diplomáticas com a China, estamos sempre dispostos. Se não estabelecermos as relações diplomática, as relações comerciais poderão ser criadas. Se não criarmos relações comerciais, os contatos normais e regulares serão recomendados [47].

Sob a orientação desta ideia de Mao Zedong, o governo chinês inventou uma política externa alternativa para os países latino-americanos: desenvolver uma diplomacia não-governamental, a fim de estabelecer contatos amistosos e promover as relações culturais e econômicas para concretizar gradual-

---

[47] Tradução minha de: "只要拉美国家愿意同中国建立外交关系，我们一律欢迎。不建立外交关系，做生意也好，不做生意，一般往来也好。"（Huang Zhiliang, 2004: 51）

mente o estabelecimento formal das relações diplomáticas no futuro. Para os líderes chineses da época, se a China pudesse quebrar o bloqueio norte-americano na diplomacia, seria extremamente relevante para o futuro do país, razão pela qual a direção do Partido Comunista da China, nomeadamente o presidente Mao Zedong e o primeiro-ministro Zhou Enlai do país prestaram muita importância à diplomacia não-governamental com o mundo latino-americano.

O intercâmbio cultural era a forma mais apropriada da diplomacia não-governamental desenvolvida pelo governo chinês na época. Nos dias de 11 de setembro a 16 de outubro de 1950, a delegação da Federação Mundial da Juventude Democrática que tinha membros da América Latina visitou a China e participou de atividades de celebração do 1º aniversário da República Popular da China. Os representantes latino-americanos na delegação eram os "primeiros amigos da América Latina" que efetuaram a visita à China (Hong Yuyi, 1998: 499), fato importante para o início da diplomacia não-governamental da China. A instituição que desempenhava o papel mais fundamental na diplomacia chinesa para com a América Latina era o Conselho Mundial da Paz, criado em 1950 para substituir o Comité Permanente da Assembleia da Paz Mundial. O objetivo do Conselho Mundial da Paz era promover a convivência pacífica entre as nações e o desarmamento nuclear. No seu início, o Conselho atraiu numerosas "celebridades políticas e intelectuais", incluindo Jorge Amado, W.E.B. Dubois, Paul Robeson, Howard Fast, Pablo Picasso, Louis Aragon, Pablo Neruda, György Lukács, Renato Guttuso, Jean-Paul Sartre, Diego Rivera e Joliot-Curie, entre outros. Muitos deles eram comunistas ou simpatizantes do comunismo no mundo. O Conselho Mundial da Paz mantinha uma relação muito estreita com o bloco socialista liderado pela União Soviética, que passaria a controlá-lo nos anos 50. Os escritores comunistas chineses Guo Moruo[48] e Emi Siao[49] eram membro do Conselho e foi exatamente através deste Conselho que a China conseguiu entrar em contato com os intelectuais comunistas e os grupos de esquerda do mundo latino-americano.

Em 1951, a vice-presidente da China, Song Qingling[50] ganhou o Prêmio Stalin da Paz entre os Povos e em nome do Comitê do Prêmio Stalin da Paz entre os Povos, Pablo Neruda e Ilya Ehrenburg vieram à China entregar o prêmio. Levando em conta o fato de que Pablo Neruda, enquanto líder do Partido Comunista do Chile, seria o primeiro escritor latino-americano a visitar a China e entregar o Prêmio Stalin da Paz entre os Povos à vice-presidente da China, o governo chinês ofereceu uma recepção de alto nível a Pablo Neruda e Ilya Ehrenburg, porque para o governo chinês, Pablo Neruda poderia ser um embaixador especial entre a China a o mundo latino-americano e o primeiro-ministro chinês, Zhou Enlai chamou-lhe a "primeira andorinha da Primavera das relações entre a China e a América Latina (Sun Hongbo, 2014)". Os chineses conheceram o poeta chileno e suas obras através de

---

[48] O poeta, dramaturgo, historiador, arqueólogo, calígrafo Guo Moruo aderiu ao Partido Comunista em agosto de 1927. Mas se afastou do Partido a partir de 1928, quando foi ao Japão fugindo à perseguição do governo do Partido Nacionalista da China. Voltou para a China em julho de 1937 e participou, ao lado do Partido Comunista da China, das atividades culturais e políticas antijaponesas. Aderiu de novo ao Partido Comunista da China em 1958.

[49] O poeta, tradutor e aderiu ao Partido Comunista da China em 1922. Após 1949, Emi Siao se dedicava ao intercâmbio cultural da China, sendo chefe da Direção de Relações Exteriores do Ministério da Cultura da China, secretário do Partido Comunista da China na Associação Chinesa de Escritores e também representante da China no Conselho Mundial da Paz. Emi Siao mantinha boas relações pessoais com Jorge Amado.

[50] Song Qingling é a viúva de Sun Yat-sen. A convite do Partido Comunista da China, Song Qingling participou, em 1949, da primeira sessão plenária da Conferência Consultiva Política do Povo Chinês e foi eleita vice-presidente da República Popular da China.

artigos em muitos jornais oficiais[51]. Para celebrar a visita de Pablo Neruba, na China foi publicada, pela *Editora de Literatura do Povo*, uma coletânea de poemas de Neruba[52].

A estratégia do governo chinês resultou, no início, de contatos não-governamentais com os países latino-americanos, graças ao trabalho de Pablo Neruda, que convocou mais de 150 representantes latino-americanos para participar da Conferência da Paz da Região Ásia-Pacífico em 1952. Os participantes latino-americanos desta Conferência ocupavam um terço de todos os participantes. Após a Conferência, os participantes latino-americanos fomentaram, a partir do início da década de 1950, a criação de muitas associações de amizade não-governamentais para promover os contatos culturais e artísticos com a China, que, por sua vez, criou a Associação de Amizade da China com a América Latina em março de 1960, a fim de intensificar os contatos com os povos latino-americanos. Tais associações não-governamentais desencadearam atividades de intercâmbio cultural em diversas formas, servindo de base para o futuro estabelecimento de relações diplomáticas. Segundo estatísticas, durante a década de 1950 chegaram à China mais de 1.200 visitantes de 19 países latino-americanos, dentre os quais, a maioria era membro do partido comunista, inclusive Jorge Amado.

Enquanto chegavam delegações vindas da América Latina à China, o governo chinês mandou também delegações à América Latina. Nos dias de 27 de abril a 2 de maio de 1953, a delega-

---

[51] As revistas *Literatura do Povo*, *Conhecimentos Mundiais* e *Revista Mensal de Tradução*, entre outras, eram as revistas de grande influência na China e desempenhavam um papel muito importante na difusão de escritores e literaturas estrangeiras na China. Jorge Amado foi apresentado, pela primeira vez, pela revista *Conhecimentos Mundiais* aos chineses.

[52] Esta coletânea foi muito bem editada, com o título escrito pelo próprio presidente da União Chinesa dos Escritores, Guo Moruo. A publicação foi uma tarefa política e a *Editora de Literatura do Povo* era, e ainda é, das editoras estatais mais importantes da China. Tudo isto revela a importância prestada pelo governo comunista da China ao poeta chileno.

ção chinesa marcou sua presença na primeira edição do Congresso Continental da Cultura, que teve lugar em Santiago de Chile. Foi a primeira delegação mandada pelo governo chinês à América Latina, depois da fundação da República Popular da China. A partir daí, nas décadas de 1950 e 1960, a China mandou sucessivamente delegações da cultura, acrobacia, artes folclóricas, jornalistas, e promoção comercial, entre outras, ao Brasil, Argentina, Bolívia, Chile, Cuba, Colúmbia, Equador, etc. Ao longo do desenvolvimento da diplomacia não-governamental entre a China e a América Latina, a China começou logo a estabelecer representações da sua agência estatal de notícias, a Agência Xinhua, nos países latino-americanos, enviando seus correspondentes para poder reportar, de forma mais direta e rápida, as realidades locais da América Latina[53]. O envio de correspondentes da agência estatal de notícias já é capaz de explicar uma aproximação significativa entre os governos da China e dos países da América Latina. O envio de jornalistas da Agência Xinhua ao Brasil se seguiu à visita do então vice-presidente do Brasil, João Goulart, à China em agosto de 1961. Juntamente com os jornalistas da Agência Xinhua, foram enviados também representantes da Comissão de Promoção do Comércio Internacional da China, da Corporação Chinatex, uma companhia estatal de importação e exportação de produtos têxteis e do grupo preparatório da Feira de Promoção Econômica e Comercial da China, o que implica que os contatos entre a China e o Brasil já começaram a aproximar-se das relações oficiais.

O México foi o primeiro país latino-americano que expressou, de forma indireta, sua vontade de estabelecer relações diplomáticas com a China. Por via de suas embaixadas na Polônia, União Soviética e Hungria, o México fez várias tentativas para sondar a atitude da China acerca do estabelecimento das relações diplomáticas, mostrando ao mesmo

---

[53] Em abril de 1960, o primeiro escritório da Agência Xinhua na América Latina foi criado em Havana, Cuba. Em dezembro de 1961, foram mandados os primeiros correspondentes ao Brasil e em julho de 1963, criou-se o escritório na Cidade do México.

tempo o desejo de iniciar contatos comerciais com a China. Em resposta, o governo chinês manifestou sua satisfação com a retirada da representação diplomática do México em Taiwan e sua disposição de iniciar o diálogo, via a Polônia, para tratar do estabelecimento das relações diplomáticas. No entanto, devido à pressão dos Estados Unidos da América e ao certo ceticismo do México sobre a República Popular da China, o governo mexicano não tinha uma atitude estável sobre a China e as relações entre os dois países não deram passos concretos na época (Sun Hongbo, 2014). Para além do México, outros países como o Chile, a Argentina e o Uruguai também transmitiram ao governo chinês a vontade de estabelecer relações diplomáticas. Em 1952, Carlos Ibañez foi eleito presidente do Chile, o que permitiu o regresso de Pablo Neruda ao Chile. Logo em outubro, por ocasião da Conferência da Paz da Região Ásia-Pacífico, o membro da delegação chilena e representante do presidente chileno, D´Amesti, veio à China com uma carta de apresentação, assinada pelo próprio Neruda, pedindo um encontro com o primeiro-ministro chinês Zhou Enlai para abordar detalhes acerca do estabelecimento das relações diplomáticas e contatos comerciais. No encontro, D´Amesti e Zhou Enlai concordaram com a necessidade do relacionamento oficial entre os dois países e estudaram as possibilidades de fazer as relações econômicas precederem as relações diplomáticas, o que exerceria influências positivas sobre o desenvolvimento das relações oficiais entre os dois países. Sendo assim, o Chile passaria a ser o primeiro país da América Latina a estabelecer relações diplomáticas com a China. Através das partes da Suíça e União Soviética, a Argentina transmitiu também sinais políticos para sondar a possibilidade de estabelecer relações diplomáticas, destacando o papel das relações econômicas e comerciais para o relacionamento entre os dois países e mandando até delegações de áreas industriais e comerciais à China. Por entre as tentativas de diálogo iniciadas por parte dos países latino-americanos, vê-se um desejo mais orientado para o comércio com a China e, devido às dificuldades colocadas pela conjuntura internacional de então, e à falta da força impulsionante política nos países latino-americanos, essas tentativas, que na maioria dos casos eram indiretas, não chegaram a resultar, dentro de curto prazo, em ações concretas.

Como é referido, os contatos comerciais e econômicos eram considerados como outro componente relevante da diplomacia não-governamental desenvolvida pelo governo chinês, graças ao seu papel de catalisador no relacionamento entre a China e os países latino-americanos, que deram muita importância às relações econômico-comerciais com a China, que detinha um mercado extremamente grande e era um potencial importador de matérias-primas. Apesar do bloqueio norte-americano, os países latino-americanos, tais como o Chile, o México e a Argentina, buscaram criar relações econômico-comerciais com a China. As delegações dos setores industrial e comercial dos países latino-americanos chegavam na China e ao mesmo tempo, a China mandava também suas delegações à América Latina a fim de abordar questões acerca de trocas comerciais. O Chile se destacou entre países latino-americanos em questões de aproximação, tanto política quanto comercial, com a China. Os itens como chá, algodão, arroz e juta da China eram preferidos pelo Chile, ao passo que o país desejava exportar cobre e salitre para a China. Por ocasião da visita de D´Amesti à China em outubro de 1952, foi assinado, entre os dois países, um acordo de vendas de cobre e salitre, que acabou não sendo cumprido por causa da interferência dos Estados Unidos. Em julho de 1958, o Chile estabeleceu o consulado-geral em Hong Kong, que teria contatos com empresas chinesas, com o objetivo de iniciar o relacionamento comercial com a China para poder estudar a possibilidade de estabelecer relações diplomáticas. O Salitre do Chile ocupava um lugar significativo na pauta de exportações do Chile, que desejava entrar no mercado chinês e, por conseguinte, poder ganhar mais vantagem na negociação com os Estados Unidos.

A diplomacia não-governamental constitui uma invenção diplomática da República Popular da China, que se formou a partir da necessidade política e diplomática do novo regime comunista da China e se desenvolveu com base nas realidades da China e da América Latina da época. Esta alternativa diplomática revela uma visão de longo prazo e uma paciência estratégica dos líderes do Partido Comunista da China, e não buscava na época nenhum progresso excessivo nos contatos culturais e econômicos com os países latino-americanos, deixando de lado os pontos divergentes e buscando os pontos em comum. Naquela conjuntura internacional complicada, a prioridade da diplomacia não-governamental era a presença, ou melhor dito, a inserção da República Popular da China na América Latina, cortando o bloqueio norte-americano e penetrando a presença existente de Taiwan na região. Por via do envio de representantes de empresas estatais e jornalistas da Agência Xinhua à região, os contatos passaram a ficar regulares e a criação destes pontos estratégicos nos países latino-americanos facilitaria posteriormente o estabelecimento das relações diplomáticas. As visitas de delegações dos setores industrial e comercial efetuadas na China e na América Latina são tentativas da criação das relações experimentais, porque havia, por um lado, o bloqueio dos Estados Unidos e, por outro, muitos obstáculos concretos respeitantes ao transporte, pagamento e até conhecimento total de seus produtos respectivos, entre outros e era quase impossível desenvolver entre eles atividades regulares econômico-comerciais. Essas tentativas experimentais, não obstante poucas e de dimensão reduzida, chegaram a provar que existiam uma possibilidade de relacionamento e muito potencial comercial entre a China e a América Latina. Acima de tudo, a forma mais relevante e influente eram os contatos culturais e é interessante constatar que a diplomacia não-governamental ganhou muito sucesso e os intelectuais chineses e latino-americanos, com um papel muito especial que não era primeiramente cultural, mas antes político, contribuíram de maneira eficaz para o desenvolvimento das relações diplomáticas entre a China e a América Latina. Com efeito, os contatos ocorridos deram origem à formação de profissionais chineses que falassem línguas espanhola e portuguesa, as duas línguas veiculares da América Latina e à tradução de escritores latino-americanos na China, o que iniciou a tradução de literaturas de nações periféricas após a fundação da República Popular da China. A necessidade da diplomacia fomentou a criação de cursos de espanhol e português na China e a formação de tradutores que exerceriam grande influência nos anos 1980.

Pode-se verificar que esta diplomacia não-governamental desenvolvida pelo governo da China era "monolateral", porque, por parte da China, esta diplomacia era completamente governamental e o governo do novo regime comunista da China marcou uma participação ativa e conduziu diretamente esta diplomacia sob várias formas. Os "atores" principais chineses nos contatos culturais, tais como Guo Moruo, Ai Qing, Emi Siao e Ding Ling, que tiveram contatos muito próximos com os intelectuais latino-americanos, eram primeiramente políticos. O único objetivo desta diplomacia não-governamental reside no desejo de tornar a diplomacia governamental. Com efeito, esta invenção diplomática do governo chinês fez preparações históricas e sem precedentes para a chegada da importante altura em que se estabeleceram relações diplomáticas entre a China e a maior parte dos países latino-americanos. Segundo estatísticas do Ministério das Relações Exteriores da China, no espaço de 1949 a 1960, chegaram na China 1,388 indivíduos da América Latina e houve 11 países latino-americanos em que se criaram associações de amizade para desenvolver atividades relacionadas com a China. Foram 19 delegações chinesas à América Latina (Sun Hongbo, 2014).

5.3. INÍCIO DA TRADUÇÃO LITERÁRIA NA REÚBLICA POPULAR DA CHINA

Teve lugar em Pequim, em julho de 1949, a primeira edição do Congresso Nacional dos Trabalhadores Literários e Artísticos da China, que contou com a participação de tradutores literários ou escritores que faziam ao mesmo tempo tradução literária. O Congresso viu retrospectivamente as atividades literárias e artísticas ocorridas na China desde O Movimento de Quatro de Maio em 1919 e concluiu suas características e naturezas, apelando para a construção da literatura e arte pertencentes ao povo da nova China. Puseram-se em destaque a necessidade e a relevância da tradução no Congresso. No relatório final, Guo Moruo (1950) propôs para o desenvolvimento das atividades literárias e artísticas três tarefas concretas e uma das quais dizia respeito à tradução:

> Devemos aceitar criticamente todo patrimônio literário e artístico, valorizar todas as tradições excelentes e avançadas, absorver plenamente a experiência preciosa do país socialista, a União Soviética e suscitar uma ligação orgânica entre o patriotismo e o internacionalismo[54].

O estabelecimento dessa "ligação orgânica" e o intercâmbio literário e artístico com outros países se fizeram através da tradução, que era considerada uma maneira rápida e eficaz.

Em novembro de 1949, foi criada a Associação de Tradutores de Xangai, com o objetivo de reunir os tradutores do país, impulsionar o intercâmbio cultural, formar tradutores, aperfeiçoar a qualidade de tradução e participar da construção cultural neodemocrática da China. Por meio da revista mensal *Tradução*, a Associação introduzia e apresentava aos leitores chineses escritores estrangeiros e suas obras. Os tra-

---

[54] Tradução minha de: "我们要批判地接受一切文学艺术遗产，发展一切优良进步的传统，并充分地吸收社会主义国家苏联的宝贵经验，务使爱国主义和国际主义发生有机的联系。" (Guo Moruo, 1950)

dutores chineses acompanhavam de perto a evolução social do país e participavam, de maneria exclusiva, da Nova Revolução Democrática, pelo que os trabalhos preparativos da Associação tinham começado em Xangai, em 1949, antes da fundação da República Popular da China e foi a primeira associação de tradutores da nova China. Criou-se também em novembro de 1949 a Administração Geral de Publicações, diretamente subordinada ao Conselho de Estado da China, que exerceria uma influência ainda maior sobre a tradução literária na China. Na Administração Geral de Publicações foi criado o Instituto de Tradução, que tinha como função a apresentação das experiências de construção nacional da União Soviética e de outros países socialistas e a tradução de obras ideologicamente avançadas dos países capitalistas. Em julho de 1950, a revista mensal que abordava exclusivamente temas acerca da tradução, o *Boletim da Tradução*, lançou seu primeiro volume sob a coordenação do Instituto de Tradução. Como a revista acadêmica mais importante na área de tradução da época, diferentemente da revista *Tradução*, o *Boletim da Tradução* não publicava traduções, mas sim teorias e experiência de tradução, críticas a respeito de traduções e obras em línguas estrangeiras, explicações acerca de questões de tradução e apresentação de planificações de atividades de tradução e suas tendências. A revista *Boletim da Tradução* é uma referência obrigatória na pesquisa historiográfica da tradução da China após 1949 e dá a conhecer detalhadamente quase todos os aspetos da tradução na China na altura. O presidente do Instituto de Tradução, Shen Zhiyuan escreveu na introdução do 1º volume do *Boletim de Tradução*: "...[o objetivo é] fortalecer a ligação entre os tradutores, trocar experiência de tradução, desenvolver críticas e autocríticas e elevar o nível de tradução (Shen Zhiyuan, 1950). "

Nos primeiros anos depois da fundação da República Popular da China, ainda não existia uma equipe altamente qualificada de tradutores e o país tampouco contava com nenhum sistema específico e científico acerca de atividades de tradução, daí que se viam muitos problemas na época, por exemplo, faltava uma coordenação, ou uma organização, às atividades de tradução que se caracterizavam pela anarquia e arbitrariedade. Tal como afirma Gu Ying (1950):

> Como se fosse a produção de mercadorias, os trabalhos de tradução no passado eram independentes, fragmentados e até desordenados. Não havia ligações entre os tradutores, que nem sabiam de que precisam os leitores e a sociedade e traduziam o que eles próprios queriam, não tendo em conta a verdadeira necessidade de certa atividade de tradução, nem ligando à repetição de traduções[55].

Para além dessa confusão que marcou as atividades de tradução da época, a qualidade de tradução não podia ser garantida por razões variadas, sendo a irresponsabilidade de certos tradutores uma delas, o que resultou em traduções mal feitas ou mesmo inexatas, degradando em muito a recepção de obras estrangeiras pelos leitores chineses. A fim de eliminar a evidente desordem da tradução no país, atribuir às atividades de tradução mais significado histórico que a era em que se encontravam lhe exigia, adaptá-las às necessidades da construção nacional e inclui-las inteiramente na cultura socialista do país, a Administração Geral de Publicações realizou, em novembro de 1951, a 1ª Conferência Nacional do Trabalho de Tradução em Pequim, que permitia aos tradutores chineses trabalharem de forma organizada e coordenada, de acordo com as necessidades do país. A União Soviética era considerada, na Conferência, como exemplo nos trabalhos de organização, planificação e coordenação das atividades de tradução. O diretor do Instituto de Tradução da Administração Geral de Publicações, Shen Zhiyuan proferiu o discurso titulado *"Lutar pelo Planejamento e Aperfeiçoamento da Tradução"* na Conferência, indicando que a República Popular da China tinha disposto de um novo

---

[55] Tradução minha de: "过去的翻译工作，如像单纯商品生产一样，是独立的、零碎的、散漫的，各个工作者之间没有联系，也不知道读者和社会所需要的东西，大家只是拣自己要译的来译，不问这本书是否需要，是否有人在译，译出了就算数。" (Gu Ying, 1950)

estatuto político, uma economia atualizada, bem como uma cultura nova que lhes servia, e a tradução era um componente importante dessa cultura nova. A Conferência ainda definiu a tarefa central dos trabalhos ao redor da tradução, que eram a planificação e a coordenação unificadas.

O primeiro passo que se daria após o reconhecimento da tarefa central era a seleção de obras a serem traduzidas, que era prioritária para o meio tradutório e literário da China. Por motivo das específicas condições históricas e sociais daquela época no país, o critério preponderante utilizado pelos tradutores chineses na seleção de obras a serem traduzidas residia na atitude política dos escritores estrangeiros e na ideologia dos conteúdos das obras. Jin Ren (1951) afirma:

> Em primeiro lugar, deve-se levar em conta as necessidades do ambiente político e cultural do nosso país, ao escolher as obras que são mais urgentes para a tradução, as que não são tão urgentes para a tradução e as que não são necessárias para o momento, mas poderão ser traduzidas no futuro. Em segundo lugar, sobre os autores devem ser avaliados os seguintes aspetos: a nacionalidade do autor e se ele é [ideologicamente] avançado, reacionário ou neutro. No final, antes de tomar a decisão de tradução, deve-se ler com atenção toda obra para ver se atende às nossas necessidades[56].

---

56 Tradução minha de: "第一，要考虑我国政治与文化环境的需要，翻译哪一种书是最迫切需要的，哪一种是较次需要的，哪一种是现在不需要而将来需要的。其次就要考虑一本书的作者；他是哪国人，他是进步的，反动的，还是中间的。最后要把书的内容仔细看一遍，是否合于我们的需要，然后决定是否译出。" (Jin Ren, 1951)

Em agosto de 1954, a Associação Chinesa de Escritores[57] e a Editora da Literatura do Povo[58] organizaram a 1ª Conferência Nacional de Trabalho de Tradução Literária. Uma coordenação eficaz das atividades de tradução literária, uma ligação mais forte entre os tradutores literários e o aprimoramento da qualidade de tradução constituíram principais abordagens da Conferência. A partir daí, a literatura traduzida passou a incorporar-se à literatura nacional, um componente importante da cultura socialista do país comunista. A tradução literária foi elevada ao patamar da construção cultural socialista e era considerada uma parte relevante da causa socialista do país. Na Conferência, Mao Dun, na qualidade de responsável pelos trabalhos culturais do país, proferiu o discurso intitulado "Lutar pelo desenvolvimento da causa de tradução literária e pelo melhoramento da qualidade de tradução", que servia como o princípio orientador dos futuros trabalhos de tradução. No discurso, foi destacada a importância da organização e planejamento das atividades de tradução, que definiram a forma básica das atividades de tradução na República. Mao Dun (1954a) ainda afirmou na Conferência:

> No grande empreendimento de atenuar a tensão marcante na conjuntura internacional e alcançar a paz universal e o convívio pacífico entre os países do mundo, o intercâmbio cultural entre os países constitui um fator muito importante. Por sua

---

[57] A Associação Nacional de Trabalhadores Literários da China foi fundada em julho de 1947 e foi denominada de Associação Chinesa de Escritores em outubro de 1953. Por razões históricas e sociais, a Associação Chinesa de Escritores, sendo uma organização do povo sob a liderança do Partido Comunista da China, faz parte da estrutura política da China e é paralela a órgãos governamentais do país, no nível ministerial na hierarquia política do governo.

[58] A Editora da Literatura do Povo foi fundada em março de 1951 em Pequim e fica diretamente subordinada ao Ministério da Cultura da China. É uma das editoras mais importantes da China e se dedica mais à publicação de obras literárias e tem publicado mais de 3.000 obras traduzidas na China.

vez, a tradução literária é uma parte importante do intercâmbio cultural[59].

Esta afirmação permite conhecer o forte significado político que o governo comunista da China atribuiu ao intercâmbio cultural e o alicerce da estratégia cultural externa. A política cultural externa da China na fase inicial tomava uma atitude repugnante à literatura modernista dos países europeus e dos Estados Unidos, o que não implica que a tradução da literatura ocidental tenha cessado na época, porque a tradução apenas se limitava à literatura clássica antes do século XIX, sobretudo às obras que abordassem temas como a opressão entre classes sociais e os conflitos entre nações. Na fase inicial após sua fundação, a República Popular da China seguia completamente o exemplo da União Soviética no desenvolvimento da literatura e arte do país. As políticas chinesas da literatura e arte da época se dividiam em dois gêneros: o primeiro traduzia diretamente as políticas da literatura e arte da União Soviética e o segundo traduzia artigos e discurso de dirigentes soviéticos, assim como as explicações e interpretações de dirigentes chineses a respeito das políticas da literatura e arte da União Soviética. Durante um longo período histórico, as políticas da literatura e arte da União Soviética eram o discurso de poder no meio literário da China e os trabalhos de *Zhdanov, Lenin, Stalin, Plekhanov, Gorky* e *Lunacharski*, entre outros, são fundamentalmente significativos para a formação de teorias literárias e artísticas na República Popular da China. Para Zhou Yang (1953)[60], as opiniões de

---

59 Tradução minha de: "在进一步缓和国际紧张局势以及实现亚洲及世界各地的集体安全、和平共处的伟大事业中，国与国间的文化交流是一个重要的因素，而文学翻译工作，是文化交流中重要的一环。" (Mao Dun, 1954a)

60 Zhou Yang, escritor, teórico literário e artístico, tradutor literário e membro do Partido Comunista da China. Foi nomeado vice-ministro da cultura da China em 1949. Zhou desempenhou um papel bastante importante na construção cultural e prosperidade literária e artística da China após 1949, e foi a figura relevante na organização e coordena-

dirigentes da União Soviética sobre a literatura e arte ofereciam a experiência mais abundante e preciosa para a arte e a literatura em progresso da China e do mundo, providenciando a orientação mais correta e importante. O 19º Congresso do Partido Comunista da União Soviética, que teve lugar em 1952, exerceu uma influência extremamente profunda sobre o desenvolvimento da arte e literatura na China. O relatório apresentado por Malenkov a respeito da arte e literatura no Congresso foi traduzido e introduzido na China. As autoridades culturais da China difundiram o relatório e apelaram para a aprendizagem da experiência avançada sobre a arte e a literatura da União Soviética. No ano seguinte, em 1953, o conceito "Realismo Socialista" inventado na União Soviética foi traduzido para chinês e apresentado para o meio literário e artístico da China. A segunda edição do Congresso Nacional dos Trabalhadores Literários e Artísticos da China, em setembro de 1953, consagrou o Realismo Socialista como a direção básica e o princípio supremo da criação e crítica da arte e literatura na China. A partir daí, o Realismo Socialista, combinando com o termo Literatura Proletária e o critério proposto por Mao Zedong, "o critério político em primeiro lugar e o critério artístico e literário em segundo lugar, " passaram a ser o padrão na regulação e avaliação de trabalhos literários e tradutórios nos anos 1950 e 1960 na China. Neste padrão pode-se constatar, com clareza, que a ideologia predominante, tanto na União Soviética quanto na nova China, exercia a manipulação na literatura e arte por meio do discurso de poder na época: o princípio do Realismo Socialista, que determinava que as obras a serem traduzidas na China, nos anos 1950 e 1960, satisfizessem as exigências da ideologia predominante e pertencessem à literatura proletária.

ção das atividades de tradução na China. Em 1954, Zhou foi nomeado vice-ministro do Departamento de Propaganda do Comitê Central do Partido Comunista da China, sendo responsável pelos trabalhos acerca da literatura, arte e ciência e continuando influente na liderança da área literária e artística na China.

Se as políticas na área de literatura e arte da União Soviética eram objetos de aprendizagem para a nova China, a literatura e a arte da mesma eram a primeira opção da tradução e introdução no país. Com efeito, as obras literárias da União Soviética eram prioritárias para o meio literário e artístico a China nos primeiros anos da década de 1950. Tal como afirmou Mao Dun (1954b):

> A literatura soviética já se tornou a literatura mais avançada e dinâmica de toda a Humanidade, a ferramenta poderosa de ensino da ideologia comunista a todos os povos do mundo e a força importante de defesa da paz mundial e alcance da democracia popular. E especialmente para o povo chinês, a influência profunda que a literatura soviética exerce não tem comparação! Ela é não apenas o exemplar que os escritores chineses seguem, mas também a orientadora e amiga do povo chinês, e a grande força que incentiva o povo chinês no processo da construção socialista[61].

O critério político não pode ser mais evidente nos fatores que motivaram a introdução da literatura soviética na China e, de fato, foi justamente o poder político que a literatura soviética carrega o que foi levado à China, onde adquiriu ainda mais importância política que o governo comunista tinha atribuído. A tradução da literatura soviética na China conheceu, nos anos 1950 e 1960, um momento histórico em que representava uma maioria esmagadora com relação à tradução de literaturas de outros países do mundo. A quantidade das obras literárias soviéticas traduzidas na China na época era mais do que o total das obras dos outros países do mundo. "A partir de outubro de 1949 a dezembro de 1958, as obras literárias da União Soviética traduzidas e publicadas na China eram no total de 3.526 obras, ocupando 65,8% das obras traduzidas nesta época. A quantidade total dos exem-

---

[61] Tradução minha de: "苏联文学成为人类最先进、最富有生命力的文学，成为保卫世界和平，争取人民民主的重大力量，特别是对中国人民来说，苏联文学所产生的深厚的影响是无可比拟的！它不仅是中国作家们最珍贵的学习榜样，而且也是中国人民的良师益友，是鼓舞中国人民在建设社会主义社会过程中的伟大力量。" (Mao Dun, 1954b)

plares [da União Soviética] publicados atingiu 82.005.000 volumes, representando 74,4% de todos os exemplares da literatura estrangeira publicada na China (Bian Zhilin, 1959)." Quase todos os escritores da União Soviética, até inclusive os que não eram muito conhecidos, foram objetos de tradução na China e ainda por cima, as obras mais representantes de escritores famosos têm mais de uma tradução em chinês. De modo geral, podem-se classificar as obras literárias da União Soviética nas seguintes categorias: obras literárias que traçam a vida promissora da fase socialista; obras literárias que abordam temas de defesa e proteção da pátria da invasão de outros países; obras literárias clássicas que refletem a opressão feudal e a luta do povo pela liberdade e democracia; obras literárias que valorizam o feito da Revolução de Outubro na Rússia, que acarretou à China o fator substancial para a formação de sua ideologia predominante, o Marxismo. Todas as categorias referidas de obras literárias têm como tema principal a proteção dos interesses políticos do bloco dos países socialistas e são capazes de consolidar a superestrutura do socialismo do país, combinando, portanto, com o tópico fundamental da literatura contemporânea da época na República Popular da China, onde as obras traduzidas satisfazem requerimentos da ideologia predominante do país.

É de salientar que a tradução das literaturas de outros países na China era muito influenciada pela União Soviética, por causa da política diplomática adotada pelo governo chinês: "Inclinação para Um Lado" e o país aprendia com o chamado "irmão mais velho", a União Soviética, nos mais variados aspectos, tais como político, econômico, militar e cultural. Na área cultural, para além de uma introdução sem precedentes da literatura soviética no país, a tradução de literaturas dos países da Europa Ocidental e outros países dependia, na maioria dos casos, do que ocorria na União Soviética: a China mantinha sempre uma preferência de introduzir as obras literárias dos outros países que a União Soviética tinha traduzido para russo, e sobretudo as que tinham sido positivamente avaliadas pelo governo soviético. Sempre que um escritor era aceito pela União Soviética, suas obras seriam logo traduzidas na China[62].

Em contraste com o entusiasmo que a China mantinha para com a literatura soviética, as literaturas europeias eram muito menos preferidas. Em termos quantitativos, a literatura francesa era mais marcante pela tradução das obras clássicas, com destaque para a introdução abrangente das obras do escritor realista Honoré de Balzac. O mesmo ocorria com as literaturas inglesa e alemã: obras clássicas eram mais traduzidas do que as contemporâneas. Autores como *William Shakespeare*, *Charles Dickens*, *George Gordon Byron* e *Percy Bysshe Shelley* têm mais obras traduzidas na China e as obras de *Shakespeare* são as mais traduzidas. Dentre os autores alemães, *Heinrich Heine*, *Johann Wolfgang von Goethe* e *Friedrich Schiller* eram mais conhecidos pelos leitores chineses e, sobretudo, *Heinrich Heine*, que é mais traduzido na China. Quanto à literatura dos Estados Unidos da América, as obras traduzidas não eram capazes de ilustrar o panorama de toda a sua literatura e apenas alguns escritores foram introduzidos, tais como *Mark Twain*, *Theodore Dreiser*, *O. Henry* e *Jack London*. Não obstante os tópicos e os gêneros diversificados entre as obras clássicas traduzidas da Europa Ocidental e dos Estados Unidos da América, elas demonstram, de modo geral, atitudes contra a opressão feita pela classe feudal, a crueldade e a frieza da classe burguesa, como também a maldade da sociedade capitalista. Além disso, também descrevem a

---

62 A título de exemplo, após 1949, as obras do escritor norte-americano Hemingway foram proibidas na China. No entanto, em julho de 1956, um artigo que elogiou *The Old Man and the Sea* foi publicado na União Soviética. Em dezembro de 1956, a revista chinesa Tradução Literária publicou o romance traduzido e no ano seguinte, outro romance *A Farewell to Arms* foi publicado na China. Como o escritor foi aceite pela União Soviética, suas obras ganharam logo a permissão de entrada na China. Quando aconteceu a quebra das relações sino-soviéticas, a tradução das obras de Hemingway perdeu sua "legitimidade" na China durante um período bastante longo (*apud* Zha Mingjian, 2003).

resistência ao imperialismo, a luta pela liberdade e a democracia nas sociedades capitalistas, os movimentos de povos negros contra a opressão racial, a luta contra o colonialismo no Terceiro Mundo e a persistência de heróis em busca de um ideal, entre outros tópicos. Todos os temas contidos nas obras literárias traduzidas estavam em conformidade com o critério de avaliação de "ser revolucionário e progressivo" da China de então, e foram, por isso, classificadas literaturas revolucionárias e proletárias. Por sua vez, o modernismo refletido nas literaturas modernas e contemporâneas dos países capitalistas era considerado contraditório ao realismo socialista preconizado na China nos anos 1950, que julgava que o capitalismo, e particularmente a cor colonialista manifestada, em obras literárias modernas poderiam prejudicar a construção da literatura socialista, bem como a posição da ideologia predominante socialista na jovem República Popular da China. Sendo assim, a nova literatura socialista da China tinha que ficar distante de literaturas modernas ocidentais e adotava uma atitude antagonista sobre elas.

Na China daquela época, havia grande interesse na tradução de autores dos países socialistas do Leste Europeu, que eram países que compartilhavam a ideologia socialista; e também em autores de outros países da Ásia, da África e da América Latina, considerados países do Terceiro Mundo, que alimentavam o mesmo desejo de independência ou de prosperidade. É de destacar que a tradução das literaturas dos países socialistas do Leste Europeu possuía uma garantia dupla: a garantia literária e a política, por causa da mesma classificação de países periféricos no mundo da época, da identidade das ideologias predominantes nos países do bloco socialista e da sobreposição da ideologia predominante socialista à consciência nacionalista em ascensão na China. A partir do início dos anos 1950, as literaturas de nações periféricas começaram a incorporar-se à literatura nacional da China, apesar de que a literatura soviética fosse muito mais traduzida na China. Durante os 17 anos desde a fundação da

República Popular da China (1949) até o início da Revolução Cultural (1966), na China foram publicadas obras literárias de 35 "países periféricos", inclusive o Brasil, e a tradução foi caraterizada pela diversidade de tipos de literatura, abundância de obras contemporâneas e biografias de figuras famosas e influentes, saliência à literatura infantil e forma indireta de tradução. Para além de romances, eram traduzidos na China contos, novelas, poesias, dramas e reportagens literárias, entre outros tipos de literatura, que se limitavam principalmente a romances e poesias no caso da tradução de literaturas dos países europeus e dos Estados Unidos da América. Diferentemente do que aconteceu às literaturas europeias, as obras contemporâneas de países periféricos eram aplaudidas na China, pelo que nelas se refletiam as realidades e mentalidades sociais dos países respectivos, que permitiriam aos leitores chineses conhecerem o processo de evolução social desses países. Não é difícil entender a tradução de biografias de figuras heroicas, cujos feitos serviriam de impulso e inspiração ao povo chinês na luta pela liberdade e prosperidade.

A tradução indireta de literaturas dos países periféricos durante os anos 1950 e 1960 na China ocorreu devido à escassez de tradutores de línguas daqueles países e a maioria das obras literárias foi traduzida a partir do russo ou inglês. A tradução feita do russo ocupava a maior percentagem. O ensino da língua russa em muitas instituições de ensino superior da China depois de 1949 também foi fruto das relações entre poder e tradução. A conjuntura internacional em que a China se encontrava colocou em destaque a importância do russo, a língua oficial do "irmão mais velho" e, a formação de falantes da língua russa teve a justificação completamente legítima. Outro fenômeno interessante durante os 17 anos após 1949 constitui o fato de que muitos tradutores e escritores chineses que dominavam perfeitamente e apenas a língua inglesa, mas optavam por traduzir obras literárias de países periféricos, em vez dos Estados Unidos da América ou Inglaterra, por via da tradução indireta. Mao Dun foi um exemplo típico, que só falava inglês mas traduziu muitas obras literárias da Polônia, Hungria e Islândia, entre outros países periféricos. O gosto estético e o interesse individual dos próprios tradutores poderiam explicar este fenômeno especial nos anos 1950 e 1960 na China. No entanto, um fator que nunca se pode negligenciar é o poder, que exerça grande influência sobre todo o processo da construção cultural, inclusive a tradução. Foi justamente a manipulação da ideologia predominante que resultou na abundância da tradução indireta e na vasta tradução de literaturas de países periféricos.

O aparecimento do modernismo no início do século XX na América Latina é considerado, pelo círculo literário chinês, um movimento literário extremamente relacionado com a libertação nacional, que tem como núcleo o despertar da consciência nacionalista. Não obstante a grande divergência entre a literatura brasileira e as de outros países latino-americanos, a literatura brasileira é classificada como um componente da literatura latino-americana, por muitos críticos literários chineses, devido à localização geográfica e língua oficial, o português, que, tal como o espanhol, faz parte da família latina. A jovem China prestou imensa importância à literatura latino-americana e a *Editora de Literatura do Povo* publicou em 1959 uma série de obras literárias da América Latina, que contém: *Os Sertões* de Euclides da Cunha, *Coletânea de Poemas* de Nicolas Guillen, *Coletânea de Poemas* de Castelo Alves, *Tradiciones Peruanas* de Ricardo Palma, *A Hora Próxima* de Alina Paim e *Las Aguas bajan turbias* de Alfredo Varela, entre outras. Destacaram-se, entre todos os escritores da América Latina, dois escritores nos anos 1950 e 1960 na China: Pablo Neruda e Jorge Amado, que, além de serem escritores famosos na região, detinham ainda uma etiqueta que era extremamente especial para o jovem regime comunista da China e ganhou para os dois grande popularidade entre os leitores chineses: a identidade de membro do partido comunista. As inclinações políticas evidenciadas nas obras aproximaram os dois escritores do governo e povo da

China. Em 1951, foram publicadas três coletâneas de Neruda na China: *Que Dispierte El Leñador* (publicada pela *Editora de Nova Massa* e reeditada pela *Editora de Literatura do Povo* em 1958), *Coletânea de Poemas de Neruda* (publicada pela *Editora de Literatura do Povo* e reeditada em 1953) e *O Exilado* (publicada pela *Editora de Cultura*). Em 1957, foi traduzida do russo *A Biografia de Pablo Neruda* (publicada pela *Editora de Escritor*). Foram sucessivamente traduzidos: *Las uvas y el viento* (publicada em 1959 pela *Editora de Literatura e Arte de Xangai*) e *Canción de gesta* (publicada em 1961 pela *Editora de Escritor*). Por sua vez, Jorge Amada também foi bem recebido na China e o caso do escritor brasileiro será abordado, de forma pormenorizada, neste capítulo.

5.4. "INSTITUCIONALIZAÇÃO" DA TRADUÇÃO LITERÁRIA

Na literatura contemporânea chinesa, durante os 17 anos após 1949, se evidencia um estereótipo de integração que, para Hong Zicheng (2010: 181), contém basicamente três dimensões: em primeiro lugar, a integração literária se refere a um processo de evolução literária, em que a literatura de esquerda evoluiu para ser literatura predominante, até se tornar a única literatura na China durante os 17 anos; em segundo lugar, a forma de organização e a maneira de produção da literatura nacional são altamente integradas. Estão envolvidos quase todos os elementos acerca da literatura, inclusive instituições literárias, jornais e revistas de literatura, os processos como a criação, publicação, difusão, leitura e crítica da literatura; Em terceiro lugar, a integração constitui a característica principal das obras literárias da época, que mostravam uma grande convergência em termos de tema, estilo e metodologia. A integração literária não é um termo parado, mas sim em evolução durante os anos 1950 a 1970.

A tradução da literatura latino-americana na China também se envolveu no processo de integração da literatura nacional, além de ser muito influenciada pela política doméstica e internacional. No processo de integração, a presença do governo e do Estado se traduzirá pelas relações de poder, o que deu origem à institucionalização da tradução literária na China, isto é, à tradução de literaturas estrangeiras, que fazia parte da construção da literatura nacional após a fundação da República Popular da China, e era uma tarefa do Estado, organizada pelo governo, que controlava todo o processo das atividades de tradução: desde a seleção dos escritores a serem traduzidos até à tradução, difusão, comercialização, assim como leitura e crítica literária. A institucionalização das atividades de tradução se deu desde 1949, quando se fundou o novo regime comunista, que precisava construir quase tudo em um país que sobreviveu à Segunda Guerra Mundial e à Guerra Civil. Uma tarefa importante do governo chinês era a construção da literatura nacional, que se concretizava também por meio da tradução de literaturas estrangeiras.

A institucionalização no campo da tradução se evidenciou principalmente nos seguintes aspectos: a formação de instituições literárias e suas funções, a forma como funcionam as editoras e revistas literárias e acadêmicas, a identidade de tradutores chineses na época, assim como a organização das atividades de tradução e o mecanismo de leitura e crítica literária.

Durante a primeira edição do Congresso Nacional dos Trabalhadores Literários e Artísticos da China, foi estabelecida, em julho de 1949, a Federação Nacional de Círculos Literários e Artísticos da China, com Guo Moruo como presidente e Mao Dun e Zhou Yang como vice-presidentes e foi denominada de Federação Chinesa de Círculos Literários e Artísticos em 1953. A Federação é a maior instituição literária a nível nacional que se responsabiliza por regular exclusivamente todos os trabalhos relacionados com a literatura e a arte. À Federação ficam subordinadas as federações locais do país e as associações em diferentes áreas artísticas e literárias. A Associação Nacional de Trabalhadores Literários da China foi uma associação dessas, que passou a ser denominada de Associação

Chinesa de Escritores em outubro de 1953 e tem sido a associação mais importante da Federação, o que releva também o peso da literatura na área literária e artística da China. A Federação Chinesa de Círculos Literários e Artísticos e suas federações e associações subordinadas eram únicas instituições reguladoras de literatura e arte da China nos anos 1950. Segundo sua constituição, a Federação é composta por sócios coletivos em vez de individuais e, tal como a Associação Chinesa de Escritores, é uma organização do povo. No entanto, estas organizações, sob a liderança do Partido Comunista da China, são instituições governamentais, pelas quais o governo regula e controla a literatura e a arte do país. A Associação Chinesa de Escritores é diretamente liderada pelo Departamento de Propaganda do Comité Central do Partido Comunista da China e o vice-presidente da Associação da altura, Zhou Yang foi ao mesmo tempo vice-ministro do Departamento. A maior parte da direção da Associação Chinesa de Escritores é membro do Partido Comunista da China, que mantém na Associação uma secretaria, que detém o maior poder na tomada de decisões acerca de funções desta instituição do povo.

A Federação Chinesa de Círculos Literários e Artísticos e a Associação Chinesa de Escritores tinham, nos anos 1950, como funções principais a formulação de diretrizes e políticas acerca da literatura e a arte do país, inclusive a interpretação oficial de certas teorias ou políticas literárias e artísticas, a avaliação de obras e pensamentos literários e artísticos da época, assim como a liderança de campanhas literárias a nível nacional. Pode-se dizer que o poder político aumentou a autoridade da Associação Chinesa de Escritores e lhe atribuiu bastante poder na China durante os anos 1950 e 1960. Esta autoridade política levava consigo uma preferência pragmática, e por vezes não profissional. Mesmo que a Associação tivesse membros que eram acadêmicos reconhecidos e escritores profissionais, na maioria dos casos, as opiniões deles poderiam ser ouvidas, mas não aceitas e a tomada de decisão era feita pela direção da secretaria do Partido Comunista da China na

Associação, o que degradava, de certa maneira, a autoridade acadêmica e literária da própria instituição. Na literatura de esquerda da altura, era atribuída um fator ideológico à própria literatura pelo poder, que destacava a função política da literatura do país e poderia, por conseguinte, intervir, a qualquer hora, em todas as atividades literárias, inclusive as atividades de tradução. Não era estranho constatar o fenômeno em que as opiniões de um líder importante do país acerca de uma obra literária eram capazes de determinar o destino da obra na China, porque as opiniões não eram de um leitor comum, mas sim representavam o poder do país. A recepção de obras literárias na China era determinada não só pelos fatores internos da própria literatura, mas também pelos fatores de fora, que eram até mais decisivos do que os internos.

A Conferência Nacional do Trabalho de Tradução em 1951 e a Reunião Nacional de Trabalho de Tradução Literária em 1954 ocorreram exatamente durante o processo da institucionalização da tradução literária na China. O ministro da cultura, presidente da União Chinesa dos Escritores e próprio escritor, Mao Dun fez um discurso intitulado "Lutar pelo Desenvolvimento da Causa de Tradução Literária e pelo Melhoramento da Qualidade de Tradução". No discurso, Mao Dun destacou a importância da tradução literária e afirmou ainda que as atividades de tradução deviam ser feitas de forma organizada e coordenada sob a liderança do Partido Comunista da China e do Governo Central.

No que diz respeito às editoras e revistas literárias e acadêmicas, elas passaram por uma transformação socialista antes de 1955, em que o país se apossou de muitas editoras pequenas e privadas, formando assim editoras maiores e públicas, entre as quais, se destacavam a *Editora de Literatura do Povo* e a *Editora de Literatura e Arte de Xangai*, que eram as editoras mais importantes que introduziam e traduziam literaturas estrangeiras na China. Outra editora influente na China é a *Editora de Escritor*, originária da *Editora de Literatura do Povo* em 1957. Além disso, no fim dos anos 1950, foram criadas editoras em províncias e prefeituras da China, tais como a *Editora de Literatura e Arte de Changjiang* em Wu Han, a *Editora de Literatura e Arte de Baihua* em Tian Jin e a *Editora de Literatura e Arte de Jiangsu* em Nan Jing, entre outras. As editoras passaram a ganhar caraterísticas especiais da altura e a mais marcante é o fato de que as editoras e revistas literárias eram controladas, administradas e monitoradas pelo governo e, não se viam em qualquer publicação conteúdos divergentes da ideologia predominante do país, nem existia qualquer concorrência entre elas, porque foi o país que se responsabilizava pelos gastos e ganhos sob o regime de planificação nacional do país. Entre as revistas acadêmicas existia uma relação hierárquica entre si, e as revistas da Federação Chinesa de Círculos Literários e Artísticos e da Associação Chinesa de Escritores ocupavam as posições mais altas na hierarquia, sendo seguidas por revistas administradas por federações ou associações provinciais e assim por diante. As que se encontravam no topo da hierarquia dispunham de mais autoridade e poder, o que era idêntico ao sistema governamental do país.

Falando na identidade de tradutores chineses da época, as mudanças drásticas ocorridas na sociedade chinesa após 1949 têm que ser referidas. Fundada a República Popular da China, o poder do jovem governo comunista chegou ao máximo e através desta força política, o governo chegou a reunir todos os recursos sociais na mão, fazendo uma organização e realocação de recursos sociais e humanos, segundo o modelo da economia planificada. No caso dos membros da sociedade, o novo regime comunista da China fez uma classificação da mão de obra que foi dividida em diferentes categorias e as mais comuns eram: "quadro", "operário" e "camponês". Os escritores e os tradutores pertenciam à categoria de "quadro", que não se referia apenas aos membros da sociedade que exerciam a função da gestão administrativa ou econômica do país, mas também a todos os profissionais e técnicos em todas as áreas específicas da sociedade, tais como escritores, tradutores, médicos, assim como editores de jornais e revistas, que eram considerados freelances antes de 1949. O "quadro" representava um sistema, uma unidade, ou uma estrutura institucional que, sendo mais privilegiada na sociedade chinesa de então, incorporava certas mãos de obra do país e ocupava uma posição hierárquica mais alta do que as categorias de "operário" e "camponês". Na categoria de "quadro", as mãos de obra eram classificadas, mais uma vez, em diferentes níveis, com diferentes remunerações e benefícios respectivos. Pertencendo a uma estrutura institucional, ou mais comumente chamado, uma "unidade", os que trabalhavam como tradutores eram remunerados, respeitando seu código de conduta. A violação do código de conduta poderia levar a consequências graves, tal como a expulsão da "unidade", correndo o risco de perder todos os benefícios que a "unidade" garantia. Muitos tradutores eram simultaneamente escritores, que pertenciam a mesma estrutura e tinham justamente a mesma forma de trabalho. Além disso, muitos tradutores e escritores eram também oficiais governamentais, isto é, a primeira identidade deles estava estreitamente relacionada com o poder do país e muitas políticas literárias e artísticas do país foram formuladas por eles, que representavam o poder e tinham uma obrigação intrínseca de defendê-lo e reforçá-lo.

Logo depois da fundação do regime comunista, o governo chinês necessitava de dar início à construção cultural nacional do país, daí que a tradução de obras literárias se tornou uma missão política, que mobilizou quase todos os literatos e tradutores do país. Pode-se dizer que a tradução de literaturas estrangeiras foi "produzida" na linha de produção nacional e socialista. Muitas obras foram fruto de trabalho coletivo que tinham congregado a diligência de muitos acadêmicos e tradutores. O governo selecionava as matérias-primas (obras a ser traduzidas) para a linha de produção e quando os "produtos" saíam da linha de produção, a Livraria Xinhua[63] era responsá-

---

[63] A Livraria Xinhua tem uma história mais longa do que a República Popular da China, pois foi fundada em 1937 pelo Partido Comunista da China. Fica, desde 1949, subordinada ao Departamento de Propaganda do Comitê Central do Partido Comunista da China e é a maior livraria estatal.

vel pela distribuição no mercado. Depois do lançamento dos "produtos" ao mercado, o governo ainda organizava eventos como leitura coletiva, crítica literária e aprendizagem mútua, entre outros, a fim de alargar a influência dos "produtos" por entre os leitores. Além disso, o governo chinês ainda era responsável por indicar escritores a ser comentados, autores de críticas literárias e revistas (ou jornais) a publicar tais críticas literárias. Com esta alta institucionalização, a tradução literária se tornou uma ferramenta importante da política e diplomacia do país, deixando de ser tarefa individual de tradutores, porque todos trabalhavam, de forma coordenada, naquela linha de produção controlada pelo governo. Outro fenômeno interessante é que não existiam "tradutores" na época, mas sim "trabalhadores de tradução", porque por um lado, a tradução não foi feita por algum tradutor individual, mas sim uma tarefa coletiva que exigia a participação e colaboração de todos; por outro, todos os tradutores eram "construtores" do país, sob a liderança do governo e do Partido Comunista. A tradução literária institucionalizada se enquadrava no padrão esquerdista da literatura nacional da China. A seleção de escritores e de obras na tradução era manipulada pela institucionalização, que excluía os escritores e as obras que não fossem contra o imperialismo, o colonialismo e o regime capitalista representado pelos Estados Unidos da América.

Na institucionalização da tradução literária na China se evidenciam as relações entre a tradução e o poder, que são omnipresentes durante todo o processo da introdução de literaturas estrangeiras na construção cultural do país. Com base na teoria de patronagem de Lefevere, durante os 17 anos após 1949, a patronagem na área literária da China é uma grande rede hierárquica, em que a posição mais elevada é ocupada pelo partido político no poder, o Partido Comunista da China e o Governo Central, inclusive suas instituições subordinadas. A ideologia socialista, orientada pelo Marxismo e conjugada ao Pensamento de Mao Zedong, era a ideologia predominante no país e delimitava uma série de parâmetros ideológicas para outros patronos seguirem. As instituições, como as acadêmicas, as de ensino e de censura, ficavam no meio e eram manipuladas pelos patronos superiores. Ao mesmo tempo, os patronos no meio manipulavam os que ficavam no nível inferior: editoras, revistas e jornais, etc. O estabelecimento da Administração Geral de Publicações teve o objetivo nítido de administrar a indústria de publicação do país, pondo em ordem a publicação que se encontrava caótica antes de 1949. A organização e a planificação de atividades de tradução, assim como a coordenação entre todos os tradutores do país foram temas das duas conferências importantes, que exerceram influências substanciais sobre o desenvolvimento de atividades de tradução da China nos anos 1950 e 1960. Por via da institucionalização, a planificação da publicação de obras literária estrangeiras na China e a manipulação exercida pelo sistema de patronagem hierárquica sobre a seleção e publicação da tradução literária passaram a ser fortalecidas passo a passo. A tradução literária institucionalizada se tornou em um comportamento do país, em vez de ser individual e desorganizada.

Na institucionalização, a seleção de obras literárias a ser traduzidas constitui a forma de manipulação mais direta. Apenas aquelas obras literárias que satisfizessem as exigências da ideologia predominante poderiam ser traduzidas e publicadas. Quando os patronos descobriam que a ideologia nas obras literárias traduzidas desviava da ideologia predominante do país, ou não era suficientemente satisfatória, certas estratégias de tradução seriam aplicadas na tradução, tais como a omissão, substituição, adição e redução, entre outras. Os patronos ainda podiam restringir o escopo de leitores e controlar a publicação e a circulação de obras literárias traduzidas.

5.5. 1º MOMENTO IMPORTANTE DA TRADUÇÃO DE OBRAS DE JORGE AMADO NA CHINA

Na América Latina, a estratégia da diplomacia não-governamental aproximou ainda mais as literaturas chinesa e latino-americana. No contexto dos escritores da América Latina, os dois escritores que exerceram maior influência sobre os chineses foram o poeta chileno Pablo Neruda (1904-1973) e o romancista brasileiro Jorge Amado (1912-2001), por serem ambos membros do partido comunista. As posturas políticas evidenciadas em suas obras foram certamente os maiores motivos que os levaram à China.

Em 1951, Jorge Amado recebeu o Prêmio Stalin da Paz entre os Povos, tornando-se uma espécie de embaixador cultural comunista do Brasil. Este prêmio foi criado em 1949 e atribuído aos indivíduos, reconhecidos pelo governo da União Soviética, de grande renome e contribuições nas ciências, literatura, arte e música. No entanto, o critério prevalecente deste prêmio era se o indivíduo tinha contribuído para o fortalecimento da paz entre os povos do mundo, o que revela o cunho político do próprio prêmio. Um objetivo do Prêmio Stalin da Paz entre os Povos residia na intenção de aumentar a voz dos países socialistas e contrabalançar a influência dos Estados Unidos na comunidade internacional.

Foi justamente nesse ano que Jorge Amado foi apresentado, na China, pela revista *Conhecimentos Mundiais*, em artigo intitulado *"Lutador da Paz no Brasil: Poeta Jorge Amado"* (Figuras 2 e 3), no dia 29 de dezembro de 1951.

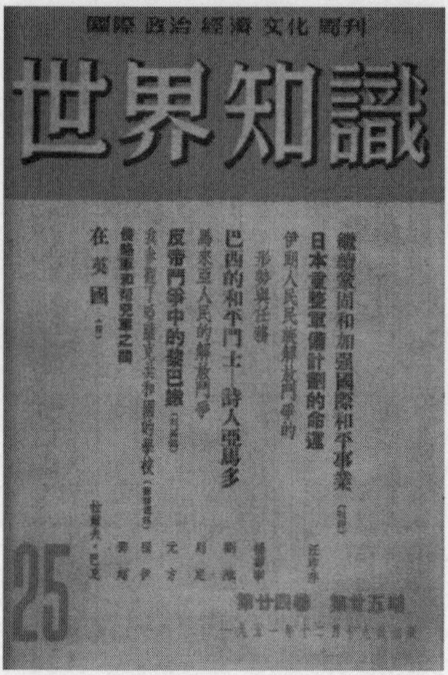

[Figura 2. Capa da Revista Conhecimentos Mundiais, edição n25, de 1951]

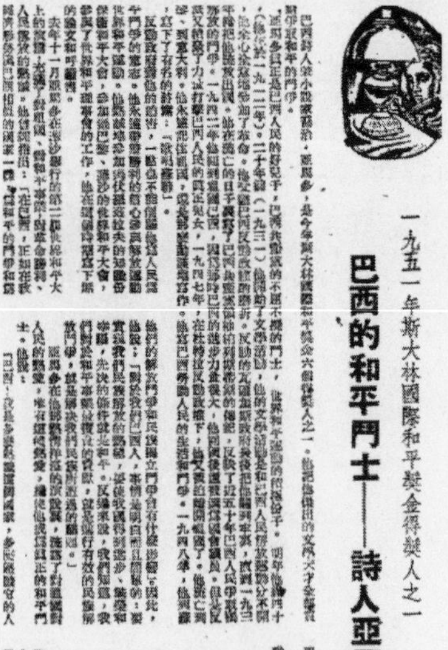

一九五一年斯大林國際和平獎金得獎人之一

巴西的和平鬥士——詩人亞馬多

[Figura 3. Liu Huai. "Lutador da Paz no Brasil: Poeta Jorge Amado". Revista Conhecimentos Mundiais, 1951]

A revista *Conhecimentos Mundiais* foi fundada pelo Partido Comunista da China e teve sua primeira edição em 1934, quando o nordeste do país foi ocupado pelo Japão fascista, que alimentava ainda a ambição de ocupar toda a China. Nessa época, o Partido Nacionalista da China, que estava no poder, adotava uma política tolerante para com a entrada dos japoneses beligerantes, mas muito severa e rígida para com o Partido Comunista da China, deixando toda a China imersa em uma situação de caos. Nascida naquela época dura, a revista reforçou suas tendências de esquerda. Além de difundir informações e conhecimentos gerais sobre todo o mundo, a revista dedicou boa parte de seus artigos à avaliação da conjuntura internacional, à revelação de ambições e conspirações de países fascistas e ao apelo da união de todos os povos socioeconomicamente oprimidos.

Veja-se como o escritor brasileiro foi apresentado no artigo:

> Jorge Amado dedicou todo o seu talento literário à luta pela paz. Ele é um bom filho do povo brasileiro, enquanto lutador invencível do Partido Comunista do Brasil e ativista da paz mundial...... Suas atividades literárias jamais se podem separar do movimento de libertação do povo brasileiro. Ele dedicou-se de corpo e alma à causa revolucionária, mas foi torturado pelo regime reacionário de Vargas, que o pôs na prisão...... Mas a perseguição não chegou a reduzir sua força de vontade de lutar pela paz e pelo seu povo, e ele está sempre com a confiança de vitória, participando ativamente dos movimentos de libertação e paz no mundo...... No discurso proferido por ocasião do 2º Congresso Mundial pela Paz, ele revelou, com raiva, que 'algumas pessoas dos Estados Unidos da América vieram ao nosso território e deram ordens ao nosso governo, que, por sua vez, lhes obedeceu. Essas pessoas obrigaram ao nosso povo, tal como aos escravos, a defender todos os interesses exceto os interesses da nossa pátria, o que nos deu um sentido claro e concreto da luta pela paz.' ...... Ele afirmou ainda que 'para o Brasil e o povo brasileiro, o que está claro e simples é o fato de que a precondição para concretizar o nosso desejo de libertação, prosperidade e felicidade é a paz. A contribuição mais preciosa que podemos fazer para a paz é a luta eficaz pela libertação nacional.' ...... Os comentários do Comité Internacional

do Prêmio Stalin da Paz entre os Povos sobre Amado dizem que ele é um escritor por quem o povo brasileiro sente imensa simpatia e que também é muito famoso nos países da América Latina. Suas obras estão repletas de desejos pela dependência nacional e de ideias contra o imperialismo dos Estados Unidos da América[64].

O artigo não é comprido, mas muito bem estruturado, apresentando aos leitores chineses, de forma clara, informações pertinentes a Jorge Amado, cujo perfil, como escritor comunista, foi nitidamente traçado: Jorge Amado é visto, nessa época, essencialmente como uma figura política e um combatente pela paz da sua pátria e do mundo. Esta identidade política do escritor brasileiro fica fortemente reforçada logo no início do artigo e "suas atividades literárias" são relacionadas com a "libertação do povo brasileiro" que está disposto para "contribuir com seus esforços para a paz mundial". O combatente brasileiro pode ganhar rapidamente a simpatia junto aos leitores chineses pela experiência própria: na qualidade de membro do Partido Comunista do Brasil, foi preso e torturado pelo regime reacionário. No entanto,

---

[64] Tradução minha de: "亚马多真正是巴西人民的好儿子，巴西共产党的不屈不挠的斗士，世界和平运动的积极分子……他的文学活动是和巴西人民解放运动分不开的，他全心全意地参加了革命，他受尽巴西反动政权的折磨，反动的瓦尔加斯政府最后把他关到牢里……反动政府对他的迫害，一点也不能削弱他为人民、为和平斗争的意志，他永远带着胜利的信心，参与解放运动和世界和平运动。亚马多在华沙举行的第二届世界和平大会上的演讲，他无限愤激地指出：'北美的一些人跑到我们的国土上，命令我们政府做事，而我们政府，盲目的服从了他们，这些人甚至像驱使奴隶似的逼迫我们的人民，来保卫除了祖国利益之外的一切利益。就是这一点，使为和平的斗争，有着非常确切而具体的意义。'……他说：'对于我们巴西，对于我们巴西人，事情是明白且简单的，要实践我们民族解放的热望，要使我国得到进步繁荣和幸福。先决的条件就是和平，反过来说我们知道，我们对于和平事业最最宝贵的贡献，就是进行有效的民族解放斗争……' '加强国际和平' 斯大林国际奖金委员会介绍他的卓越功绩时说得好：'他是一位巴西人民非常亲切，而且在拉丁美洲各国也是非常著名的作家，他的作品浸透着争取民族独立，反对美帝国主义的思想。'" (Liu Huai, 1951)

ele nunca perdeu a confiança na vitória mesmo em face da perseguição e do exílio. Sua dedicação e fidelidade à causa revolucionária é algo valioso para o bloco dos países socialistas naquela conjuntura de Guerra Fria.

Para além disso, o escritor ainda associa a luta pela paz à luta pela sobrevivência da pátria, tendo em conta o caso do Brasil e de outros países com realidades políticas e econômicas semelhantes. O grande inimigo do bloco socialista, os Estados Unidos da América foram fortemente criticados por Jorge Amado e os atos imperialistas deles foram revelados no discurso do escritor, que serviria como um punhal lançado contra os inimigos dos países socialistas da época e um apelo à união para todos os povos que alimentavam o mesmo desejo de lutar pela independência e liberdade. Apesar de ser exilado e viver muitos anos fora do país, o patriotismo de Jorge Amado é destacado no artigo, que descreve o escritor como um guerreiro persistente, com grande amor pela sua pátria e pelo seu povo "corajoso, generoso, diligente e nobre". O exílio, em vez de diminuir sua vontade de luta, aumentou ainda mais sua persistência e patriotismo. Estas caraterísticas peculiares de Jorge Amado combinaram perfeitamente com as demandas da ideologia predominante na China e com a necessidade urgente do novo regime comunista de encontrar mais aliados no mundo. Esse perfil ideologicamente marcado de Jorge Amado foi reforçado pela ideologia dominante da China de então, que enfrentava ainda muitos "inimigos" capitalistas, tanto internos quanto externos, além do que, o socialismo chinês buscava se fortificar com a solidariedade de companheiros de luta.

Na parte final do artigo, os enredos da primeira trilogia de romances de Jorge Amado - *Terras do Sem-Fim*, *São Jorge dos Ilhéus* e *Seara Vermelha* - são apresentados em um parágrafo independente, o que explica a tradução posterior destes três romances para chinês a partir de 1953. Suas obras eram avaliadas, nesse contexto, sobretudo por seu posicionamento ideológico, e seus valores estético-literários, apesar de não serem omissos, foram colocados em uma posição menos prioritária.

Poder-se-á sentir alguma estranheza ao constatar que, no título do artigo, é colocada a etiqueta de poeta a Jorge Amado, porque o escritor era mais conhecido como romancista pelos leitores do mundo, apesar de que a criação de poesia também fazia parte das atividades literárias de Jorge Amado. É de salientar o fim do artigo, que traduziu o poema de Jorge Amado: *Canto à União Soviética*, incluído em seu livro *O Mundo da Paz* do escritor publicado em 1951. No livro, que lhe rendeu o Prêmio Stalin da Paz entre os Povos, são relatadas as impressões de viagens do escritor sobre a União Soviética e outros países do bloco socialista da altura. Como é dedicado exclusivamente à União Soviética, o poema *Canto à União Soviética* combinava perfeitamente com a ocasião da entrega do Prêmio Stalin da Paz entre os Povos e, por conseguinte, a identidade de poeta de Jorge Amado era mais apropriada na altura.

A carreira profissional de Jorge Amado foi interessante para a literatura do novo regime chinês, e a introdução de romances do escritor brasileiro poderia fortalecer a ideologia socialista chinesa, além de enriquecer a própria literatura chinesa, uma vez que Jorge Amado já era um escritor de sucesso e, ao mesmo tempo membro do Partido Comunista do Brasil.

Se no artigo da revista *Conhecimentos Mundiais* (1951) Jorge Amado foi apresentado inicialmente como uma figura política para os leitores chineses, um ano depois, o autor foi apresentado, a 1 de abril de 1952, como romancista, pela revista *Literatura do Povo*, ao publicar a 22ª parte do primeiro capítulo do volume I: *Os Ásperos Tempos* do romance *Os Subterrâneos da Liberdade* e, ademais, o título do romance se manteve como o do parágrafo publicado em chinês.

Vale lembrar que a revista *Literatura do Povo* tem o início de suas atividades em 1949, e é considerada uma das publicações mais importantes da literatura contemporânea chinesa. Como a revista fica diretamente subordinada à Associação Chinesa de Escritores, é tida também como fruto da institucionalização da ideologia literária do regime comunista chinês.

[Figura 4. Capa da revista Literatura do Povo, edição n 34, 1952]

Mas por que terá sido traduzido exatamente a 22ª parte do primeiro capítulo do volume I de um romance tão extenso? Essa passagem terá maior valor literário para os leitores chineses? No que diz respeito à seleção de textos a serem traduzidos e de estratégias de tradução, como todo texto é escrito para certo objetivo e deve servir ao mesmo tempo para esse objetivo, é crucial para o tradutor conhecer a razão por que o texto será traduzido e saber a função do texto a ser traduzido. A primeira função da tradução consiste na função social, e não na função linguística, bem como Lefevere (1992: 39) afirma: se considerações linguísticas entrarem em conflito com considerações de natureza ideológica ou poética, as últimas tendem a vencer. Na seleção de textos a serem traduzidos, é a ideologia dominante da sociedade da língua alvo que ocupa a posição mais importante, porque desde o patrono até o leitor, quase todos tendem a ficar alinhados à ideologia dominante naquela sociedade.

Os Subterrâneos da Liberdade é um romance de Jorge Amado, publicado em 1954 no Brasil, em três volumes. É interessante verificar uma discordância entre a data de publicação do romance no Brasil, que foi maio de 1954 e a data de publicação da tradução da 22ª parte do primeiro capítulo do volume I do romance na China, que foi abril de 1952, com quase 2 anos de antecedência. A trilogia *Os Subterrâneos da Liberdade* foi iniciada em março de 1952 em Dobris, na Tchecoslováquia, e lançada a primeira edição em maio de 1954, em três volumes, no Brasil. A tradução antecedeu a publicação do romance por efeito da experiência do próprio escritor, o qual se encontrava exilado na época e mantinha uma relação mais próxima com o bloco dos países socialistas. Não é difícil, pois, compreender o aparecimento mais cedo da versão em russo do romance quando este ainda não tinha sido concluído.

Em *Os Subterrâneos da Liberdade*, a história, que se passa no ano de 1937, narra a conturbada vida política e social do Brasil da época de Getúlio Vargas e o volume I, "Os Ásperos Tempos", descreve a luta do povo brasileiro pela liberdade durante os tempos do Governo de Getúlio Vargas, que constitui o tema fundamental do romance tripartido, que traz também a instauração do regime ditatorial do Estado Novo, o comportamento das forças políticas, os ideais proclamados e os primeiros movimentos de resistência.

A seleção deste trecho, em *Os Subterrâneos da Liberdade*, não foi feita de forma aleatória, porque esta parte do romance é, em primeiro lugar, composta de um enredo relativamente simples e não apresenta grande complexidade: por causa de denúncia do traidor, Camaleão, a polícia arquitetou uma ação de caça aos comunistas feita a uma "oficina" de comunistas, que no romance é uma casa de impressão onde comunistas se reúnem. A apreensão dessa oficina é liderada pelo delegado policial, Barros, que é um inimigo experiente e cruel dos comunistas em São Paulo e que tem alimentado o forte desejo de provar sua capacidade de "espancar e liquidar comunistas" através de "métodos finos", aos seus superiores. Durante todo o conflito, os comunistas, apesar de acabarem sendo gravemente feridos, presos (Jofre, que acaba morrendo na polícia) e mortos (Orestes) na oficina, se comportam como heróis e não cedem nem um passo aos inimigos. Pode-se tirar este trecho do romance para publicar como uma parte independente por causa de sua brevidade e completude, que são dois fatores importantes para a revista *Literatura do Povo*, que tem limites de tamanho de artigos a serem publicados. O artigo publicado em chinês ocupa três páginas e contém no total aproximadamente quatro mil caracteres. O tamanho, por outro lado, não é o único critério para a seleção do artigo.

A característica mais marcante deste trecho do romance reside na narração cheia de tensões e confrontos. Por via de frases curtas e diálogos rápidos, o trecho do romance apresenta um ritmo de narração visivelmente acelerado, e ao mesmo tempo razoavelmente pausado. Em um curto espaço de tempo de narração, esta parte selecionada é capaz de demonstrar simultaneamente a astúcia dos policiais, especialmente de Barros, o grande perigo e a gigantesca destruição que a traição poderá trazer para o partido comunista, a crueldade e sanguinolência que marcaram todas as lutas pela liberdade e democracia ocorridas no mundo, assim como a intrepidez, persistência e inteligência dos comunistas, sendo este último ponto ainda mais intensificado pela tradução, graças a estratégias aplicadas durante o processo de tradução. O conteúdo central desta parte do romance está em perfeita conformidade com a ideologia predominante do bloco dos países socialistas liderado pela União Soviética, que traduziu primeiramente o romance para russo.

No caso da adoção de estratégias de tradução, ganha mais peso a ideologia predominante nos países socialistas, que manipula a atividade de tradução a fim de adequar o texto de chegada às demandas concretas do contexto chinês. A estratégia mais frequentemente utilizada durante o processo de tradução é a omissão. A narração que se considera supérflua para a descrição da ação policial é omitida para garantir um ritmo acelerado de narração e intensificar as tensões durante toda a ação de caça, que tem no texto de partida a tarefa dupla: a apreensão e a utilização da oficina. Mas a tradução omitiu a parte de "utilização da oficina", que fez parte do plano de Barros: após a apreensão da oficina, a polícia poderia aproveitá-la "para imprimir falso material" a fim de gerar confusões "nos meios operários", o que seria "interessante à polícia". Contudo, a ideia de Barros foi logo reduzida a cinzas pelas "primitivas bombas" que o italiano Orestes tinha fabricado. Quebrada a ideia de Barros, a "utilização da oficina" não vale a pena ser desenvolvida mais na história, daí que a tradução elimina da parte inicial do texto de partida o conteúdo que apresenta os pensamentos de Barros e todos os conteúdos que têm a ver com a "utilização da oficina". Veja-se uma parte que é eliminada na tradução:

> Barros imaginava já, que proveito não podia tirar dessa oficina, utilizando-a para imprimir falso material, para espalhá-lo nos meios operários, criando confusão, apresentando como palavras de ordem do Partido o que melhor interessasse à polícia. Riu de sua ideia, uma vez tinham feito isso no Rio de Janeiro com ótimos resultados.

Além de reduzir a extensão do texto de chegada, a eliminação da parte que completa a conspiração de Barros ainda tem outro efeito patente: a sagacidade de Barros fica diminuída, ao passo que a crueldade sangrenta do mesmo se duplica, pelo que a tradução privilegia os pensamentos do pensonagem, os quais o caracterizam como um policial experiente em arquiteções malignas, e só lhe restam a grosseria, impaciência e tolice, o que constitui um grande desprezo para com os inimigos reacionários, uma atitude aplaudida pelo governo comunista no poder e pelos leitores individuais simpatizantes com a ideologia socialista. Pelo contrário, com a omissão dos conteúdos respeitantes à "utilização da oficina", a perspicácia dos membros comunistas fica mais salientada ao destruir todas as máquinas antes de os policiais entrarem.

Além disso, a narração sobre a troca de tiros entre policiais e comunistas fica, com a estratégia de omissão, mais intensa e rápida, prendendo firmemente a atenção dos leitores.

Vale a pena conhecer mais um exemplo de omissão na tradução:

Tabela 1:

TP	- <u>Cão!</u>- disse Jofre, *e uma golfada de sangue saltou de sua boca, sua cabeça tombou outra vez sobre a tábua dura da mesa.*
TC	"狗！"若福爾罵了一聲。
Pin Yin	"gou!" ruo fu er ma le yi sheng.

(TP: Texto de Partida, TC: Texto de Chegada)

Tabela 2:

TP	Jofre reuniria suas forças, levantava outra vez a cabeça: - <u>Cadela!</u> - *a voz saía num borbotão de sangue.*
TC	若福爾集中了力量，並抬起了頭："狗！……"
Pin Yin	ruo fu er ji zhong le li liang, bing tai qi le tou: "gou..."

(TP: Texto de Partida, TC: Texto de Chegada)

Tabela 3:

TP	- Fala, *cachorro*, fala enquanto é tempo, *não queira bancar o duro porque eu sei dobrar os duros...*
TC	說！說，還來得及！
Pin Yin	shuo! shuo, hai lai de ji!

(TP: Texto de Partida, TC: Texto de Chegada)

Nos três exemplos das tabelas acima, pode-se ver uma troca de insultos entre Jofre e Barros e as partes em itálicos do texto de partida são omitidas no texto de chegada. No caso da troca de insultos, apenas o insulto dirigido a Jofre está omitido na tradução, ao passo que os insultos feitos por Jofre a Barros se mantêm. Esta pequena diferença na tradução pode não chamar a atenção aos leitores, mas é interessante para uma abordagem de estratégias na tradução. As palavras "cão", "cadela" e "cachorro" são frequentemente selecionadas para emprestar seus nomes a humanos de comportamento identificado como negativo. Curiosamente, o nome que se dá ao melhor amigo do homem é o mesmo para designar o melhor inimigo do homem. Na tradução deste trecho do romance, o tradutor deve ter a consciência disso e adota a estratégia de omissão na tradução de insulto ao comunista Jofre, mas mantém os insultos dirigidos a Barros, o inimigo do partido comunista, o que é uma evidente prova da manipulação que a ideologia predominante exerce sobre as atividades de tradução. Ademais, nas tabelas 1 e 2, são omitidas também descrições de ferimento de Jofre e na tabela 3, a ameaça feita por Barros é omitida, ficando o diálogo mais direto e rápido, o que eleva consideravelmente o grau de confronto entre os dois.

Para além de omissão, outra estratégia utilizada na tradução é a alteração e, através da qual o texto de chegada é capaz de transmitir informações divergentes por vários motivos. Vejam-se os seguintes exemplos:

Tabela 4:

TP	- É pena, ainda tão jovem... E um sujeito decidido como você...
TC	"可惜！你還年輕！戰鬥小夥子！"
Pin Yin	"ke xi! ni hai nian qing! zhan dou xiao huo zi!"

(TP: Texto de Partida, TC: Texto de Chegada)

Tabela 5:

TP	Jofre gritou, apontando o revólver para a porta: - Quem entrar é homem morto...

TC	"誰首先進來的，誰就償出他的腦袋。"若福爾很正經的回答說。
Pin Yin	"shui shou xian jin lai de, shui jiu chang chu ta de nao dai." ruo fu er hen zheng jing de hui da shuo.

(TP: Texto de Partida, TC: Texto de Chegada)

Tabela 6:

TP	Receava que, após o abandono da tipografia pelo traidor, os comunistas a houvessem transportado a outro local.
TC	這個叛徒出賣了印刷所，而現在巴羅斯所怕的是共產黨是不是已經把它搬到別的地方去了呢。
Pin Yin	zhe ge pan tu chu mai le yin shua suo, er xian zai ba luo si suo pa de shi gong chan dang shi bu shi yi jing ba ta ban dao bie de di fang qu le ne.

(TP: Texto de Partida, TC: Texto de Chegada)

Na tabela 4, o sentido da expressão "sujeito decidido" do texto de partido, que designa uma pessoa que tem vontade firme e que está sempre convicto de seus próprios objetivos ou propósitos, é alterado no texto de chegada, em que a expressão é traduzida como "戰鬥小夥子" (zhan dou xiao huo zi), que significa "jovem combatente". Desde "sujeito decidido" a "jovem combatente", pode-se verificar uma intensificação da vontade individual e identidade comunista de Jofre, sobretudo quando a expressão é proferida pelo seu inimigo Barros. O propósito do tradutor na utilização desta estratégia de tradução está evidente: mesmo nos olhos do inimigo, o jovem Jofre é, em primeiro lugar, um comunista decidido e corajoso e nunca cede às tentações nem às ameaças, e ao mesmo tempo, ainda luta, como um guerreiro firme, contra toda as forças reacionárias. Com esta alteração de sentido, a imagem de Jofre fica crescida nos olhos dos leitores que tenham a ideologia socialista.

Por sua vez, a tabela 5 mostra outro exemplo de alteração, em que a palavra "gritar" é traduzido como "很正經的回答說" (hen zheng jing de hui da shuo), que significa "respondeu a sério". Jofre falou isso porque os policiais tinham chegado e ameaçaram arrombar a porta para entrar. A tradução pode aparentar até alguma estranheza porque não apresenta nenhuma ligação ao verbo "gritar", se se fizer uma comparação entre a expressão original e a tradução. Se adotasse uma tradução literal, não teria problema nenhum e seria uma reação natural "gritar" ao saber que os policiais iriam entrar na oficina à força. Contudo, ao se refletir um pouco mais no propósito da tradução, ou seja, de criar uma personagem comunista calma e madura, no texto de chegada, a reação de Jofre perante a chegada de muitos policiais armados é: "respondeu a sério", pode-se perceber logo a calma e determinação fortalecida dele, que formam ao mesmo tempo um forte contraste com o fato de ele ser "tão jovem" e possuir "aquele ar juvenil, de quase menino". Tendo em conta a reação de Jofre na hora de tomar conhecimento do aparecimento de policiais fora da porta da oficina: "Jofre ... já estava de pé, tomava do revólver, uma súbita maturidade cobrindo-lhe o rosto juvenil", pode-se concluir que a alteração na tradução em chinês constitui uma continuação dessa "maturidade", refletida desta vez no falar, em vez de no "rosto juvenil". No caso da tabela 6, verifica-se, antes de mais, uma alteração da ordem da frase: é adiantada a locução adverbial "após o abandono da tipografia pelo traidor", que fica no início da sentença composta no texto de chegada. Segue-se outra alteração: a locução adverbial é traduzida como uma oração coordenada em chinês. O texto de chegada é: "這個叛徒出賣了印刷所" (zhe ge pan tu chu mai le yin shua suo), e sua tradução literal é: Este traidor traiu a tipografia. Por via das duas alterações na tradução, fica destacado, no texto de chegada, o fato de o ex-colega de Orestes e Jofre, Camaleão tê-los traído. Este destaque logo no início da narração da história poderá provocar nos leitores do texto de chegada uma lamentação da apreensão da oficina e um ódio para com o traidor Camaleão. Ainda por cima, pode-se sentir até o ódio e o desprezo do próprio tradutor contra Camaleão entre as linhas do texto de chegada, em que se evidencia também a atitude pró-comunista da tradução.

No texto de chegada, de apenas três páginas, com tanto conteúdo omitido do texto de partida, pode-se verificar o fato de que na tradução é empregue também a estratégia de adição. Veja-se o exemplo:

Tabela 7:

TP	Mas viam ao mesmo tempo, a fumaça saindo pela porta do quarto...
TC	但是他們還沒有來得及高興，就聞到裡屋裡有煙霧。
Pin Yin	Dan shi ta men hai mei you lai de ji gao xing, jiu wen dao li wu li you yan wu.

(TP: Texto de Partida, TC: Texto de Chegada)

A oração sublinhada no texto de chegada significa: "mas eles ainda não tiveram tempo para ficar contentes" e é acrescentada pela tradução, pelo que no texto de partida não existe esta informação. No contexto da história, os policiais liderados por Barros tinham atingido Jofre e entrado na oficina, e eles pensavam que a ação de caça já estava terminada. No entanto, o colega de Jofre, o italiano Orestes acendeu as máquinas de impressão no quarto do fundo e a fumaça saiu por entre a porta. As máquinas acesas puseram fim à conspiração de Barros de utilizar a tipografia e até poderiam avisar outros comunistas que estavam chegando de longe. O tradutor acrescenta esta oração, como um ponto de viragem durante a narração de uma série de atos rápidos e violentos entre os policiais e Jofre na escuridão, o que pode gerar um efeito dramático para o texto de chegada e é capaz de acrescentar, de certa maneira, o prazer de leitura aos leitores que alimentem a mesma atitude pró-comunista que o tradutor.

Outro exemplo de adição ocorre logo no início deste trecho do romance, quando "os cinco carros partiram da polícia central no fim da noite" e toda a cidade estava já profundamente adormecida. Veja-se o exemplo:

Tabela 8:

TP	... a cidade adormecida...
TC	夜是漆黑的，城市睡沉了。
Pin Yin	ye shi qi hei de, cheng shi shui chen le.

(TP: Texto de Partida, TC: Texto de Chegada)

No texto de partida, há apenas um sintagma nominal composto por um substantivo e um particípio passado, ao passo que no texto de chegada é adicionada a oração coordenada: "夜是漆黑的" (ye shi qi hei de), cuja tradução literal é: a noite estava completamente preta, formando uma sentença composta. A adição da descrição da noite em que teve lugar a ação policial de caçar comunistas pode intensificar a atmosfera perigosa. A noite preta, com a cidade adormecida, em vez de diluir o perigo e acalmar as almas cansadas dos membros comunistas, oferece uma proteção à ação de caça, que conta com a colaboração do traidor Camaleão. Tal como o fim de um túnel em que não há nenhuma luz, para o tradutor, a noite preta combina com a atmosfera geral do Brasil, onde não se vê o brilho da esperança.

A publicação desta parte do romance *Os Subterrâneos da Liberdade* na revista *Literatura do Povo* demonstra o reconhecimento e a recepção de Jorge Amado pela ideologia predominante do país e pelo partido político no poder, o Partido Comunista da China. Juntamente com o poder, a ideologia predominante dos anos 1950 e 1960 na China selecionaram este trecho pequeno de um romance extenso de três volumes. Foi manipulada, mais uma vez pela ideologia predominante, a tradução desta parte do romance, cujo texto de chegada possui apenas três páginas, mas é fruto de várias estratégias de tradução: a omissão, a alteração e a adição. A ideologia individual e a subjetividade do tradutor também são relevantes nas atividades de tradução, mas só podem atuar em conformidade com a ideologia predominante do país e seguir as exigências dos patronos das atividades de tradução. Nos anos 1950 e 1960 da China, os tradutores mantinham suas ideologias individuais completamente alinhadas com a predominante do país e a subjetividade dos tradutores ajudava a consolidá-la por via da adoção de estratégias de tradução. A publicação do trecho de Os Subterrâneos da Liberdade foi o primeiro passo da introdução e tradução das obras de Jorge Amado na China e prevê as traduções posteriores nos próximos anos.

Como já referido, Jorge Amado ganhou, no final de 1951, o Prêmio Stalin da Paz entre os Povos e, foi também quando ele e sua mulher receberam da Associação Chinesa de Escritores o "convite dos sonhos" de Zélia Gattai (1988: 162), que alimentava, há muito, o desejo de conhecer o país:

> Jorge sabia do meu encanto pela China, de meu enorme desejo de conhecê-la. Durante toda a vida. Desde criança, eu tivera curiosidade por este país tão imenso e tão distante, tão cheio de magias e de belezas, sem nunca ter imaginado vê-lo de perto, assim como jamais me passaria pela mente ir à Lua, Marte ou Vênus. Para mim a China era inatingível, nada além de sonho. Após a vitória da Revolução Socialista, em 1949, no entanto, passei a alimentar a esperança de uma possibilidade.

O convite foi entregue pelo amigo do casal Amado, o poeta chinês Emi Siao, que o casal conhecera por ocasião do 1º Congresso Mundial da Paz, que teve lugar em Praga em 1949. A emissão do convite dirigido aos Amado ocorreu no âmbito da diplomacia não-governamental adotada na época pelo governo chinês, que prestava imensa importância ao Prêmio Stalin da Paz, pelo que o prêmio organizado pelo "irmão mais velho" era uma ponte imprescindível que ligava o jovem governo comunista da China aos indivíduos de esquerda influentes e simpatizantes do bloco dos países socialistas da época. Na qualidade de membro do Partido Comunista do Brasil e escritor reconhecido pela União Soviética, Jorge Amado foi naturalmente preferido pelo governo chinês e a instituição mais apropriada a enviar o convite seria a Associação Chinesa de Escritores. Com as aparências não-governamentais, a visita de Jorge Amado foi totalmente proposta e organizada pelo governo chinês e foi, por conseguinte, originada pelo poder.

A primeira visita à China do casal de Jorge Amado se seguiu à sua visita à Mongólia, na companhia do poeta cubano Nicolás Guillén e sua esposa Rosa Guillén, que também foram convidados pelo governo chinês. Os Amado e os Guillén foram esperados, ao chegarem no aeroporto de Pequim, por dois intelectuais chineses (Gattai, 1988: 46), Emi Siao e outro poeta popular na China, Ai Qing, os quais mantinham grande amizade com os Amado.

Segundo relatos de Zélia Gattaia, como anfitrião caloroso e simpático, o governo chinês preparou uma agenda para os dois casais latino-americanos, que tiveram um convívio agradável com os poetas Ai Qing e Emi Siao e a Romancista Ding Ling (Gattai, 1988: 46).

[Figura 5. Jorge Amado e a romancista chinesa Ding Ling, Pequim, 1952]

Jorge Amado encontrou-se, em Pequim, com a vice-presidente da China, Song Qingling, que ganhara também o Prêmio Stalin em 1951. Song solidarizara-se com o regime comunista e era benquista e cortejada pelo governo da República Popular da China. Foi promovido um encontro pela Associação Chinesa de Escritores, presidido por Guo Moruo, com as elites da intelectualidade chinesa: escritores, artistas, homens de teatro e de cinema. Os escritores chineses apresentaram, na reunião, uma visão panorâmica da literatura da

China, partindo dos grandes clássicos da poesia e da prosa, dos seus distantes começos até os dias próximos da proclamação da República, em 1911. Jorge Amado teve ainda um encontro com Wu Lao, o tradutor de *Terras do Sem-Fim*, em Xangai e explicou ao tradutor (de inglês-chinês) o pano de fundo da narração no romance, assim como umas dúvidas encontradas ao longo da tradução.

Outro encontro, com o pintor chinês Qi Baishi, foi menos político e apenas um contato cultural e artístico, apesar de o encontro ser também arranjado pelo anfitrião oficial, o governo da China. Jorge Amado comprara em uma casa de antiguidades dois quadros de Qi, e por sua vez, o governo chinês "quis homenagear Jorge, que vinha de receber o Prêmio Stalin da Paz, oferecendo-lhe um quadro pintado especialmente para ele por Qi Baishi, com o tema da paz (Gattai, 1988: 194-195)". Depois eles foram visitar o pintor famoso, que examinou a autenticidade dos quadros comprados por Jorge Amado e demonstrou a pintura de um quadro para os visitantes latino-americanos, que convidaram depois o artista chinês para almoçar junto outro dia no hotel em que se hospedavam.

[Figura 6. Jorge Amado, Nicolás Guillén e pintor Qi Baishi, Pequim, 1952]

Os passeios de Jorge Amado se deram na companhia dos anfitriões chineses, e foram visitar pontos de interesse turísticos, fábricas e zonas rurais no distúrbio da cidade de Pequim e tiveram convívios com os residentes locais.

Durante a estada de Jorge Amado e Nicolás Guillén na China, a mídia oficial do país acompanhou suas atividades: o jornal oficial do Partido Comunista da China *O Diário do Povo* emitiu, a 1 de fevereiro de 1952, uma breve notícia sobre a chegada dos dois convidados latino-americanos. A notícia tem apenas 123 caracteres em chinês, mas há três informações relevantes que permitem conhecer a diplomacia não-governamental da China. No título da notícia, diferentemente do caso no artigo em *Conhecimento Mundiais* em 1951, foi deixada a etiqueta de "poeta" de Jorge Amado que foi chamado de "escritor famosos brasileiro" desta vez, o que implica um conhecimento mais profundo de Jorge Amado por parte da China. Logo no início do corpo da notícia, a primeira identidade justificou justamente a vinda do escritor brasileiro: o ganhador do Prêmio Stalin da Paz entre os Povos, que atribuiu à visita o cunho mais político que cultural. O que não foi mencionado nos relatos de Zélia Gattai é o fato de que os intelectuais que esperavam no aeroporto foram chefiados por duas personalidades importantes: o presidente do Comitê de Defesa da Paz Mundial e Anti-invasão dos Estados Unidos da América da China, Guo Moruo e o vice-presidente do Comitê Nacional da Federação Nacional de Círculos Literários e Artísticos da China, Mao Dun, que também eram intelectuais mais importantes na área cultural e artística da China, representando em primeiro lugar o governo chinês.

Nos dias de 18 e 24 de fevereiro de 1952, o *Diário do Povo* publicou, respectivamente, um discurso e um artigo da autoria de Jorge Amado durante sua visita na China: *Os Movimentos pela Paz na América Latina - Discurso no Instituto das Relações Exteriores do Povo Chinês* e *O Povo Brasileiro se Opõe à Invasão dos EUA na Coréia do Norte*. No discurso, Jorge Amado comparou, com a posição proletária, a realidade em que os povos latino-americanos se encontravam com o caso da China, aproximando os povos em dois continentes geograficamente distantes. Os conflitos entre o povo e o governo, que defendia os interesses dos capitalistas burocráticos e latifundiários ao lado do imperialismo, nos países da América Latina foram traçados de forma detalhada pelo escritor. A atitude firme de Jorge Amado que se opunha aos Estados Unidos, e sobretudo à invasão dirigida pelos Estados Unidos na Coréia do Norte, obteve uma empatia imediata na China. O caso do Brasil foi destacado, concentrando-se na diferença das classes sociais e na luta pela paz, liberdade e democracia por parte do proletariado brasileiro, liderado pelo Partido Comunista do Brasil, que apelava para lutar, ao lado dos povos soviético, chinês e norte-coreano, contra os imperialistas norte-americanos e seus cúmplices. Já no artigo publicado no dia 24, foi adicionada uma breve introdução ao artigo pelo *Diário do Povo*, que apresentou de forma sucinta o escritor brasileiro e o classificou como um "companheiro de batalha" da China na defesa da paz. Jorge Amado focalizou-se na posição do povo brasileiro contra a invasão dos Estados Unidos da América na Coréia do Norte, explicitando a estreita relação entre a luta pela libertação nacional e a luta pela paz. Segundo o escritor brasileiro, o povo brasileiro percebeu que, com a influência dos Estados Unidos que penetrava todo o continente da América Latina, a guerra nunca estava longe e poderia envolver o país, e até todo o continente latino-americano, em uma guerra injusta na Ásia, e, portanto, nunca concordaria com o envio de exército brasileiro para "invadir a Coreia do Norte". O significado político e socialista da visita de Jorge Amado se traduz mais uma vez pela publicação do discurso e artigo no *Diário do Povo*, em que o escritor demonstrou sua ideologia completamente alinhada à ideologia predominante da China e sua simpatia para com o jovem regime comunista chinês e todo o bloco dos países socialistas da época.

A recepção calorosa que o governo chinês deu à primeira visita de Jorge Amado e Nicolás Guillén em 1952 fez parte da diplomacia não-governamental do país, que necessitava de, por um lado, estabelecer contatos não-governamentais com os países latino-americanos a fim de desenvolver relações diplomáticas, e por outro, contar com as figuras com influências políticas no sentido de obter certo apoio nos assuntos internacionais e elevar sua voz na comunidade internacional. Esta visita de Jorge Amado em 1952 ainda teve um efeito imediato: a tradução de suas obras teve início logo na China.

Nos primeiros romances amadianos traduzidos, destacaram-se o conflito entre proprietários rurais e pobres e o entre imperialistas. As posturas políticas que o autor evidenciou nas obras, assim como sua aproximação proletária, eram aplaudidas pelo jovem regime vermelho chinês e até foram intensificadas pela tradução. A tradução das obras de Jorge Amado na primeira metade dos anos 50 do século XX reflete justamente a função dos fatores ideológicos e de patronagem nas atividades de tradução que aconteceram na China.

Publicado, com a tiragem de 18.500 exemplares, em março de 1953 pela *Editora de Cultura e Trabalho* na China, o romance *Terras do Sem-Fim* constitui o primeiro romance completamente traduzido para chinês[65].

[Figura 7. Jorge Amado. "Terras do Sem-Fim", tradução de Wu Lao, Editora de Cultura e Trabalho, 1953]

---

65 A tradução foi feita a partir da versão em inglês "The Violent Land", tradução de Samuel Putnam. New York: Alfred A. Knopf, 1945.

Na nota da tradução anexada ao romance traduzido, o tradutor Wu Lao indica as relações intrínsecas das atividades literárias e as políticas e sociais de Jorge Amado, através da apresentação detalhada da biografia do escritor brasileiro, inserindo sua carreia literária no seu itinerário político. Wu Lao dedica a militância política de Jorge Amado, desde muito jovem, a dois fatores fundamentais: a experiência desde a infância, em que vivia perto das pessoas pertencentes a classes mais inferiores da sociedade brasileira e conhecia a pobreza, sofrimento, tolerância, diligência e bondade do povo brasileiro; a influência de Luís Carlos Prestes e seu contingente rebelde chamado de Coluna Miguel Costa-Prestes, com 1.500 homens, que percorreu por dois anos e cinco meses 25.000 quilômetros e passou pela terra natal de Amado, a Bahia. No que se refere ao romance em questão, o tradutor chama-o de "obra épica" e:

> [O romance] traça toda a sociedade feudal [do Brasil] no início do século XX: desde a formação de grandes latifúndios e latifundiários a atributos de classe de governos e tribunais, existência parasitária de igrejas, aparecimento de povoações urbanas, surgimento de profissões livres, penetração de influências estrangeiras até a vida escravizada dos trabalhadores em fazendas. A sociedade brasileira, no romance, é composta por latifundiários cruéis, políticos, juízes e policiais que atuam somente a favor dos ricos e poderosos, padres hipócritas, advogados, médicos, engenheiros e jornalistas que são oportunistas, homens de negócios que são mercenários, jogadores de casino profissionais que tiram proveito de situações complicadas, jagunços que matam adversários dos latifundiários e inocentes, trabalhadores em fazendas, negros, mestiços, camponeses pobres e prostitutas, etc.... O escritor demonstra grandes capacidades de encaixar tantos elementos em um romance não muito grande, através de uma linguagem de estilo poético[66].

---

66 Tradução minha de: "它在时代方面写出了二十世纪初期整个封建社会的缩影：大地主、大种植园的形成；政府、法院的阶级性；天主教会的寄生性；城市乡镇的诞生；自由职业的兴起；外国势力的侵入；以及种植园工人的非人生活。它在人物方面写到了：残暴成性的大地主；为虎作伥的政客、法官、警官；假貌伪善的神父、教士；投机取巧的律师、医生、工程师、记者；唯利是图的外国商

O "estilo poético" da linguagem do romance se trata da única abordagem literária feita pelo tradutor acerca do romance traduzido, que dedicou quase toda a parte da nota da tradução à apresentação da atitude proletária e da militância política do escritor e dos motivos que são capazes de explicar a posição política de Jorge Amado. A abordagem literária apenas se limita a uma simples análise textual: uma apresentação do enredo da narração e das características dos personagens principais da história, a fim de revelar, de forma rápida e clara, os conflitos manifestados entre diferentes camadas sociais, assim como as funções ideológicas e políticas da tradução do romance, que se encontram efetivamente bastante patentes na obra. Ao final da tradução está anexado outro artigo acerca de Jorge Amado publicado em maio de 1952 na revista *Literatura da União Soviética*, da autoria do escritor comunista da União Soviética, *Boris Polevoy*, que era "colega e amigo" de Jorge Amado "na luta pela paz" (Wu Lao, 1953: 471). Não se verifica muita diferença entre este artigo traduzido de *Boris Polevoy* e a nota da tradução de Wu Lao, sobretudo no que se refere ao itinerário político e literário de Jorge Amado. É destacado o amor do escritor pela União Soviética e pela sua pátria, o Brasil, no artigo da revista soviética, em que Jorge Amado é descrito como um combatente persistente que luta pela paz mundial e pela felicidade do povo. A publicação do artigo de *Boris Polevoy* no final do romance traduzido demonstra de certo modo a grande influência da União Soviética sobre a China na área da recepção de literaturas estrangeiras, provando que a China adotava uma política cultural em conformidade com a política cultural soviética e a seleção de obras literárias a serem traduzidas dependia imenso do caso da União Soviética. Sem dúvida nenhuma, foram o poder político e a ideologia socialista que possibilitaram a tradução e a publicação do romance *Terras do Sem-Fim* na China e desenvolveram

---

人；浑水摸鱼的职业赌棍；为地主干杀人勾当的流氓无产阶级；以及种植园工人、黑人、混血儿、贫农、妓女等等——社会的最下层......说明了亚马多对他那熟悉的素材的概括能力，并且善于运用诗的语言。" (Wu Lao: 1953: 469)

uma positiva atitude oficial ao seu autor, Jorge Amado. Wu Lao ainda apresenta outras obras de Jorge Amado com informações básicas de enredo, o que serviria de orientação para as traduções seguintes de obras de Jorge Amado na China.

Publicada em maio de 1953 pela *Editora do Povo* e traduzido por Wang Yizhu, com a tiragem de 20.000 exemplares, a biografia do líder revolucionário e secretário-geral do Partido Comunista do Brasil, Luís Carlos Prestes, *O Cavaleiro da Esperança: Vida de Luís Carlos Prestes*[67] leva consigo mais valor político do que cultural, pelo que se trata de uma obra que, através da narração detalhada da vida, cheia de lutas persistentes contra todas as forças feudais, capitalistas e imperialistas existentes no Brasil, do "Cavalheiro da Esperança" do povo do Brasil até 1942, tem como objetivo valorizar os movimentos pela paz e liberdade no mundo e sobretudo no Brasil, e incitar o governo brasileiro a liberar Luís Carlos Prestes, que se encontrava, naquele momento, na prisão.

[Figura 8. Jorge Amado. "O Cavaleiro da Esperança: Vida de Luís Carlos Prestes", tradução de Wang Yizhu, Editora do Povo, 1953]

---

[67] A tradução foi feita a partir da versão em russo, tradução de Yermolayev. Moscow: Editora de Literatura Estrangeira, 1951.

A biografia publicada em chinês leva no total cinco capítulos, mas possui uma nota da tradução da autoria do tradutor chinês, uma introdução feita pelo tradutor da versão em russo, uma introdução escrita pelo próprio autor, Jorge Amado, e mais um adendo que é o discurso proferido por Jorge Amado, intitulado *"Os Movimentos pela Paz na América Latina"* e já publicado pelo *Diário do Povo* no dia 18 de fevereiro em 1952. Em toda a parte secundária da biografia, destaca-se a introdução feita pelo tradutor da versão em russo, que ocupa dezoito páginas. Nesta parte são altamente resumidas a biografia de Luís Carlos Prestes e a história do Partido Comunista do Brasil, sobretudo as atividades principais do Partido lideradas por Prestes. No entanto, a identidade de escritor de Jorge Amado fica bastante escondida pela ideologia individual tanto do tradutor russo quanto do tradutor chinês, que é determinada pela ideologia predominante socialista na União Soviética e China e salienta também a posição proletária do escritor brasileiro:

> "Sou filho deste país, ... e conheço o sofrimento, a luta e a esperança do povo brasileiro. Por isso, posso garantir a todos vocês que o nosso povo esteja pronto para providenciar contribuições concretas para a causa da defesa da paz do mundo."
> As palavras de Jorge Amado [por ocasião da 2ª edição do Congresso Mundial da Paz em novembro de 1950] demonstram, de forma nítida, a ideologia que orienta todas as suas criações literárias. O amor pela pátria na opressão, o ódio para com os imperialistas e seus cúmplices, assim como a confiança firme sobre a vitória da luta do povo brasileiro pela dependência, democracia e desenvolvimento do país constituem o único tópico das obras do escritor[68].

---

[68] Tradução minha de: "我是这个国家的儿子……　我和他们共同体验了他们的痛苦、他们的斗争和他们的希望。因此，我敢负完全责任来想你们保证，巴西人民准备对全世界保卫和平的事业予以切实的和具体的贡献。在乔治·亚马多的这些话里，鲜明地反映了他全部文学创作底思想方针。对于被压迫祖国的爱，对于帝国主义迫害者的憎恨和对于巴西人民在其争取祖国独立与民主发展的斗争中一定会取得胜利的不屈不挠的信心，这就是这位作家全部著作的主题。" (Wang Yizhu, 1953: 7)

A ideologia socialista era o único critério que avaliava Jorge Amado e suas obras na União Soviética e China da época. Na parte final desta introdução, o tradutor revela a grande contribuição das obras de Jorge Amado para os leitores da União Soviética: "permitem aos leitores soviéticos conhecerem a vida e a luta do povo brasileiro e perceberem que o povo brasileiro estão, ao lado de outros povos do mundo, defendendo a paz mundial (Wang Yizhu, 1953: 24) ". A inserção da avaliação por parte da União Soviética na tradução em chinês da obra de Jorge Amado, para além de facilitar e aprofundar o conhecimento sobre a obra e o escritor em questão, ainda é capaz de justificar, ideologica e politicamente, a tomada da decisão da tradução na China.

Na nota do tradutor chinês, é primeiramente citada uma carta enviada por Jorge Amado, a 15 de setembro de 1952, para festejar o Congresso da Paz da Ásia e Região do Pacífico realizada em Pequim. A carta foi publicada no dia 19 de outubro de 1952 no *Diário do Povo* e na carta o escritor brasileiro reafirmou sua fraternidade para com a União Soviética e a República Popular da China, e a firme posição do povo brasileiro contra a invasão encabeçada pelos Estados Unidos da América na Coréia do Norte. O resto da nota da tradução constitui uma breve apresentação do escritor, com destaque para sua militância política, com base nas informações oferecidas pelo amigo do escritor, o poeta Emi Siao, que considera Jorge Amado "entusiasmado e sincero" para "a vida, o povo e a causa revolucionária". Esta peculiaridade se evidencia em "seus discursos, suas obras e suas atividades sociais", implicando que Jorge Amado é "não só um escritor excelente, como também combatente ativo. " A avaliação feita por Emi Siao sobre Jorge Amado está em conformidade com a identidade destacada pela introdução feita pelo tradutor da versão em russo: como colega e amigo do "Cavalheiro da Esperança", Jorge Amado é um "combatente ativo" que também pratica a criação literária que visa a paz, a liberdade e a democracia da sua pátria e do mundo.

Em setembro de 1954, o romance *Seara Vermelha*[69] foi traduzido por Zheng Yonghui e publicado pela *Editora de Pingming* na China, com a tiragem de 14.000 exemplares. Na parte inicial da tradução, é adicionada uma biografia resumida de Jorge Amado em que são destacados dois fatos: o romance *Seara Vermelha* já teve tradução em russo e era muito popular nos leitores da União Soviética; Jorge Amado era um lutador excelente pela paz, além de ser um escritor extraordinário. O tradutor ainda apresenta a trilogia do escritor, da qual o *Terras do Sem-Fim* e o *Seara Vermelha* já foram traduzidos.

[Figura 9. Jorge Amado. "Seara Vermelha", tradução de Zheng Yonghui, Editora Pingming, 1954]

Dois anos depois, em maio de 1956 foi lançada na China a tradução de *São Jorge dos Ilhéus*[70], feita por Zheng Yonghui e Jin Mancheng e publicada pela Editora de Escritor, com a tiragem de 14.000 exemplares. Escreveu o tradutor Zheng

---

69 A tradução foi feita a partir da versão em francês, tradução de Violante do Canto. Paris: Editeurs Français Réunis, 1951.

70 A tradução foi feita a partir da versão em francês, tradução de Violante do Canto. Paris: Editions Nagel, 1951

Yonghui na nota da tradução: Estes três romances (*Terras do Sem-Fim, Seara Vermelha,* e *São Jorge dos Ilhéus*) (figuras 6 a 8) descreveram três fases da história do povo brasileiro. O *Terras do Sem-Fim* relatava a história em que proprietários rurais disputaram terras e reservas de mata, expulsando e matando as pessoas pobres; O *São Jorge dos Ilhéus* contava a história em que exportadores de cacau, na qualidade de "agentes" dos imperialistas norte-americanos e alemães, conquistaram terras aos proprietários rurais, nos anos 20 e 30 do século XX; O *Seara Vermelha* descrevia a vida extremamente miserável das pessoas pobres que tinham perdido terra ou emprego[71].

[Figura 10. Jorge Amado. "São Jorge dos Ilhéus", tradução de Zheng Yonghui, Editora Pingming, 1956]

A tradução das quatro obras de Jorge Amado não sucedeu por acaso e pelo contrário, pode-se constatar com facilidade a manipulação das relações de poder que existia desde o início de todas as atividades de introdução e tradução das quatro obras de Jorge Amado. A primeira trilogia traduzida na China contém tópicos totalmente alinhados com a ideologia

---

[71] Amado, Jorge: São Jorge dos Ilhéus, tradução de Zheng Yonghui e Jin Mancheng. Beijing: Editora de Escritor, 1956, p.423.

predominante no bloco dos países socialistas, demonstrando a firme posição proletária do escritor comunista. Além disso, o itinerário político e a participação ativa de atividades sociais de Jorge Amado elevaram, de forma substancial, sua voz a favor da paz, liberdade e democracia no mundo, em que reinava a rivalidade entre os dois blocos de países que defendiam os interesses de diferentes classes sociais. No que diz respeito à tradução da biografia do líder do Partido Comunista do Brasil, Luís Carlos Prestes, a identidade e a militância política do protagonista já eram capazes de explicar a necessidade e a "legitimidade" ideológica e política da tradução na União e Soviética. Tal como em *Os Subterrâneos da Liberdade*, em *O Cavaleiro da Esperança: Vida de Luís Carlos Prestes* também se evidencia o realismo socialista, que até se aprofunda nestas duas obras do escritor. Ademais, estas quatro obras, antes de serem introduzidas para a China, tinham sido traduzidas na União Soviética, o que serviria de uma garantia ideológica e política para as posteriores atividades de tradução no contexto chinês, por causa da política de "Inclinação para Um Lado", segundo a qual, a construção cultural do país seguiria o padrão soviético e a introdução de literaturas estrangeiras não era uma exceção.

5.6. TRADUÇÃO RESTRITA DE LITERATURA ESTRANGEIRA NA CHINA

A tradução de literaturas estrangerias, nos anos 1950 e 1960, manipulada pelas relações de poder estava também sujeitas às alterações originadas pelas opções feitas pelos patronos das atividades de tradução, que estavam envolvidos nas relações de poder e tomavam decisões acerca de tradução, de acordo com as mudanças das relações de poder no contexto tanto doméstico quanto internacional. A partir de meados dos anos 1950, sobretudo no fim da década, devido a uma série de mudanças ocorridas dentro e fora da China, a introdução e tradução de literaturas estrangeiras conheceram determinados ajustamentos.

Durante a Guerra Fria, dentro do bloco de países socialistas, a União Soviética mantinha uma imagem preponderante sobre os demais membros socialistas dentro do bloco. O chauvinismo contra os Estados Unidos se desenvolveu para um nacionalismo agressivo, que solicitava uma sujeição e obediência absoluta dos outros países socialistas, o que danificou, de certo modo, os interesses desses países e a fraternidade entre si. Em meados da década 1950, o governo chinês tendeu a adoptar uma política externa neutra, ou seja, uma posição sem alinhamento veio a ser preconizada pelo governo chinês no palco internacional, o que trouxe para o país cada vez mais influência na comunidade internacional, sobretudo nos países em desenvolvimento da África, Ásia e América Latina. De certo modo, a influência ascendente da China, apesar de poder aumentar a voz do bloco dos países socialistas para enfrentar a hegemonia dos Estados Unidos da América, não era algo de que a União Soviética gostava, porque isso implicava a diminuição e até a perda da influência que mantinha sobre o jovem regime comunista da China, e o estatuto de "irmão mais velho" do bloco socialista ficaria abalado.

Em abril de 1955, teve lugar a Conferência da Ásia e África na cidade de Bandung na Indonésia, em que participaram representantes de 23 países asiáticos e 4 africanos. Foi a primeira vez que os países asiáticos e africanos abordaram tópicos relacionados com os próprios interesses, sem a inferência dos antigos países colonizadores, e a Conferência foi chamada de Conferência de Bandung. A União Soviética não pôde participar, porque foi classificada como país europeu pela localização da sua capital na Europa. O objetivo da Conferência era mapear o futuro de uma nova ordem política global e promover a cooperação econômica e cultural afro-asiática, como forma de oposição ao que era considerado colonialismo ou neocolonialismo, por parte dos Estados Unidos e União Soviética.

O governo chinês prestou muita importância a esta Conferência e mandou uma super-delegação chefiada pelo primeiro-ministro Zhou Enlai. Na altura, a conjuntura internacional não era nada favorável ao governo chinês e, dentre os países participantes da Conferência, só 6 países asiáticos[72] tinham relações diplomáticas com a China e muitos outros países, ou apenas tinham contatos comerciais ou não se relacionavam em nada com a China. Devido à influência norte-americana, bastantes países não alimentavam nenhuma simpatia para com a China e mantinham relações diplomáticas com Taiwan, colocando a etiqueta de neocolonialismo no comunismo. Ainda havia países que se mostravam duvidosos na tomada de posição perante o jovem regime vermelho chinês. Enquanto a República Popular da China estava ansiosa por entrar em contato com os demais países do Terceiro Mundo, a Conferência de Bandung constituiu uma chance impecável, em que o primeiro-ministro chinês lançou uma proposta de coexistência pacífica no seu discurso: deixando de lado as divergências, buscar os pontos em comum. Depois de tentativas diplomáticas difíceis, mas bem sucedidas, os países participantes conseguiram superar as divergências ideológicas e de sistemas políticos, chegando aos dez princípios da Conferência de Bandung, que buscavam o respeito à soberania e integridade territorial de todas as nações, o reconhecimento da igualdade de todas as raças e nações, a não-intervenção nos assuntos internos de outro país, a abstenção de todo ato de agressão ou do uso da força contra a integridade territorial ou a independência política de outro país, a solução de todos os conflitos internacionais por meios pacíficos, nomeadamente negociações e arbitragens por tribunais internacionais, assim como o respeito pela justiça e obrigações internacionais. Os dez princípios da Conferência de Bandung refletem a posição dos países do Terceiro Mundo contra o imperialismo e o colonialismo, impulsionando as lutas desses países pela independência nacional e liberdade de seus povos, acelerando a demolição do sistema colonial e elevando a autoconfiança das nações dos países periféricos da Ásia, África e América Latina. Os países periféricos se uniram

---

[72] Os 6 países asiáticos são: Afeganistão, Paquistão, Birmânia, Índia, Indonésia e Vietnã.

e formaram uma nova força política ascendente no mundo em que marcavam duas superpotências, por isso a Conferência de Bandung foi considerada um ponto de viragem do mundo bipolar para o multipolar.

Por ocasião da Conferência, o primeiro-ministro chinês, Zhou Enlai até transmitiu uma mensagem curta aos Estados Unidos, mostrando a disponibilidade da China para dialogar com os EUA e a vontade de iniciar contatos. A participação chinesa ativa da Conferência de Bandung evidenciou, de certa maneira, o afastamento entre a China e a União Soviética.

Em 1956, teve lugar o XX Congresso do Partido Comunista da União Soviética, em que o secretário-geral do Partido, Nikita Khrushchev, fez o famoso Discurso Secreto, denunciando asperamente a política de seu antecessor, Stalin. Foram criticados também o culto da personalidade de Stalin e os crimes cometidos por ele e seus colaboradores. O XX Congresso do Partido Comunista da União Soviética gerou uma grande confusão no mundo comunista que, durante anos de propaganda, estava convencido da grandeza do próprio Stalin e do socialismo empreendido por todo o mundo comunista liderado por ele. Para além disso, Khrushchev propôs o princípio de "Transição Pacífica, Concorrência Pacífica e Coexistência Pacífica", como o núcleo da diplomacia soviética a fim de atenuar as tensões com os Estados Unidos. A nova diplomacia tinha como objetivo básico controlar o mundo em colaboração com seu adversário, os Estados Unidos, e a União Soviética ampliou este princípio até todos os países socialistas, obrigando-os a servir aos interesses soviéticos, em detrimento do desejo da independência e igualdade dos países periféricos. Foi a partir daí que se verificaram a divergência e o afastamento entre os partidos comunistas da China e da União Soviética.

O conflito sino-soviético se manifestou nas áreas ideológica, diplomática e até militar. Em 1958, o governo chinês pediu à União Soviética armas e submarinos nucleares que tinham sido prometidos e, em troca, Khrushchov propôs a construção de uma estação de rádio de ondas longas na China para permitir a comunicação com submarinos soviéticos, além da formação de uma frota combinada sino-soviética que usaria portos da China. A proposta foi considerada uma tentativa de controle militar à China pelo Partido Comunista da China, que julgava na altura que tinha encontrado o caminho certo para transformar a China em uma nação desenvolvida e socialmente igualitária em tempo recorde, acelerando a coletivização rural e a industrialização urbana, por via das estratégias particulares, nomeadamente "Grande Salto para Frente" e "Comuna Popular". Por sua vez, a União Soviética negou as iniciativas da China, o que irritou o líder da China, Mao Zedong, que começava a ver a China como a nova referência real do comunismo no mundo. Precisamente foi o crescente confronto ideológico que levou a União Soviética a cancelar a ajuda à China no projeto nuclear. Em 1959, revogou a promessa de fornecer tecnologias necessárias para a construção de uma bomba atômica pela China, e em 1960, ordenou a saída de todos os seus especialistas estabelecidos na China e cancelou todos os projetos de cooperação técnica na China. Em 1962, a ruptura sino-soviética se aprofundou quando a União Soviética adotou uma postura de neutralidade em relação à Guerra sino-indiana. Nos anos 1960, entre os partidos comunistas dos dois países ocorreram várias rodadas de debates, através de artigos publicados em jornais oficiais, declarações governamentais e resoluções oficiais dos dois países, em torno da ortodoxia do Marxismo e o destino do comunismo no mundo.

O conflito sino-soviético envolveu todos os partidos comunistas do mundo, que tomaram também diferentes posições, dentre as quais havia duas opostas: pró-China e pró-União Soviética. Na América Latina, a maior parte dos partidos comunistas seguiu a União Soviética, mas revelou certa disparidade na proximidade com o partido comunista soviético. Os seguidores mais firmes da União Soviética eram

Colômbia, Bolívia, Argentina e Chile[73]. Honduras e Haiti se mostravam menos firme. Mas o caso do Brasil foi especial e bastante complexo: os líderes do Partido Comunista do Brasil apresentaram o apoio à União Soviética, mas eram muito prudentes, porque ainda existia uma fração comunista, que era mais esquerdista e adotava uma atitude mais próxima da de Pequim. Mais concretamente, a partir do relatório do XX Congresso do Partido Comunista da União Soviética, ocorreu uma grande discussão dentro do Partido Comunista do Brasil, que foi fundado em 1922, com o nome de Partido Comunista do Brasil e a sigla PCB[74]. Inconformado com o apoio do partido ao relatório do líder soviético e com o documento conhecido como Declaração de Março, de 1958, um grupo de membros do PCB, liderados por Maurício Grabois, João Amazonas, resolveu criar um outro partido. O V Congresso do Partido Comunista do Brasil realizou-se em setembro de 1960 sob influência da maré revisionista mundial aprovada no XX Congresso do Partido Comunista da União Soviética em 1956 e apoiada na Declaração de Março publicada em 1958, duramente criticada por Maurício Grabois e João Amazonas. Profunda luta ideológica se travou entre os marxista-leninistas e os revisionistas, antes e durante o Congresso.

---

73 Pablo Neruda se tornou inimigo do povo chinês, devido à posição contra o Partido Comunista da China. A partir de 1964, as obras de Neruda não apareceram mais no mercado chinês e o poeta ainda foi muito criticado pelos jornais oficiais chineses.

74 No início dos anos 60, em função da possibilidade de legalização e para evitar provocações da direita, que afirmava ser o PCB apenas uma sucursal da Internacional Comunista, o partido trocou o nome de Partido Comunista do Brasil para Partido Comunista Brasileiro, de forma a enfatizar o caráter nacional do Partido. Em 1992, grupo liderado por Roberto Freire, maioritário dentro da cúpula partidária do velho PCB, declarou a extinção do então PCB, e a criação do Partido Popular Socialista (PPS). No entanto, os membros mais antigos do velho PCB formaram um novo partido, com o nome do partido ora extinto: o Partido Comunista Brasileiro. Sendo assim, saíram do velho Partidão (o velho PCB) três partidos: o PC do B, o PPS e o novo PCB.

Apesar da tenaz resistência oposta pelos marxista-leninistas, o Congresso aprovou uma Resolução Política sancionando a linha oportunista de direita expressa na Declaração de Março de 1958. Foram afastados, dos postos de direção, quase todos os revolucionários proletários e eleito um novo Comitê Central composto, em sua esmagadora maioria, por notórios revisionistas. Logo após, em 1962, esse grupo de dissidentes utilizou o nome anterior do PCB e fundou o Partido Comunista do Brasil, e colocando no novo partido a sigla PC do B, que apareceu pela primeira vez na história política brasileira. O PC do B surgiu contrário à linha adotada por Khrushchov e reivindicava o legado de Stalin. Nos anos 1960, nomeadamente após o contra-golpe militar no Brasil, em 1964, que encerrou o governo do presidente democraticamente eleito Goulart, o PC do B alinhou-se com o Partido Comunista da China e adoptou a linha de Mao Zedong e a forma de luta, na qual o campo deveria cercar as cidades, sob a direção de um exército popular de base camponesa.

Com relação a Jorge Amado, o romancista comunista começou a distanciar-se da ideologia comunista durante os anos de exílio na Checoslováquia. Os processos estalinistas desencadeados em 1951 na Hungria contra alguns dos seus amigos, nomeadamente Rajk, Slansky e Artur London, contribuíram para abalar a crença de Jorge Amado no Partido Comunista. Farto e horrorizado com as ideologias tanto da direita quanto da esquerda, Jorge Amado se afastou, em 1955, do Partido Comunista do Brasil[75], declarando que "cumpri minha tarefa como comunista e abandonei o partido em 1955 porque não queria mais receber ordens"[76].

---

[75] O próprio escritor nunca declarou a saída definitiva do PCB, nem o PCB o dispensou oficialmente.

[76] 100 anos do nascimento de Jorge Amado: Os "Subterrâneos" de um renegado. Disponível em: <http://lbi-qi.blogspot.com/2012/08/100-anos-do-nascimento-de-jorge-amado.html>. Acesso em: 20 de abril de 2014.

Saiu do "Partidão" dizendo que já sabia desde 1954 das atrocidades de Stalin, denunciadas publicamente em 1956 no XX Congresso do Partido Comunista da União Soviética por Khrushchev: "Mas na realidade deixei de militar politicamente porque esse engajamento estava me impedindo de ser escritor"[77].

A explicação que o escritor deu com relação ao abandono da militância política era sua carreira profissional como escritor, que é algo aparentemente indiscutível. No entanto, ainda se pode verificar alguma desilusão a respeito do comunismo. O afastamento do Partido Comunista coincidiu com a sua clareza de ideais a respeito da democracia:

> A esquerda em geral não é democrata. Posso dizer porque fui comunista. Lutávamos confessadamente pela ditadura do proletariado, que resultou em ditaduras pessoais e violentas. Democracia não tem nada a ver com ideologia. Ou se é ou não é[78].

Assim como a forte adesão anterior ao stalinismo, a decisão de deixar o partido comunista não o tornou um anticomunista, como ocorreu a muitos outros companheiros que abandonaram a causa, mas apenas modificou o seu modo de pensar o mundo. Deixou de achar que tudo o que era rico era ruim, e tudo o que era pobre era bom e passou a aceitar a ideia de que tanto a moral e a nobreza de espírito quanto a vilania e a malandragem são frutos não da riqueza ou da pobreza, mas da vontade do caráter de cada um. O afastamento do Partido Comunista e o abandono da militância política de Jorge Amado não lhe trouxeram problemas no meio comunista, e não se encontrou nenhum registro com relação à mudança ocorrida ao escritor brasileiro no contexto chinês, o que era muito divergente do caso de outro comunista latino-americano, o poeta Pablo Neruda, que foi criticado pelo regime chinês como traidor da causa comunista.

Na primeira metade da década de 1950, como foi referido, a China adotava uma política cultural de repulsa contra as culturas europeias e norte-americanas, mas as culturas de

---

[77] Idem.

[78] Idem.

países do bloco socialista eram aplaudidas e vastamente introduzidas, o que foi resultado da função da ideologia política predominante na sociedade chinesa, segundo a qual, a introdução de todas as obras de escritores estrangeiros, além de manter e destacar as características nacionais da própria literatura chinesa, tinha que servir para solidificar sua base e natureza socialista. Buscava-se, na China, uma harmonia entre o socialismo e o nacionalismo como critério para a introdução de literaturas estrangeiras, de modo a não comprometer a independência da literatura nacional.

Contudo, a ênfase demasiada na analogia ideológica e política passou a constituir o único critério na introdução de literaturas estrangeiras, como por exemplo, a postura política de certo escritor e a ideologia política transmitida em suas obras tornaram-se preocupações maiores na introdução e tradução de literaturas estrangeiras. O grande fluxo das obras traduzidas, sobretudo da União Soviética, começava a prejudicar a consciência nacionalista da sociedade chinesa. Surgiu, assim, um círculo vicioso: quanto mais literaturas socialistas estrangeiras eram introduzidas, menos independente e marcante tornava-se a literatura nacional. Foi neste contexto interno que o governo e os literatos da China decidiram reajustar a introdução de literaturas estrangeiras e, na verdade, esta preocupação doméstica se mantinha paralela com a conjuntura política internacional, em que o conflito sino-soviética já era perceptível.

Em abril de 1956, Mao Zedong formulou oficialmente a diretriz de "Que cem flores desabrochem, que cem escolas de pensamento rivalizem" para orientar a causa socialista da China. Segundo a diretriz, a expressão das mais variadas escolas de pensamento seria incentivada. O objetivo era melhorar a situação do país por meio do embate entre diversas ideias e também diversificar a cultura nacional em construção do país. Em maio de 1956, o então ministro do Departamento de Propaganda do Comité Central do Partido Comunista da China, Lu Dingyi proferiu o discurso intitulado "*Que Cem Flores Desabrochem, Que Cem Escolas de Pensamento Ri-*

valizem", em que abordou, de forma sistemática, esta diretriz do Partido Comunista da China, salientando a autoestima nacional do país ao aprender com a União Soviética, assim como a conformidade entre a ideologia política e o nacionalismo no país. Para Lu Dingyi (1956), a diretriz "deve se basear no patriotismo e no socialismo". Para o jovem regime comunista, ideologia política no país não deveria encobrir a consciência nacionalista e danificar a independência da cultura nacional. Ao surgirem os indícios do conflito sino-soviético, a ideologia predominante da China que conformava completamente com a soviética ficou ao lado dos interesses nacionais do país para não perder sua legitimidade, porque, de qualquer maneira, essa ideologia predominante da China dispunha de suas peculiaridades exclusivas do país e estava conjugada com os Pensamentos de Mao Zedong.

As autorreflexões do regime chinês, juntamente com a manipulação da ideologia predominante do país, trouxeram mudanças nas atividades de tradução de literaturas estrangeiras, que, por sua vez, se mantinham paralelas com a política internacional. Ademais, pode-se constatar uma sincronia bastante visível entre as autorreflexões da China e o conflito sino-soviético, assim como a confusão que o conflito gerou entre os partidos comunista do mundo. A partir de 1955, a tradução da literatura soviética ficou diminuída e apenas aquelas obras que tinham mais valor literário e poderiam contribuir com mais inspirações artísticas à construção cultural da China seriam traduzidas. A política de "Inclinação para Um Lado" na área cultural e artística foi abandonada e o meio literário chinês começou a perceber que o realismo socialista "é uma boa maneira da criação, mas não é única" (Lu Dingyi, 1956), pelo que condicionava o desenvolvimento da própria literatura do país. Quanto às literaturas da Europa e Estados Unidos, as literaturas modernas foram traduzidas pela primeira vez, pelo que o governo chinês ficou mais tolerante, e a conformidade com a ideologia predominante no país não era o maior critério, apesar de não durar por muito tempo.

A partir do segundo semestre de 1957, na China começou a Campanha Antidireitista que tinha como objetivo expurgar os que eram considerados "de direita" dentro e fora do Partido Comunista da China. A ideologia predominante do país voltou a ser mais salientada do que a consciência nacionalista, e a Campanha passou a ser ampliada, afetando imenso a tradução literária da China, porque muitos intelectuais chineses foram condenados e até presos pelo governo. O reajustamento da tradução literária que teve início em 1955 foi suspenso com o desenvolvimento da Campanha Antidireitista, e a tradução literária assumiu novas caraterísticas. Em primeiro lugar, as literaturas dos países periféricos, da Ásia, África e América Latina, ganharam mais peso na tradução, o que não era difícil de compreender, pois o governo chinês pretendia reforçar a ligação cultural com esses países para aumentar em conjunto a voz anticolonialista e defender a independência nacional e a cultura nacional, a fim de fazer face, posteriormente, à hegemonia dos Estados Unidos e União Soviética. Quanto às literaturas da Europa e Estados Unidos, a tolerância curta desapareceu e a política de repulsa foi retomada. As literaturas modernas dessas regiões deixaram de ser traduzidas. A tradução da literatura soviética, por sua vez, apresentou mais uma variação destacada com a intensificação da Guerra Fria, que obrigou a China a fortalecer a conformidade da ideologia predominante dentro do bloco socialista, sobretudo com a ideologia soviética e, defender, portanto, o realismo socialista na área literária e artística. A tradução da literatura soviética, já diminuída com o reajustamento no país, ganhou mais uma vez força no fim da década. Contudo, esta vitalidade renascida não durou muito tempo, devido à deterioração das relações bilaterais entre a China e União Soviética. A ruptura sino-soviética fez desaparecer a tradução da literatura soviética na China a partir de 1964.

Desde meados da década de 1960, as relações de poder evidenciadas nas atividades de tradução ficaram cada vez intensas. O poder político foi o único patrono de quase todas as atividades de tradução e a ideologia predominante no país exerceu uma plena manipulação na seleção de obras literárias a serem traduzidas. Perante o conflito ideológico com a União Soviética, o poder político chinês conseguiu reforçar a ideologia socialista chinesa para fazer face à ideologia socialista manipulada pela União Soviética e destinada exclusivamente para defender o chauvinismo soviético. A variação marcada na tradução de literaturas estrangerias nesta época constitui uma prova cabal do exercício das relações de poder nas atividades de tradução.

Antes do conflito sino-soviético, na China tinham se traduzido muitos escritores de esquerda ou comunistas latino-americanos, mas o conflito levou à ruptura do relacionamento do Partido Comunista da China com muitos partidos comunistas latino-americanos, inclusive o PCB. Sendo assim, os escritores que faziam parte do grupo soviético ficaram fora da China, que deixou de traduzir as obras deles. Só os escritores fraternais podiam ser traduzidos. Esta mudança reflete também a relação estreita entre a tradução e o poder, que manipula a seleção de escritores e textos a serem traduzidos.

A tradução de Jorge Amado na China apresentou uma tendência fraca (sem novas obras traduzidas), mas não estagnada (com obras reeditadas), depois de meados dos anos 1950. Após 1956, só foi traduzido *São Jorge dos Ilhéus* do francês (em 1956) e foram reeditados *Seara Vermelha* (em 1956, publicado pela *Editora de Nova Literatura e Arte*, com a tiragem de 15.000 exemplares e em 1957, publicado pela *Editora de Escritor*, com a tiragem de 13.000 exemplares) e *Terras do Sem-Fim* (em 1958, publicado pela *Editora de Escritor*, com a tiragem de 16.000 exemplares), e nenhuma tradução nova foi feita até os anos 1980.

Cinco anos depois, em julho de 1957, o escritor pisou mais uma vez em terras chinesas e, desta vez, foi acompanhado por Pablo Neruda. O grupo atravessou a Índia e a Birmânia e entrou no sudoeste da China, na cidade de Kunming. O poeta Ai Qing foi buscar os velhos amigos e eles foram de navio até Nanquim e de lá a Pequim de avião. A viagem de barco lhes permitiu conhecer as paisagens ao longo do rio Yangtzé. No aeroporto de Pequim, Ding Ling e Emi Siao estavam à espera dos amigos.

[Figura 11. Dois casais e o amigo chinês, Ai Qing, Rio Yangtzé, 1957]

Já se verificou alguma diferença entre esta visita e a visita efetuada em 1952. O escritor brasileiro começou a distanciar-se da ideologia comunista durante os anos de exílio na Checoslováquia. Enquanto hóspedes ilustres da União Chinesa de Escritores da China, apesar de admirado com tudo o que se via, Jorge Amado se mostrou preocupado com a circunstância política da China em que se viam indícios de uma era de sectarismo e do patrulhamento ideológico, que viria culminar com a Revolução Cultural a partir de 1966. Uma determinada inquietação reinou durante a estada de Jorge Amado na China. Gattai (1988: 214-215) escreve:

> Em 1957 sentimos na tristeza e na inquietação dos nossos amigos, nas faces preocupadas, nos silêncios, em detalhes absurdos como aquele de ninguém mais festejar aniversário para não ofender o Chefe da Nação e outros igualmente inconcebíveis, que as coisas não marchavam bem...... Ainda na China, nesse ano de 1957, embora sentindo o ambiente carregado, não podíamos, nem de longe, supor que se davam os primeiros passos para os anos de loucura desenfreada, de crueldade, à qual nem Ting-Ling, nem Ai Qing, nem Eva e Emi Siao, nem Shao Yanxiang, nem o próprio Presidente da República, Liu Shaoqi, escaparam.

Jorge Amado conheceu o que se passava na China principalmente através do que acontecia aos seus amigos e conhecidos, que na maioria eram intelectuais e membros do partido comunista. Em plena Campanha Antidireitista, devido à sua ampliação, muitos intelectuais chineses foram criticados, presos ou obrigados a fazer trabalhos fisicamente árduos, deixando de escrever ou traduzir. A atmosfera política pesada na China da época agravou ainda mais o pessimismo de Jorge Amado sobre o comunismo. Quanto à política de "Cem Flores e Cem Escolas de Pensamentos" formulada pelo líder do país, os Amado tiveram suas próprias opiniões: "[Mao Zedong] convocava o povo, numa abertura sem precedente, a colaborar com o governo", a apontar os defeitos e erros do governo e do Partido e falar tudo de coração aberto, deixando as flores abrirem, mas logo depois, "por toda parte foi o que se viu: flores se abrindo e sendo cortadas pela haste" (Gattai, 1988: 215).

Por parte do anfitrião oficial, o governo chinês programou uma agenda de passeios pelos pontos de interesse turístico parecida com a última em 1952, só que lhe faltaram discursos e convívios com as figuras mais importantes do meio literário e do partido comunista do país. Até no único encontro agendado, antes de abandonarem a China, com intelectuais e leitores, faltaram os grandes amigos deles: Ai Qing, Ding Ling e Emi Siao, que foram alvos de crítica na Campanha Antidireitista e já não puderam comparecer no encontro com os escritores convidados pelo governo. A mídia oficial da China acompanhou também a visita de Jorge Amado, emitindo pequenas notícias acerca da visita do escritor, mas não publicaram artigos grandes dedicados ao convidado do governo.

Parece que o afastamento do Partido Comunista do Brasil de Jorge Amado não foi sentido pelo governo chinês, pelo que ele não se tornou anticomunista e, portanto, nunca foi ideologica e politicamente criticado na China. Pode-se concluir que foi o abandono da militância política de Jorge Amado que o fez ficar, de certa maneira, invisível no radar do poder político do regime comunista da China, que se encontrava em uma conjuntura, doméstica e internacional, mais complicada, em relação à dos primeiros anos após a fundação da República em 1949. E as relações de poder manipularam todas as atividades de tradução em todas as etapas históricas desde meados da década de 1950, até um período muito especial da China: a Revolução Cultural, em que a manipulação chegou ao auge.

5.7. TRADUÇÃO LITERÁRIA NA REVOLUÇÃO CULTURAL

A Grande Revolução Cultural Proletária, abreviada como Revolução Cultural, na China teve início em maio de 1966 e terminou em agosto de 1976. Neste período histórico da China, a autoridade individual de Mao Zedong se maximizou e passou a substituir o sistema de liderança coletiva dentro do Partido Comunista da China.

A partir de 1957, uma mentalidade orientada para a esquerda passou a ocupar a posição preponderante dentro do Partido Comunista da China e a ideologia predominante no país tendeu a ficar cada vez mais dogmática e irracional. Como resultado, o campo cultural e ideológico da China tornou-se cada vez mais fechado e autocrático. A tendência de esquerda se desenvolveu de forma acelerada e deu origem à formulação de uma séria de políticas radicais e movimentos sociais, tais como a referida Campanha Antidireitista (1957-1958) e o Grande Salto para Frente (1958-1959). A Revolução Cultural foi proposta e liderada pelo líder do país, Mao Zedong, que tinha como ponto de partida prevenir a ascensão da oposição do socialismo, o capitalismo, preservar a pureza do Partido Comunista da China e procurar o próprio caminho da China para construir o socialismo no país. O propósito concreto da Revolução Cultural foi:

> Esmagar as pessoas no poder que seguem o caminho capitalista, criticar as autoridades acadêmica burguesas, criticar as ideologias burguesas e todas as classes exploradoras, reformar a educação, arte, literatura e todas as superestruturas que não se

conformem com a base econômica socialista, a fim de consolidar e desenvolver o sistema socialista[79].

A literatura e a arte da China foram muito afetadas na Revolução Cultural e uma grande quantidade de figuras importantes do meio literário e artístico se tornou alvo de crítica exagerada e até errada, pelas opiniões consideradas burguesas ou revisionistas. A tradução literária foi considerada um ato que admirava coisas estrangeiras e adulava estrangeiros. À maioria das traduções publicadas foi posta a etiqueta de "sementes venenosas do capitalismo" e até muitas obras literárias da União Soviética foram chamadas de "revisionismo ressuscitado". Como resultado, as traduções etiquetadas não podiam ser vendidas mais no mercado, e muitas livrarias e bibliotecas foram fechadas e até destruídas. Quanto aos tradutores nesta época histórica, a maioria deles foi alvo de perseguição política: foram criticados e denunciados em público, e foram depois detidos em chamados "estábulos" pelos "Guardas Vermelhos" de Mao Zedong. Não aguentando os sofrimentos, humilhações e até torturas violentas, muitos intelectuais chineses se suicidaram durante a Revolução Cultural.

Nesta atmosfera política particular, nenhuma obra literária estrangeira foi publicada durante os cinco anos desde maio de 1966 a novembro de 1971. Em dezembro de 1971, teve lugar o Fórum do Trabalho de Publicação Nacional que permitiu certa retomada de atividades de publicação, que continuaram muito limitadas. De modo geral, a tradução de literatura estrangeira durante a Revolução Cultural se dividiu em dois tipos: no primeiro, as obras traduzidas podiam vender-se nas livrarias, mas contavam com uma quantidade muito reduzida e, dentre as quais, a maioria tinha sido publicada antes da Re-

---

79 Tradução minha de: "斗垮走资本主义道路的当权派，批判资产阶级的反动学术"权威"，批判资产阶级和一切剥削阶级的意识形态，改革教育，改革文艺，改革一切不适应社会主义经济基础的上层建筑，以利于巩固和发展社会主义制度。" (A "Resolução da Grande Revolução Cultural Proletária", aprovada a 8 de agosto de 1966, pela 11ª Sessão Plenária do 8º Comité Central do Partido Comunista da China)

volução Cultural e tinha sido "aprovada" pelo poder político do país, sobretudo por Mao Zedong; O segundo foi chamado de "circulação interna" ou "distribuição interna", segundo a qual as obras traduzidas não foram publicadas ao público, mas sim a uma audiência reduzida, que normalmente era composta por altos oficiais do Partido Comunista da China e intelectuais próximos do núcleo do poder. A chamada circulação interna surgira mais cedo, só que durante a Revolução Cultural chegou a ocupar uma porcentagem tão grande que quase todas as obras traduzidas depois de 1966, não obstante poucas, só puderam contar com a circulação interna.

As atividades de tradução durante a Revolução Cultural apresentaram distinções notáveis em relação às atividades nos anos 1950. A maior característica fica no fato de que a manipulação feita pela ideologia predominante se tornou mais visível e mais direta, deixando de ser uma "mão invisível" por trás das atividades de tradução. A tradução para a circulação interna era rigorosamente controlada pela ideologia predominante e pelo poder político em todo o processo da tradução: a seleção de obras, a organização da tradução e a circulação de obras traduzidas. Sendo o primeiro passo da tradução, a seleção de obras a serem traduzidas ficou muito mais rigorosa. A chamada "Bando dos Quatro"[80] era um grupo de quatro membros do núcleo do Partido Comunista da China responsáveis pela implementação da Revolução Cultural, e controlava tudo o que se referia à tradução. Eles convocaram intelectuais que dominavam línguas estrangeiras, e mandavam ler obras ultimamente publicadas no estrangeiro e escrever sumários das obras lidas. Um painel formado de especialistas indicados pela "Bando dos Quatro" avaliava os sumários e escolhia apenas as que pudesse reforçar a ideologia predominante do país, e particularmente aquelas favoráveis aos interesses deles. Após a ruptura das relações sino-soviéticas, o Partido Comunista da

---

[80] Foi composta por Jiang Qing (esposa de Mao Zedong), Zhang Chunqiao, Wang Hongwen e Yao Wenyuan.

União Soviética era repreendido pelo governo chinês pelo revisionismo e as obras que refletiam a vida miserável do povo soviético, a vida corrupta dos oficiais soviéticos, assim como o estilo de vida extravagante da juventude soviética eram mais aplaudidas, tal como o *Entre os Homens* de Gorki, que foi traduzido e publicado ao público na China. A ideologia predominante no país ainda manipulou a tradução literário a fim de servir à diplomacia. Na qualidade da maior nação dos países do Terceiro Mundo, a China precisava de enfrentar duas superpotências da época. O drama egípcio *Viva a Delegação* de Harava foi publicado na China porque fora proibido ao público devida à interferência soviética no Egito, mas a povo egípcio instaram o governo egípcio a cancelar a proibição do drama, o que simbolizava uma grande vitória do povo egípcio contra a hegemonia soviética (Xie Tianzhen, 2009).

Durante este período, a organização das atividades de tradução foi feita de uma forma extremamente centralizada, que tornou a tradução literária em uma linha de produção completamente controlada pelo poder político, e os tradutores eram como se fossem máquinas na linha de produção, perdendo a independência e a subjetividade. A tradução deixou de ser uma atividade individual e passou a ser coletiva, isto é, uma obra literária era traduzida, na maioria dos casos, por vários tradutores indicados pelo governo. Os nomes verdadeiros de tradutores não podiam aparecer na obra traduzida e eram substituídos por um pseudónimo e um nome do grupo que fazia a tradução, tal como "Grupo de Tradução da Editora XX" (Xie Tianzhen, 2009). Ainda por cima, o nome de um único tradutor de uma obra literária também não podia aparecer na obra traduzida, e era substituído pelo nome do grupo a que pertencia o tradutor, porque na altura o individualismo era fortemente criticado e nenhum tradutor devia ser conhecido pelo trabalho individual de tradução. Esta forma da organização das atividades de tradução danificou imenso a qualidade geral da tradução literária, devido ao utilitarismo atribuído à tradução literária.

A recepção das obras traduzidas também era fortemente manipulada pelo poder político durante a Revolução Cultural. Em todas as obras traduzidas, foram acrescentadas notas de tradução, prefácios ou introduções pelo único patrono da tradução, o governo comunista, que normalmente revelava, sem reservas, os objetivos da tradução. Nestas partes importantes, o valor literário das obras traduzidas era negligenciado e o destaque residia sempre na censura ideológica. Acontecia que, sem considerar o conteúdo completo da obra traduzida, era censurada alguma parte aleatória de um ângulo político e ideológico. As críticas anexadas às obras traduzidas, pelo patrono da tradução, conduziam normalmente a uma leitura parcial e muito ideologizada.

A maior parte das obras traduzidas durante a Revolução Cultural entrou apenas na circulação interna e não chegaram a ser publicadas ao público. As relações de poder se maximizaram neste período histórico especial e o poder político empregou ao máximo a ideologia predominante para controlar todas as atividades de tradução, a fim de atender seus objetivos políticos e ideológicos. As obras de Jorge Amado foram excluídas da China durante a Revolução Cultural, depois de quatro obras terem sido, anteriormente, já traduzidas mesmo antes da década de 1960.

6. JORGE AMADO E SUAS OBRAS NA CHINA DESDE OS ANOS 1980

Na década de 1980, a tradução literária na China entrou em uma nova fase histórica, que teve início ainda no final dos anos 1970. A nova fase se caracteriza, de modo geral, pelo aumento significativo das obras literárias dos mais variados países do mundo, pela importância artística e literária destacada no processo da introdução e tradução de obras literária e sincronia entre as atividades de tradução, e pelo desenvolvimento econômico e social da China. A partir dos anos 80 do século passado, a China conheceu diferentes etapas de desenvolvimento, o que atribuiu características distintas às atividades de tradução literária, que, no entanto, nunca apresentaram indícios de voltar para trás.

Tendo passado pelo confronto político, ideológico e cultural mantido por dois blocos de países liderados, respectivamente, pelos Estados Unidos da América e pela União Soviética, a China retornou a um ponto de partida relativamente mais racional no início da década de 1980, entrando em uma nova fase histórica cheia de novas oportunidades e desafios de desenvolvimento. Foi justamente esta nova fase em que a China se encontrava que possibilitou um novo capítulo à introdução e tradução de literaturas estrangeiras no país, e evidenciou também novas relações de poder nas atividades de tradução. Na década de 1990 e no início do século XXI, a tradução literária apresentou características diferentes, apesar de continuar crescendo em termos quantitativos. Então, a ideologia socialista continuou exercendo tanta influência sobre a tradução desde os anos 1980? Apareceram novos fatores que poderiam manipular as atividades de tradução? Ou as relações entre poder e tradução ficaram cada vez mais ocultas ou até desaparecidas com novas condições que o desenvolvimento econômico e social do país providenciou?

As literaturas dos países latino-americanos têm sido amplamente apresentadas e traduzidas na China desde os anos 1980, devido a várias razões e, particularmente, a década de 1980 foi ainda mais relevante para a tradução de obras literárias dos países latino-americanos na China, pelo fato de um boom de tradução de escritores latino-americanos estreitamente relacionado com o Nobel de Literatura atribuído a García Márquez em 1982. Foram traduzidas na China, nos anos 1980, aproximadamente 130 tipos de obras literárias dos países latino-americanos (Teng Wei, 2011: 47). Entrando nos anos 1990 e no novo século, a tradução dos escritores latino-americanos adquiriu uma nova tendência, que foi profundamente influenciada pelo fator de mercado e apresentou novas características.

No que se refere a Jorge Amado, a tradução de obras do escritor brasileiro era vista frequentemente como um componente do panorama da literatura da latino-americana no meio literário da China, mesmo que a literatura brasileira mostrasse uma disparidade bastante óbvia em comparação com as literaturas de outros países latino-americanos, que também dispunham de respectivas peculiaridades. A tradução de obras de Jorge Amado conheceu um momento importante nos anos 1980, em que quase todas as obras importantes do escritor foram traduzidas. No entanto, este momento não chegou a durar até a década de 1990, uma época quase em branco para a tradução de Jorge Amado. No século XXI, houve mais traduções, mas nada intensas, do escritor brasileiro. Por trás desta tendência não contínua da tradução de obras de Jorge Amado, com temporadas de alta e de baixa, continuavam existindo as relações de poder que nunca deixaram de exercer influência sobre as atividades de tradução de obras de Jorge Amado e, claro, de outros escritores do mundo.

Quanto à tradução de literaturas dos países latino-americanos, outra diferença marcante, em comparação com a dos anos 1950 e 1960, foi o aumento de traduções diretas das línguas espanhola e portuguesa, graças à formação bastante sucedida de tradutores de espanhol e português na China, que tinha como objetivo formar profissionais primeiramente para a diplomacia do jovem regime comunista. A primeira tradução a partir da língua portuguesa de Jorge Amado ocorreu no início da década de 1980, e a partir daí, cada vez mais traduções diretas têm sido feitas na China.

6.1. RETOMADA DA TRADUÇÃO LITERÁRIA NA CHINA

O desmantelamento do Bando dos Quatro, no dia 18 de outubro de 1976, simboliza o fim da Revolução Cultural na China, a qual foi responsável, durante dez anos seguidos, pela paralisação de quase todos os setores do país, inclusive a área literária e artística da China. Nesta área, porquanto o Bando dos Quatro assumia uma atitude hostil para com as literaturas estrangeiras, a literatura nacional da China ficava quase isolada e extremamente afastada das literaturas de outros países do mundo. O fim da Revolução Cultural declarou o início uma nova fase histórica da sociedade chinesa. Os anos desde 1977 a 1981 é considerado no meio literário o período marcado pela retomada das atividades de tradução na China, e a partir de 1981, a ampla tradução de literaturas dos países latino-americanos começou a trazer para a China o Realismo Mágico, além de escritores latino-americanos, os quais exerceram influências sobre escritores chineses.

Em 1977, Deng Xiaoping subiu ao poder no Partido Comunista da China depois de ter sido afastado do núcleo do Partido. Deng corrigiu em primeiro lugar a ideologia dogmática e radical que reinava durante a Revolução Cultural e manteve os elementos razoáveis da ideologia socialista predominante, que garantiram o caráter socialista ao país. Antes da Revolução Cultural, a prioridade do governo chinês era a luta de classes a fim de defender a pureza do socialismo. O Partido Comunista da China substituiu a luta de classes pelo desenvolvimento da produtividade do país, reformulando a diretriz "Um Centro e Dois Pontos Básicos" para o desenvolvimento do país, que reconhecia o papel relevante do mercado no desenvolvimento econômico. A partir daí, o mercado passou a desempenhar um papel cada vez mais significativo nos mais variados aspetos da economia chinesa, influenciando, também, as atividades de tradução.

As mudanças da atmosfera política[81] possibilitaram mudanças ao ambiente literário e artístico da China. Sendo uma área gravemente afetada pela mentalidade de esquerda e radical durante a Revolução Cultural, a área de literatura estrangeira começou imediatamente no final da década de 1970 a eliminar o impacto das ideias radicais e avaliar de novo as obras estrangeiras clássicas que tinham sido fortemente criticadas desde os anos 1960, assim como as literaturas modernas e contemporâneas ocidentais que tinham sido rejeitadas a partir de 1949. Em outubro de 1977, a revista *Literatura Mundial*[82] recomeçou

---

[81] Em dezembro de 1978, foi formulada na China a política de "Reforma Económica e Abertura ao Exterior", abreviada como política de Reforma e Abertura, 3ª Sessão Plenária do 11º Comitê Central do Partido Comunista da China. A nova política básica do país permitiu à China conhecer grandes avanços económicos e sociais nas próximas décadas.

[82] A revista foi fundada em julho de 1953 pela Associação Nacional de Trabalhadores Literários da China (a posterior Associação Chinesa de Escritores), e foi denominada 《译文》 (*Literatura Traduzida*). Em 1959, foi rebatizada como 《世界文学》 (*Literatura Mundial*). Foi obrigada a parar todas as suas atividades durante a Revolução Cultural. Tem sido uma das revistas mais importantes na apresentação de literaturas estrangeiras na China.

suas atividades de publicação, o que foi considerado na altura um fenômeno de grande importância na área literária, uma vez que a revista pertence ao Instituto de Literatura Estrangeira da Academia Chinesa de Ciências Sociais, que tem sido uma das instituições mais importantes na pesquisa e introdução de literaturas estrangeiras na China e é formado por intelectuais mais importantes e influentes da tradução e pesquisa literária.

Não é difícil verificar mais uma vez a institucionalização das atividades de tradução literária, que marcou forte presença durante os 17 anos antes da Revolução Cultural, nas novas décadas, em que passou a conhecer novas características. Um símbolo representativo da institucionalização é a fundação da Academia Chinesa de Ciências Sociais, derivada do Instituto de Filosofia e Ciências Sociais da Academia Chinesa de Ciências, em maio de 1977. Sob a liderança do Partido Comunista da China, a Academia Chinesa de Ciências Sociais fica diretamente subordinada ao Conselho de Estado do país e atua como o núcleo do Marxismo na China, a instituição de nível mais alto de estudos de filosofia e ciências sociais e o think tank mais relevante do Partido Comunista da China e do governo central do país. A Academia é composta por diversos institutos especializados, dos quais faz parte o Instituto de Literatura Estrangeira, que foi estabelecido em 1964 e pertencia na altura à Academia Chinesa de Ciências. O Instituto de Literatura Estrangeira tem desempenhado, desde seu estabelecimento até hoje em dia, um papel fundamental no desenvolvimento da literatura e arte da China, através da apresentação e avaliação de teorias e obras literárias de outros países, compilação de histórias literárias de países e regiões que sejam pertinentes para a China, organização de atividades de tradução literária, assim como o desenvovimento de intercâmbios com outros países. É de referir que, a partir de 1964, a revista *Literatura Mundial* começou a ser organizada pelo Instituto de Literatura Estrangeira, o que evidencia, de certo modo, a institucionazalição das atividades de tradução literária. As atividades iniciais da revista depois da Revolução Cultural eram cautelosas, visto que em 1977 a publicação ainda seguiu a forma de circulação interna, limitando o público-alvo a fim de testar o impacto restante da ideologia de esquerda radical da Revolução Cultural, bem como a tolerância do poder político para com suas atividades de publicação. A partir do ano seguinte, a revista voltou formalmente a exercer suas atividades e continuou ocupando no país uma posição relevante na introdução e tradução de obras literárias de outros países.

A retomadas das atividades de publicação de *Literatura Mundial* em 1977 poderia ser alargada a outras revistas e instituições da área. No entanto, o começo das atividades de tradução na nova fase remontou também a 1977, quando *a Editora da Literatura do Povo* decidiu reeditar cinco obras literárias clássicas[83] já publicadas antes da Revolução Cultural. Não é difícil descobrir que a seleção das cinco obras clássicas foi feita de forma minuciosa e prudente, porque, em primeiro lugar, as obras tinham sido publicadas nos anos 1930, 1940 e 1950, o que podia oferecer alguma justificativa para a reedição. Mas o mais importante era a segurança em termos ideológicos e políticos que as obras podiam garantir, por exemplo, as histórias e contos árabes, assim como as lendas e mitos da Grécia não apresentam fortes marcas ideológicas, e William Shakespeare era o escritor muito apreciado por Karl Marx. A reedição destas obras literárias clássicas é como se fosse uma tentativa de sondar a tolerância ideológica e política na área da tradução literária no contexto chinês na época pouco depois da Revolução Cultural, nomeadamente entre o fim da década de 1970 e o início da década de 1980, em que a tradução de literaturas estrangeiras na China apresentava características parecidas com o que sucedeu nos 17 anos depois de 1949.

As mudanças não faltavam ao passar do tempo. Em maio de 1978, por ocasião da 3ª Sessão do 3º Comitê da Federação

---

[83] As cinco obras literárias clássicas são: a coleção de histórias e contos populares do mundo árabe *As Mil e Uma Noites*, o *Hamlet* e o *Timon of Athens* de William Shakespeare, o *Almas Mortas* de Nikolai Gogol e o *Legendas da antiguidade clássica* de Gustav Schwab.

Chinesa de Círculos Literários e Artísticos, o governo chinês declarou a retomada de todas as atividades interrompidas da Federação, Associação Chinesa de Escritores e outras associações literárias e artísticas. Após a sondagem sucedida, a *Editora da Literatura do Povo* deu passos ainda mais largos no ano seguinte, publicando 67 obras literárias do estrangeiro (Yang Yi, 2009: 43). No mesmo ano, foi criada pela *Editora da Literatura Traduzida de Shanghai* a revista *Literatura e Arte Estrangeira*, que introduziu pela primeira vez o modernismo na China, apresentando, sem nenhum ponto de vista de crítica ideológico, escritores estrangeiros que tinham sido criticados e recusados na China, tais como *Catch-22* de Joseph Heller e *As mãos sujas* de Jean-Paul Sartre. Desde aquele momento, a revista pioneira de então apresentou aos leitores chineses centenas de escritores modernos e suas obras, influenciando profundamente escritores chineses. A *Editora da Literatura Traduzida de Shanghai* lançou em 1979 a "*Série de Obras de Literatura e Arte Estrangeira*", e a partir de 1981, em colaboração com a *Editora da Literatura do Povo*, lançou a "*Série de Literatura Estrangeira do Século XX*". As publicações da revista *Literatura e Arte Estrangeira* contribuíram para a China nos anos 1980 com novos códigos estéticos da literatura e novos estilos literários, o que tem muita relevância no desenvolvimento da literatura nacional do país. A revista *Translations* (*Yilin*), criada em 1979, iniciou a tradução de literatura popular na China, algo também inédito, pouco depois da Revolução Cultural. Juntamente com a revista *Literatura Mundial*, as revista *Literatura e Arte Estrangeira* e *Translations* (*Yilin*) desempenharam um papel importante na introdução e tradução de literaturas estrangeiras na China desde os anos 1980.

Em novembro de 1978, a Conferência Nacional da Planificação de Pesquisa de Literatura Estrangeira teve lugar na cidade de Cantão, e uma avaliação imparcial e justa das obras literárias estrangeiras foi defendida na Conferência. Para as literaturas estrangeiras moderna e contemporânea, Liu Mingjiu recorreu a uma análise ideológica e poética de escritores estrangeiros de literaturas moderna e contemporânea e concluiu que uma boa parte desses escritores eram de média e baixa burguesia, e até mesmo de classes ainda inferiores, não sendo, assim, possível para eles criarem obras literárias de acordo com as exigências da alta burguesa. Liu pediu, por isso, uma nova avaliação desses escritores com base no estatuto social e atitude política deles[84], o que favoreceu de modo significativo a introdução de literaturas modernistas na China.

Por ocasião do 4º Congresso Nacional dos Trabalhadores Literários e Artísticos da China, que teve lugar em Pequim em outubro de 1979, o Comitê Central do Partido Comunista da China e o Conselho de Estado do país reafirmaram na carta de felicitações que:

> A liderança do Partido nos trabalhos acerca da literatura e arte não fica na emissão de ordens e na exigência da obediência às tarefas políticas ocasionais, concretas e diretas, mas sim no apoio, com base nas características da própria literatura e arte, e sua lei de desenvolvimento, aos profissionais da área literária e artística para alcançarem condições necessárias para prosperar a causa literária e artística, elevar o nível literário e artístico e produzir obras de qualidade que combinem com a grandeza do nosso Povo e desta era[85].

A posição nitidamente declarada pelo Partido Comunista da China revela o começo da mudança do papel do poder político da área cultural do país, que aconteceria gradualmente nos anos seguintes. Ainda nesta carta de felicitações, a diretriz de "Que cem flores desabrochem, que cem escolas de pensamento rivalizem" (abreviada como diretriz de Cem Flores) formulada

---

[84] Liu Mingjiu [柳鸣九]：《现当代资产阶级文学评价的几个问题》 (Algumas Questões sobre Literaturas Burguesas Modernas e Contemporâneas), em《外国文学研究》(Estudos de Literaturas Estrangeiras), Vol. 1, 1979.

[85] Tradução minha de: "党对文艺工作的领导，不是发号施令，不是要求文学艺术从属于临时的、具体的、直接的政治任务，而是根据文学艺术的特征和发展规律，帮助文艺工作者获得条件来不断繁荣文学艺术事业，提高文学艺术水平，创作出无愧于我们伟大人民、伟大时代的优秀的文学艺术作品和表演艺术成果。" (Deng Xiaoping, 1979)

ainda em 1956 por Mao Zedong foi destacada. O destaque da diretriz em um contexto completamente novo permitiu uma interpretação mais próxima do seu significado literal. Pouco depois do Congresso, no dia 26 de julho de 1980, o *Diário do Povo* publicou o artigo intitulado *"A Literatura e Arte Servem o Povo e o Socialismo"*, abandonando o princípio de a literatura servir a política. No entanto, a literatura não pode existir totalmente isolada da política e tem que seguir uma direção política correta, levando sempre em conta a influência social de obras literárias e conformando com as atualidades da época e sua tendência de desenvolvimento (Wang Dayang, 2012).

O período de 1977 a 1981 constitui a fase inicial após a adoção da política de Reforma e Abertura na China, que pretendia agir em busca de mudanças, mas ao mesmo tempo apresentou um caráter prudente em muitas áreas do país. A introdução e tradução de literaturas estrangeiras neste período não eram exceção: para atribuir um estatuto ideologicamente legítimo e aceitável às obras literárias estrangeiras no país, recorria-se às opiniões e críticas feitas pelas figuras importantes para o poder político do país, tais como Karl Marx, Friedrich Engels, Lenin, Lu Xun[86] e Mao Zedong. No primeiro volume de 1977 da revista *Literatura Mundial*, Mao Dun recordou a atitude de Lu Xun para com as literaturas estrangeiras, afirmando que "Lu Xun nunca tomou atitudes parciais e extremistas para com os patrimônios literários da China e do resto do mundo, de hoje e do passado. Ele defendia absorver a essência daqueles patrimônios e aplicá-la na criação literária" (Mao Dun, 1977). O caráter prudente e a atitude cautelosa do meio literário chinês ainda se mostram em cartas ao leitor dos primeiros volumes

---

[86] Lu Xun (1881-1936): Escritor, tradutor e pensador chinês. Foi figura representativa do Movimento Quatro de Maio (1919), é considerado o fundador da literatura moderna na China. Fez parte da *Liga de Escritores de Esquerdas* (1930-1935), grupo de intelectuais liderado pelo Partido Comunista da China, e destacou-se pelos seus ataques à cultura chinesa tradicional e sua defesa da necessidade de reformas profundas na cultura e sociedade da China.

das revista *Literatura Mundial*, *Literatura e Arte Estrangeira* e *Translations*. A título de exemplo, a revista *Literatura Mundial*, por via da *Carta ao Leitor* no Volume I de 1978, apresentou seus critérios da seleção de obras e escritores:

> Devemos diversificar os conteúdos, formas, tópicos e estilos das obras literárias estrangeiras, com o critério político sempre no primeiro lugar. ... Além disso, temos que ter em conta a apresentação das obras de formas e estilos distintos. Quanto à literatura clássica, além das obras realistas que já foram introduzidas e são conhecidos pelos leitores, devemos ainda apresentar mais literaturas de outras correntes e estilos, com destaque para as obras do Romantismo; No que se refere à literatura moderna, todas as correntes e estilos são aplaudidos e devemos fazer o nosso melhor para permitir aos leitores terem um conhecimento global sobre as literaturas do mundo[87].

No post-scriptum do Volume I da revista *Literatura e Arte Estrangeira*, o Marxismo-leninismo e o Pensamento de Mao Zedong são citadas como a linha orientadora de suas atividades. Pode-se constatar com facilidade que neste período, o critério ideológico e político continuou sendo prioritário para as atividades de tradução na China, por causa da grande influência da ideologia socialista extremamente salientada nas décadas passadas desde 1949. Contudo, por trás desta precaução, pode-se sentir algum esforço, ou alguma ânsia, de quebrar a rigidez que pendurava sobre as atividades de tradução ao longo das últimas décadas. Na Carta ao Leitor de *Literatura Mundial*, um "conhecimento global" acerca das "literaturas do mundo" é posto em um lugar importante, e as obras de "todas as correntes e estilos são aplaudidos", inclusive obras do realismo,

---

[87] Tradução minha de: "要在坚持政治标准第一的前提下做到题材、体裁、形式、风格的多样化。首先当然要重视革命的题材，同时必须充分重视各种各样其他的题材……此外，还要广泛介绍各种不同的艺术形式和艺术风格的作品。在古典文学方面，除了过去介绍得比较多和读者比较熟悉的现实主义文学之外，还要多多介绍其他各种流派和风格的文学，特别是浪漫主义文学；在现代文学方面，也要广泛介绍各种各样流派和风格的文学，尽可能使读者对全世界的文学有一个比较全面的了解。" [Carta ao Leitor, 《世界文学》 (Literatura Mundial), Vol. 1, 1978, p. 319-329]

romantismo e modernismo. Para a revista *Translations* (*Yilin*), os fatores que podem chamar a atenção dos leitores são destacados, tais como o valor artístico e o fascínio de histórias, que facilitarão a introdução da literatura popular na China.

Após a fundação da República Popular da China em 1949, a literatura era considerada um componente da ideologia do país, fazendo parte da superestrutura da China. No marxismo ortodoxo, a infraestrutura econômica determina a superestrutura em uma relação unidirecional e a política é uma forma de manifestação da economia, o que resultou no conhecimento generalizado de que a literatura se sujeita à política e serve a política. Em 1979, Zhu Guangqian fez abordagem teórica que tentou reestabelecer as relações entre a literatura e a política, pondo em dúvida a opinião de que a "literatura faz parte da superestrutura nacional", com o objetivo de alcançar um estatuto relativamente mais independente à literatura e arte na China (Zhu Guangqian, 1979). Houve depois várias abordagens acerca da posição da literatura e arte no país e até 1980, quando Deng Xiaoping fez o discurso "A Conjuntura e as Tarefas da Atualidade", as relações entre a política e a literatura novamente redefinidas pelo poder do país. No discurso, Deng (1980) afirma:

> Deixamos de utilizar os slogans como "a literatura está sujeita à política", pois este slogan servia de base teórica para a interferência violenta nos trabalhos literários e artísticos no passado, as práticas durante longo tempo aprovaram que isso tinha trazido mais prejuízos que benefícios. Mas isso não implica que a literatura possa ficar isolada da política. A literatura não poderá ficar isolada da política. Quaisquer trabalhadores de literatura e arte avançados e revolucionários não poderão deixar de levar em conta a influência social de obras literárias, os interesses do povo, do país e do Partido Comunista da China[88].

---

[88] Tradução minha de: "不继续提文艺从属于政治这样的口号，因为这个口号容易成为对文艺横加干涉的理论根据，长期的实践证明它对文艺的发展利少害多。但是，这当然不是说文艺可以脱离政治。文艺是不可能脱离政治的。任何进步的、革命的文艺工作者都不能不考虑作品的社会影响，不能不考虑人民的利益、国家的利益、党的利益。" (Deng Xiaoping, 1980)

Deng Xiaoping estabeleceu de fato as relações entre a política e a literatura em um novo contexto histórico e social da China: a literatura e a arte não se sujeitam à política, mas também não se isolam da política. Em comparação com todas as etapas históricas depois de 1949, o papel da política nas relações de poder que manipulam as atividades de tradução ficou, pela primeira vez, enfraquecido a partir deste período e continuou apresentando a tendência de enfraquecimento nas seguintes décadas. Contudo, as relações de poder persistiram, pois outros fatores capazes de manipular as atividades de tradução surgiram e passaram a ganhar cada vez mais peso.

6.2. 2º MOMENTO IMPORTANTE DA TRADUÇÃO DE OBRAS DE JORGE AMADO NA CHINA

Após um período de tentativas cautelosas e algumas iniciativas corajosas, chegaram os anos desde 1981 a 1989, os quais constituem um período próspero no tocante à introdução e tradução de obras literárias estrangeiras da China, porquanto foi neste período onde apareceu mais uma onda de traduções, que se seguiu à tradução de escrituras budistas nas dinastias de Han (202 a. C. - 220) e Tang (618 - 907), tradução científica e tecnológica no fim da dinastia Ming (1368-1644) e início da dinastia Qing (1644-1912), tradução de ciências sociais no fim da dinastia Qing e início da República da China (1912-1949) e tradução literária durante o período do Movimento Quatro de Maio (1919). Neste período, a literatura de esquerda ficou menos atraente em comparação com as literaturas moderna e contemporânea, e a literatura burguesa passou a ganhar mais importância do que a literatura clássica. O critério político ficou ainda menos influente em relação ao período de 1977-1981.

Desde a aplicação da política de Reforma e Abertura no fim dos anos 1970, a tradução de literatura estrangeira da China conheceu um desenvolvimento sem precedentes. Desde 1949 a

1979, foram publicadas mais de 5600 obras literárias estrangeiras, ao passo que no espaço de 1980 a 1989, foram publicadas mais de 7000 obras (Meng & Li, 2005: 403). Quase todas as obras literárias famosas no mundo foram introduzidas e traduzidas na China durante este período. Esta prosperidade também se deveu ao aumento das instituições responsáveis pela publicação de literaturas estrangeiras. Até final de 1980, na China houve no total mais de 40 editoras que publicavam obras literárias estrangeiras (Meng & Li, 2005: 403), o que facilitava significativamente a publicação de obras traduzidas.

Depois de se livrar da restrição excessiva da ideologia socialista predominante, os intelectuais chineses começaram a obter uma visão mais abrangente e orientada para todo o mundo, consolidando a posição da cultura nacional e fortalecendo o conhecimento da identidade cultural do país. Neste período a China já se tornara um país independente com certa força nacional, após a construção de três décadas, e a conjuntura internacional também sofreu grandes mudanças: não houve nenhuma invasão militar de outras nações e a posição nacional ficou ainda mais consolidada na comunidade internacional. Contudo, perante os progressos nos aspetos sociais, econômicos e culturais que os países ocidentais conseguiram, uma consciência de atraso passou a permitir aos intelectuais chineses alimentarem o desejo de aprender com o mundo ocidental e iniciar ansiosamente o processo de internacionalização do país, a fim de diminuir a distância entre a China e os países ocidentais (Song Binghui, 2007: 128). No caso concreto da área da literatura, essa internacionalização se traduz em, por um lado, procurar novas formas, que liguem a literatura nacional da China às literaturas do mundo, e por outro, incorporar a literatura chinesa ao mundo literário internacional (Teng Wei, 2011: 51). Na sua abordagem de ideologias na sociedade chinesa nos anos 1980, He Guimei (2010: 20) conclui que a década de 1980 constitui um processo histórico que promove a reforma orientada para a economia de mercado dentro do país e a abertura direcionada para os mercados de capital do mundo, tomando como referência a história desastrosa da Revolução Cultural e livrando-se da ideologia socialista que predominava nas décadas passadas desde que a República Popular da China foi fundada em 1949. Para He, o desejo da reforma se deveu aos defeitos que a sociedade chinesa mantinha no sistema socialista, como por exemplo, algum resíduo do feudalismo e uns elementos da cultura tradicional; ao passo que a abertura traçou aos chineses uma sociedade ideal com novos valores, que provinha do chamado "Ocidente", sem a cor política e ideológica. A reforma e a abertura constituem, neste período, a ideologia que é capaz de integrar todos os estratos sociais e todas as áreas do país neste período.

A sistematização e a padronização são as primeiras características que as atividades de tradução apresentaram neste período. Enquanto publicar obras literárias em revistas ou edições separadas, obras importantes em volumes separados e até trabalhos completos de escritores de renome a nível mundial passaram a ser introduzidos e traduzidos na China. De modo geral, pretendia-se traduzir todas as obras representativas ou influentes de escritores importantes do mundo, como por exemplo, foram publicados: "*Trabalhos Completos de William Shakespeare*" (11 volumes), "*Trabalhos Completos de Honoré de Balzac*" (30 volumes), "*Coleção das obras de Ivan Turgenev*" (13 volumes), "*Coleção das obras de Aleksandr Pushkin*" (7 volumes) e "*Coleção das obras de Anton Chekhov*" (6 volumes), entre outros. As obras de Jorge Amado foram novamente traduzidas justamente dentro desta tendência de tradução da nova fase: traduzir-se-ia o mais completo possível um escritor cujas obras foram bem recebidas na China.

As obras literárias do modernismo começaram a ser alvo de introdução e tradução. Diferentemente do que se passou nos anos 1950 e 1960, nos anos 1980 os escritores contemporâneos do modernismo da Europa e Estados Unidos da América, tais como Franz Kafka, Ernest Hemingway e William Faulkner, foram introduzidos como reveladores de aspectos negros do capitalismo. Ao mesmo tempo, as técnicas literárias empregues por estes escritores e diferentes estilos literários atraíram a atenção de muitos intelectuais chineses. Depois do longo tempo de isolamento do mundo, a introdução do modernismo na China deixou chocado o meio literário, que estava alheio às novidades e atualidades do mundo literário fora do país. É de salientar o fato de que os escritores dos Estados Unidos da América foram tratados nos anos 1980 de forma muito divergente em relação ao que acontecera antes da reforma e abertura da China. A literatura dos Estados Unidos destacou-se pelas obras do modernismo para o meio literário da China neste período, ao passado que, antes disso, foram recebidas no contexto chinês apenas obras do realismo crítico, devido à manipulação das relações de poder sobre as atividades de tradução sob condições históricas e sociais particulares.

A literatura contemporânea da União Soviética, que fora considerada como literatura revisionista durante a Revolução Cultural, foi amplamente traduzida. Juntamente com as obras clássicas já publicadas antes do período, o panorama literário bastante completo da União Soviética se apresentou aos leitores chineses, ocupando um lugar relevante na literatura traduzida da China.

Quanto às literaturas dos países periféricos da Ásia, África e América Latina, e até da Europa, a tradução continuou aumentando. Sobretudo as literaturas dos países latino-americanos chegaram a tornar-se em uma paisagem literária pitoresca durante este período próspero de traduções. De forma geral, o início da tradução das literaturas dos países latino-americanos na nova fase depois da Revolução Cultural manteve as características dos 17 anos depois de 1949 (Song Binghui, 2007: 130). Muito naturalmente, Pablo Neruda e Jorge Amado foram os primeiros escritores latino-americanos que entraram nos olhos dos intelectuais chineses neste período.

No entanto, a introdução e tradução das obras literárias dos países latino-americanos se desenvolveram de forma muito acelerada nos anos 1980 em termos quantitativos e qualitativos, graças ao desenvolvimento do ensino das línguas de espanhol e português, e ao aprofundamento da pesquisa de literaturas em línguas espanhola e portuguesa. Os cursos de espanhol e português tiveram início, respectivamente, nos anos de 1952 e 1960 no então Instituto de Estudos Estrangeiros de Pequim (a atual Universidade de Estudos Estrangeiros de Pequim)[89], formando primeiros profissionais que dominavam espanhol ou português, e trabalhariam posteriormente nas mais variadas áreas do país, inclusive o ensino de línguas estrangeiras e a pesquisa de literaturas estrangeiras. Nos anos 1980, os cursos conheceram avanços importantes, especialmente o curso de espanhol, que passou a contar com disciplinas melhor subdivididas em muitas instituições de ensino superior, tais como a história literária dos países latino-americanos e tópicos exclusivos de literaturas dos países latino-americanos, o que aumentou consideravelmente as habilidades profissionais dos tradutores. Para além disso, Teng Wei (2011: 49) afirma que, nos anos 1980, a comunidade de tradutores de obras literárias em espanhol se diversificou, por causa da posição importante da literatura na sociedade chinesa, que a considerava uma forma relevante de crítica e iluminação social. A tradução literária atraía muitos intelectuais chineses, como docentes em instituições de ensino superior, funcionários de órgãos governamentais e até diplomatas. Com cada vez mais tradutores que se formaram na China, a tradução direta do espanhol e do português substituiu quase todas as traduções indiretas durante este período. Em outubro de 1979, criou-se,

---

[89] O curso de português do Instituto de Radiodifusão de Pequim (a atual Universidade de Comunicação da China) também começou em 1960 e durou até 1966, e foi reiniciado em 2000. O curso de português do então Instituto de Estudos Estrangeiros de Pequim (a atual Universidade de Estudos Estrangeiros de Pequim) parou em 1966 e recomeçou em 1973, formando uma grande quantidade de profissionais chineses que dominam português.

na cidade de Nanjing, a Associação Chinesa para o Estudo da Literatura Espanhola, Portuguesa e Latino-americana, que organizou e coordenou desde então muitos seminários e pesquisas acadêmicas acerca de literaturas dos países latino-americanos. A Associação conta com a participação ativa de acadêmicos principalmente do Instituto de Literatura Estrangeira da Academia Chinesa de Ciências Sociais e professores e pesquisadores dos departamentos de espanhol e português de instituições de ensino superior da China. Outra contribuição gigantesca que a Associação fez para o rápido desenvolvimento da tradução e pesquisa de literaturas dos países latino-americanos foi a coordenação entre tradutores e editoras para a tradução e publicação de obras literárias de Espanha, Portugal e países latino-americanos. Como resultado, as obras literárias dessas três regiões começaram a ser amplamente traduzidas na China desde então.

O chamado Realismo Mágico foi o maior tópico das atividades de tradução e de pesquisa acerca de literaturas dos países latino-americanos neste período, e até chegou a cobrir quase todas as obas literárias da América Latina. O Boom Latino-americano, que teve início nos anos 1950 e chegou ao memento mais importante nos anos 1960, entrou na China nos anos 1980, com uma fisionomia totalmente diferente das literaturas que os intelectuais chineses conheciam antes, e ocupou dentro em breve uma posição muito destacada. O grande interesse que os tradutores e os pesquisadores alimentaram sobre o Boom Latino-americano coincidiu com o desejo de diminuir a distância entre a China e o resto do mundo, sobretudo o Ocidente, com que a China estava aprendendo em um processo de internacionalização e ocidentalização, porque o meio literário da China costumava tomar todas as literaturas dos países latino-americanos como uma parte só e as chamava de "literatura latino-americana", e como a literatura chinesa, fazia parte das literaturas de nações periféricas do mundo. Quando o Boom Latino-americano passou a ser bem recebido na Europa e Estados Unidos, era natural que os intelectuais chineses tivessem grande interesse e até alguma inveja disso. Esse interesse se maximizou com o Nobel de Literatura atribuído a García Márquez em 1982. A introdução e tradução de obras do escritor colombiano tinham começado na China mais cedo do que isso. Em 1980, a revista *Literatura e Arte Estrangeira* publicou 4 contos de García Márquez no volume 3, e na introdução da tradução a redação da revista destacou o Realismo Mágico evidenciado nas obras traduzidas. O Nobel de Literatura reforçou a presença do Realismo Mágico, que, para muitos chineses, chegou a ocupar a posição central de todas as literaturas da América Latina. O grande prestígio atribuído a um escritor de um país do Terceiro Mundo e uma nação periférica providenciou alguma esperança aos escritores contemporâneos chineses que ansiavam por sair do país e entrar no mundo. Sendo assim, começou na China uma onda de traduções de literaturas dos países latino-americanos.

É válido registrar que o Nobel de Literatura também ajudou o poeta Pablo Neruda a ser mais uma vez traduzido na China nos anos 1980 e, desta vez, sua militância política deixou de ser mencionada, e uma grande quantidade de poemas românticos foi traduzida. Os poemas de cunho político não foram mais traduzidos e os já trazidos não foram mais publicados. Ao mesmo tempo, outro escritor comunista, Jorge Amado, teve neste período o segundo memento mais importante da tradução de suas obras na China.

Depois da última tradução em 1956 e última publicação em 1958, as obras de Jorge Amado e o próprio escritor ficaram longe dos leitores chineses durante mais de duas décadas. Na nova fase histórica, o escritor baiano foi traduzido mais uma vez em 1981, com sua primeira obra diretamente traduzida do português na China.

O editor da revista *Literatura Mundial*, Lin Yi´an recorda que, em 1978, a revista decidiu, além de traduzir obras de escritores latino-americanos que nunca tinham sido traduzidos na China, continuar traduzindo os escritores latino-americanos, cujas obras tinham sido tratadas de forma inadequada durante a Revolução Cultural. Mais uma vez, Pablo Neruda e Jorge Amado foram as primeiras escolhas da revista, segundo as sugestões de Lin Yi´an (Lin Yi´an, 2011). Outra decisão da revista *Literatura Mundial* não menos importante determinava que as obras dos dois escritores teriam que ser traduzidas a partir das respectivas línguas-fonte, isto é, a China iria traduzir, pela primeira vez, as obras de Jorge Amado diretamente do português.

Graças à formação de tradutores de português a partir dos anos 1960, a China já contava com tradutores de português experientes nos anos 80. Sun Cheng'ao[90], que era na altura professor de português do Instituto de Estudos Estrangeiros de Pequim e se dedicou depois aos estudos literários e culturais em língua portuguesa, foi uma das figuras mais influentes na diplomacia cultural da China. Mais um tradutor que merece destaque é Fan Weixin[91], que trabalhou no Departamento de Português da Rádio Internacional da China e foi considerado, juntamente com Sun Cheng´ao, pioneiros na tradução de obras de escritores da língua portuguesa.

Desta vez, a tradução de Pablo Neruda ocorreu mais cedo. Segundo Lin Yi´an, uma parte das memórias de Neruda sobre sua viagem à China foi selecionada e traduzida pelo secretário-geral da Associação Chinesa para o Estudo da Litera-

---

[90] Sun Cheng'ao foi aluno do curso de espanhol, em 1961, do Instituto de Estudos Estrangeiros de Pequim (a atual Universidade de Estudos Estrangeiros de Pequim). Quando terminou o curso, ficou na mesma instituição como professor de espanhol. Devido à falta de docentes de português, Sun foi transferido ao Departamento de Português da mesma instituição em 1974 e começou a ensinar português depois de um ano de aprendizagem da língua. Transferiu-se ao Instituto de Literatura Estrangeira da mesma instituição em 1984, concentrando-se na pesquisa e tradução de literaturas em português até sua reforma.

[91] Fan Weixin foi aluno do curso de português, em 1960, do Instituto de Radiodifusão de Pequim (a atual Universidade de Comunicação da China). Foi trabalhar à Radio Internacional da China depois de se licenciar em 1964. Começou a praticar a tradução literária a partir de 1977 e passou a ser um dos tradutores mais importantes de literaturas em português na China.

tura Espanhola, Portuguesa e Latino-americana, Jiang Zhifang (Lin Yi´an, 2011). A seleção da parta traduzida foi feita de forma cautelosa, pelo que o poeta tinha sido criticado na China durante o conflito sino-soviético pela sua posição revisionista ao lado da União Soviética. Nas memórias de Neruda não foi encontrado nenhum conteúdo hostil contra a China e a parte selecionada demonstra as saudades que o poeta mantinha de seus velhos amigos chineses, como a romancista Ding Ling e o poeta Ai Qing. Em 1979, a parte traduzida foi publicada no volume 3 de outra revista da *Editora de Literatura Mundial*, a revista *Literatura Mundial- Desenvolvimento Recente*, servindo de um passo preparativo para a posterior tradução de Pablo Neruda e Jorge Amado. No ano seguinte, a *Coleção de Poemas de Pablo Neruda* foi traduzida pelo editor e tradutor sênior da Agência Xinhua, Wang Yongnian, e publicada no volume 3 da mesma revista. A tradução foi muito bem recebida (Lin Yi´an, 2011), o que justificou uma tradução ampliada do poeta chileno e a tradução de outros escritores latino-americanos, como Jorge Amado. Foi justamente Jiang Zhifang, o secretário-geral da Associação Chinesa para o Estudo da Literatura Espanhola, Portuguesa e Latino-americana que sugeriu a Lin Yi´an o docente de português do Instituto de Estudos Estrangeiros de Pequim, Sun Cheng´ao, que tinha traduzido duas entrevistas feitas pelas revistas *Hoje* e *Veja* a Jorge Amado acerca de sua carreira profissional como escritor e suas obras, em agosto de 1977[92].

A seleção da obra de Jorge Amado foi feita pelos dois. Sun Cheng´ao optou pelo conto *A Morte e a Morte de Quincas Berro D´água*, e persuadiu Lin com as seguintes caraterísticas desta obra: o tamanho não muito grande era ideal para a publicação em uma revista e, ao mesmo tempo, a publicação na revista facilitaria a recepção por parte dos leitores, pela audiência da revista maior que uma edição separada e in-

---

[92] As duas entrevistas foram incluídas em "Sou Romancista do Povo: Jorge Amado Fala da Escrita" publicada em 1997 pela Editora do Povo de Yunnan.

dependente; o conteúdo interessante atraiu imediatamente Sun Cheng´ao como leitor; a obra foi muito bem recebida no Brasil e foi considerado por Vinícius Morais o melhor conto da literatura contemporânea do Brasil; a novela é "uma obra muito nova na segunda fase da carreira literária de Amado, que começou em 1958"[93]. Os relatos de Sun são idênticos ao que se registra no artigo de Lin Yi´an, que acrescenta ainda mais um fator que levou à tradução da obra *A Morte e a Morte de Quincas Berro D´água*: o estilo relativamente mais "sério" da linguagem e do conteúdo, pela ausência da descrição de cenas violentas e eróticas, que manifestam uma existência exuberante em obras do escritor (Lin Yi´an, 2011), e a China dos anos 1980 ainda era conservadora e não se habituava a esse estilo livre do escritor.

Pode-se perceber que a seleção de texto a ser traduzido neste período já apresentava caraterísticas distintas do que ocorreu nos anos 1950 e 1960. A ideologia socialista deixou de ser o primeiro critério e uma ânsia dos intelectuais chineses de conhecer e traduzir tantas obras literárias quanto possível foi sentida nas atividades de tradução nesta época, em que a literatura gozava de um lugar privilegiado e as atividades de tradução eram mais intensas do que nunca. Segundo relatos do tradutor Sun Cheng´ao, o critério prioritário na seleção de obras era o valor literário e artístico. A complexidade do enredo e a descrição genial dos mais variados personagens da sociedade brasileira, particularmente na revelação, de forma humorística e irônica, de naturezas humanas de diferentes classes sociais são, para Sun Cheng´ao, os fatores que o atraíram nas obras de Jorge Amado. Quanto à posição proletária e à militância política e social do escritor brasileiro, nas obras escritas após o afastamento do PCB do escritor, já não se manifestam tanto, e a novela *A Morte e a Morte de Quincas Berro D´água* é uma obra importante que constitui um pon-

---

[93] Segundo a entrevista que fizemos a Sun Cheng´ao no dia 28 de julho de 2014, em Pequim.

to de viragem do estilo da criação literária de Jorge Amado. Sun Cheng'ao salientou, na entrevista, o valor de *A Morte e a Morte de Quincas Berro D'água* escrito em 1959 como nada menor que o de *Gabriela Cravo e Canela* escrito em 1958, pois foi justamente a partir dessa altura que a ideologia socialista e posição proletária evidenciadas nas obras como a trilogia já traduzida na China nos anos 1950 passaram a ser substituídas por narrações do estilo surrealista. O escritor deixou de focar na revelação dos conflitos entre diferentes classes sociais, assim como a exploração dos latifundiários, capitalistas e imperialistas estrangeiros, e a partir de *A Morte e a Morte de Quincas Berro D'água*, o escritor veio a ser um "grande contador de histórias". Nas histórias contadas pelo escritor, os protagonistas são marginalizados da sociedade brasileira: desde os vagabundos, os sem abrigo às prostitutas, que são descritos como "heróis", e em contrapartida, as figuras de classes mais altas são os mais hipócritas e falsos, sendo sempre alvos de sátiras e críticas do escritor.

A novela *A Morte e a Morte de Quincas Berro D'água* traduzida foi publicada no volume 4 da revista *Literatura Mundial*. Na parte de introdução, é apresentada a obra traduzida, justificando que é uma obra com conteúdo "sério" e já foi traduzida para mais de dez línguas no mundo. A breve introdução dedicou a parte principal à apresentação das caraterísticas da criação literária "peculiar" de Jorge Amado, que "se destaca pela descrição de personagens independentemente de gêneros literários". Nas obras do escritor, "os personagens apresentam caráteres nítidos e distintos" e nesta novela, o escritor, "através da descrição de Quincas e sua família, assim como seus amigos vagabundos, demonstra aos leitores uma sociedade contemporânea complexa do Brasil". No final da introdução, é destacado o fato de ser a primeira obra diretamente traduzida do português na China, o que é justamente um marco muito relevante na introdução e tradução de literaturas em português na China.

[Figura 12. Capa da revista Literatura Mundial, volume n 4 em 1981]

Ao fim da obra traduzida é anexada uma biografia do escritor baiano, da autoria de Lin Yi´an, que apresenta detalhadamente a vida do escritor, sobretudo sua militância política e carreira literária. A biografia mostra que na China se acreditava que Jorge Amado tinha "se demitido" do PCB em 1955 e que se tomava uma atitude com reservas quanto à decisão do escritor de sair do partido comunista. Pode-se perceber certa dialética e algumas observações em conflito na apresentação da carreira profissional de Jorge Amado, porque se valoriza primeiramente seu gênio literário como escritor: "mantém sempre grande entusiasmo na criação literária e tem produzido uma grande quantidade de obras" na qualidade de "romancista do povo". Desde 1958 a 1979, o escritor publicou 9 obras, das quais "há excelentes obras que refletem a realidade social do Brasil, revelando seus problemas, especialmente o romance *Gabriela Cravo e Canela* e o conto *A Morte e a Morte de Quincas Berro D´água* que são muito bem reconhecidas como obras-primas". Contudo, a biografia lança também algumas críticas sobre o escritor no que diz respeito aos personagens nas obras do escritor: "mesmo que tenha produzido muitas obras, os personagens que descreve sofreram grandes mudanças. As figuras do Partido e proletariado foram substituídas por prostitutas e vagabundos". E dentre as obras publicadas, "há obras defeituosas que buscam apenas boas vendas, por via da descrição de cenas pornográficas e violentas". Obviamente, a criação literária de Jorge Amado é apresentada a partir de um ângulo ideologicamente manipulado. A política ainda é um fator fatal na avaliação de um escritor, pois "quer concorde, quer não, a mudança da carreira política de Jorge Amado afetou certamente sua criação literária", pela ausência dos personagens "do Partido e proletariado" nas obras depois de "sair" do partido comunista, que é considerada um grande recuo na criação literária do escritor. No entanto, em comparação com essas figuras frequentes nas obras antigas, os personagens como vagabundos, prostitutas e muitas outras figuras de classes mais inferiores da sociedade brasileira que são detalhadamente retratados nas posteriores obras de Jorge Amado não apresentam nenhum avanço em termos literários na biografia.

A tradução da novela *A Morte e a Morte de Quincas Berro D´água*, que sucedeu em 1981 na China, evidenciou, por um lado, caraterísticas da nova fisionomia das atividades de tradução na nova fase histórica, que demonstravam uma vitalidade cada vez mais exuberante com a implementação da política de Reforma e Abertura do país, e por outro, algum equilíbrio entre elogio e crítica que se mantinha na apresentação do escritor e de suas obras. Este equilíbrio foi feito com base na ideologia predominante na China antes da Revolução Cultural, que exigia uma atitude ideologicamente correta do escritor manifestada em suas obras. A crítica na biografia de Jorge Amado no início da década de 1980 ainda foi feita a partir da antiga ideologia socialista predominante, em vez de um ângulo literário. A transformação do estilo da criação literária do escritor a partir do final dos anos 1950 não mereceu uma pesquisa acadêmica aprofundada, mas ainda levou uma etiqueta ideologicamente negativa no contexto chinês em que se conheceu a primeira a obra de Jorge Amado traduzida nos anos 1980.

A novela traduzida recebeu grandes elogios no meio literário após a publicação. Segundo relatos de Lin Yi´an, em uma reunião da redação da revista *Literatura Mundial*, o tradutor sênior e crítico literário chinês, Zhang Menghui comentou: "Sun Cheng´ao é um tradutor bem qualificado e não podemos perdê-lo (Lin Yi´an, 2011). " Quatro anos depois, a tradução foi reeditada, em edição separada, e lançada ao mercado pela *Editora Guangming Daily* em 1985. A obra traduzida foi depois incluída em oito coleções de obras de literaturas estrangeiras[94], o que demonstra uma popularidade bastante alta desta obra de Jorge Amado na China.

O sucesso de *A Morte e a Morte de Quincas Berro D´água* incentivou logo na China mais traduções de Jorge Amado: foram traduzidas nos anos 1980 mais nove obras dos escritores, sendo que *Gabriela, Cravo e Canela* foi traduzida duas vezes: em tradução indireta, do espanhol, em 1984, e, diretamente do português, em 1985, ainda por Sun Cheng´ao. Foi justamente a tradução de *A Morte e a Morte de Quincas Berro D´água* que deu início às traduções intensas de obras de Jorge Amado que marcaram a década de 1980 na China. Devido a tantas atividades de tradução na década, nem todas as traduções foram feitas de forma direta.

---

[94] As 8 coleções são: Coleção de Novelas Estrangeiras, publicada pela *Editora do Povo de Hunan* em 1982; Coleção de Obras Excelentes, 30º Aniversário da Revista Literatura Mundial, publicada pela *Editora de Literatura e Arte de Zhe Jiang* em 1983; Coleção de Novelas Estrangeiros, publicação pela *Editora do Povo de Yunnan* em 1986; Abrigo para Mim Próprio: Novelas de Vagabundos, publicada pela *Beijing Normal University Press* em 1993; Coleção de Novelas Clássicas do Mundo, publicada pela *Editora Jiuzhou* em 1996; Coleção de Novelas da América Latina, publicada pela *Editora do Povo de Yunnan* em 1996; Coleção de Novelas Clássicas: Volume da América Latina, publicada pela *Editora Chunfeng* em 1996; Leitura Fora da Sala de Aula (edição para estudantes), publicada pela *Editora Infanto-juvenil de Zhejiang* em 2004.

Dois anos depois, em 1983, o romance em 1935 *Jubiabá* foi traduzido do francês e publicado pela *Editora do Povo de Hunan*, com a tiragem de 43.300 exemplares[95].

[Figura 13. Jorge Amado. "Jubiabá", tradução de Zheng Yonghui, Editora do Povo de Hunan, 1983]

É de salientar em primeiro lugar a tradução do título do romance, que é relevante para conhecer a interpretação feita pelo tradutor sobre esta obra de Jorge Amado. O protagonista é Antônio Balduíno, um garoto pobre e criado no morro do Capa-Negro. Ele convive com os homens mais respeitados, como o violeiro Zé Camarão e o pai-de-santo Jubiabá. Ainda criança, Baldo deseja que sua história seja cantada num ABC, composição popular em louvor de heróis e santos. O rapaz passa um tempo como mendigo, pelas ruas. Depois, torna-se o boxeador Baldo, o Negro. Frequenta o Lanterna dos Afoga-

---

[95] A tradução foi feita a partir da versão em francês "Bahia de Tou Les Saints", tradução de Michel Berveiller e Pierre Hourcade. Paris: Librairie Gallimard, 1938.

dos, bar da beira do cais da Bahia. Compõe e vende sambas. Viaja ao Recôncavo, onde trabalha numa plantação de fumo. Integra-se a uma trupe de circo e coleciona amantes pelo caminho. Mas Baldo permanece fiel ao seu amor platônico. Ao longo dessas muitas vidas, choca-se contra o mundo das mais variadas formas, até atingir um vislumbre de compreensão da realidade que o cerca e de seu lugar nela. Finalmente, o ABC de Antônio Balduíno conta que o negro valente e brigão lutou pela liberdade de seu povo. O título *Jubiabá* não foi diretamente traduzido, mas foi substituído por uma interpretação condensada com base no enredo do romance: "O Despertar do Campeão de Boxe".

Na parte de "Apresentação do Autor", da autoria do tradutor, para além de uma breve biografia de Jorge Amado, é mais apresentada sua carreira literária, que é dividida em duas partes e "a parte antes de 1958 possui forte carga política, ao passo que a segunda parte começou com a saída do PCB do escritor e a carga política não é tão pesada". Esta comparação simplificada entre duas etapas da criação literária de Jorge Amado ainda se focaliza na ideologia manifestada nas obras e a política é o único critério para a divisão. A popularidade de Jorge Amado no Brasil é destacada pelo tradutor, que o associa a Pelé para ilustrar o grau de popularidade do escritor brasileiro.

É de referir que se aborda o Realismo Socialista nas antigas obras de Jorge Amado e se apresentam as técnicas de narração realistas do escritor, que consegue sempre "criar personagens vívidos da vida real e colocá-los em uma narração verossímil, assim como ilustrar o mundo psicológico através de linguagens gestuais e verbais, em vez de descrições psicológicas diretas". Uma posição próxima de classes inferiores da sociedade brasileira do escritor é valorizada na Apresentação, o que é semelhante ao que aconteceu nos anos 1950. Tal como o que se mostra na biografia do escritor anexada à tradução de *A Morte e a Morte de Quincas Berro D´água*, a ideologia individual do editor ou tradutor está evidente e mostra certa influência deixada da ideologia socialista predominante antes da implementação da política de Reforma de Abertura. Claro, o conteúdo do romance traduzido, de esquerda no caso de *Jubiabá*, é capaz de aumentar de certa maneira a ideologia socialista do tradutor.

A ideologia individual do tradutor ainda se manifesta na crítica sobre a descrição detalhada das relações sexuais no romance. Para as culturas distintas, há diferentes atitudes sobre isso. A cultura chinesa é tradicionalmente mais conservadora no que diz respeito à sexualidade, que é raramente tratada em público e de forma muito direta. Nas obras literárias, uma abordagem atenuada, de forma mais obscura, sobre a sexualidade é mais comum, por isso é que a Apresentação do Autor indica que "é uma pena que o escritor tenha sido muito influenciado pelo Naturalismo, até ao ponto de que desapareceram lutas de classe e opressões abundantemente manifestadas nas obras e só restam descrições de amor ordinário ou de relações sexuais". Ainda por cima, o tradutor atribui este "defeito" da obra ao "afastamento da política" do escritor. No final da Apresentação, o elogio de "escritor genial" torna visível mais uma vez o equilíbrio evidenciado na biografia anexada à tradução de *A Morte e a Morte de Quincas Berro D´água*, e a crítica principal não se pode livrar do ponto de vista ideológico, o que é uma evidência da manipulação das relações de poder sobre a ideologia individual do tradutor ou editor. A antiga ideologia predominante ainda está exercendo certa influência sobre as ideologias individuais de tradutores, que costumam tomar uma atitude prudente quanto ao estilo livre da linguagem de Jorge Amado e fazer uma avaliação *ainda ideológica no que se refere à transformação do estilo literário do escritor*.

Já no caso de *Gabriela Cravo e Canela*, traduzido do espanhol[96] em 1984 e do português em 1985, pode-se perceber

---

[96] A tradução foi feita a partir da versão em espanhol "Gabriela, Clavel y Canela", tradução de Haydée Jofre Barroso. Buenos Aires: Editorial Futuro, 1965. A tradução foi publicada pela *Editora de Literatura e Arte Changjiang* em 1984, com a tiragem de 25.300 exemplares.

uma grande diferença especialmente na tradução de português feita por Sun Cheng´ao, que se concentra mais em uma abordagem literária sobre o romance. Em relação à tradução de espanhol, a tradução direta, publicada pela *Editora de Publicação de Tradução de Xangai* em 1985 e com a tiragem de 21.500 exemplares, conta com maior popularidade nos leitores chineses e foi reeditado três vezes.

[Figura 14. Jorge Amado. "Gabriela, Cravo e Canela", tradução de Xu Zenghui, Editora de Literatura e Arte Changjiang, 1984]

[Figura 15. Jorge Amado. "Gabriela, Cravo e Canela", tradução de Sun Cheng'ao, Editora de Publicação de Tradução (Yiwen) de Xangai, 1985]

O prefácio da tradução de espanhol em 1984 dá uma breve apresentação das duas etapas da criação literária de Jorge Amado e faz uma crítica muito parecida com a crítica na introdução da tradução de *Jubiabá*, ao passo que no prefácio da tradução direta em 1985, Sun Cheng´ao faz uma abordagem que pretende explicar aos leitores chineses a popularidade e o sucesso do romance de Jorge Amado. A primeira razão para o tradutor é o tópico "progressivo" e "saudável", pois o desejo de reforma e progresso alimentado por brasileiros de classes inferiores é nitidamente ilustrado pelo escritor, por via de "um enredo atraente" e "uma séria de acontecimentos concretos e conflitos complexos", que constituem o segundo fator que ajuda a aumentar o interesse pela leitura. Uma descrição "refinada e profunda" dos personagens, sobretudo dos protagonistas, nunca falta às obras de Jorge Amado, que é um grande mestre no retratar de personagens em suas narrações. O romance ainda conta com uma estrutura organizada "de forma única e chique", que permite aos leitores uma experiência de leitura agradável. Para além disso, *Gabriela Cravo e Canela* ainda está cheio de elementos exóticos para os leitores estrangeiros, que conseguem conhecer uma paisagem natural e social tipicamente baiana, "graças ao talento genial" do escritor. No prefácio, o tradutor Sun Cheng´ao faz uma abordagem relativamente mais sistemática no que se refere à linguagem, tópico, descrição de personagens, assim como a organização estrutural do romance, a partir de ângulo literário.

No artigo *O Charme Artístico de Jorge Amado Sentido em Gabriela Cravo e Canela*, Sun Cheng´ao (2001a) desenvolve o prefácio da tradução em 1985 e destaca o estatuto de "romancista do povo" do escritor e o estilo "popular" de suas obras. Uma criação literária "fácil de entender" que, ao mesmo tempo, não perde a "elegância" nas suas narrações, é salientada logo no início do artigo. Sun Cheng´ao (2001a) classifica *Gabriela Cravo e Canela* como o romance mais sucedido e a obra-prima mais representativa de Jorge Amado. Jorge Amado, como um escritor de grande sucesso que concebe romances de forma tradicional e realista, além do "talento genial", possui uma vantagem extremamente importante: "o profundo conhecimento do povo e a linguagem do povo", assim como "um relacionamento próximo com o povo". Para Sun Cheng´ao, quando as literaturas dos países latino-americanos atraem a atenção de todo o mundo, Jorge Amado constitui um fenômeno literário interessante pelo seu estilo distinto dos outros escritores latino-americanos.

Em 1985, a revista *Literatura Estrangeira* publicou a novela *Cacau*, traduzido por Sun Cheng´ao. Segundo relatos do tradutor[97], a tradução de *Cacau* se seguiu à sua tradução de *A Morte e a Morte de Quincas Berro D´água* e *Gabriela Cravo*

---

[97] Segundo a entrevista que fizemos a Sun Cheng´ao no dia 28 de julho de 2014, em Pequim.

e *Canela*, que são duas obras mais famosas de Jorge Amado e foram ambas escritas depois de 1958. Tornou-se necessário na altura traduzir a obra "com que Jorge Amado ficou conhecido como escritor", para poder "traçar um panorama literário de Jorge Amado, através da tradução de suas obras na China". O propósito da tradução de *Cacau* revelado pelo tradutor conformou com as caraterísticas das atividades de tradução desta fase na China: se um tradutor tem obras bem recebidas no país, traduzir-se-ão quase todas as obras dele, o que também é capaz de justificar a tradução de obras de Jorge Amado nos anos 1980.

[Figura 16. Capa da revista Literatura Estrangeira, Vol.8, edição em 1985]

O tamanho de *Cacau* é apropriado para a publicação em uma revista e na introdução da tradução, não se refere a criação ideológica do escritor antes de 1958 e apenas indica a importância de *Cacau* para o escritor, que ficou conhecido com esta obra-prima que "constitui uma obra representante da literatura brasileira nos anos 1930".

O romance *Tieta do Agreste* foi traduzido de russo e publicado pela *Editora de Literatura e Arte de Changjiang* em 1986, com a tiragem de 6.500 exemplares.

[Figura 17. Jorge Amado. "Tieta do Agreste", tradução de Chen Jingyong, Editora de Literatura e Arte Changjiang, 1986]

O prefácio da tradução de *Tieta do Agreste*, da autoria do tradutor Chen Jingyong, apresenta uma estrutura bastante parecida com a da "Apresentação do Autor" da tradução de *Jubiabá*. Quando se apresentam duas etapas da carreira literária do escritor, o tradutor não se pode livrar da manipulação da ideologia socialista predominante nos anos 1950 e 1960, elogiando a narração que tinha o proletariado como protagonista e classificando *Os subterrâneos da liberdade* como a obra que culmina esta etapa da criação literária, pelo conteúdo de lutas dos operários liderados pelo partido comunista. Quanto à segunda etapa, faz-se a mesma crítica do mesmo ângulo ideológico, considerando a substituição de figuras heroicas por vagabundos e prostitutas uma recessão do escritor na produção literária. No que se refere ao romance traduzido, os fatores mais destacados são aqueles referidos no prefácio da tradução de *Gabriela Cravo e Canela*, com destaque para a "intriga genialmente arquitetada", que tem o charme que é capaz de "atrair e prender seguramente a atenção dos leitores". As técnicas sofisticadas de narração do escritor são, para o tradutor, as maiores justificativas da tradução do romance *Tieta do Agreste*. No fim do prefácio, faz-se uma crítica ao componente das relações sexuais descritas no romance, que são omissas na tradução e tomadas como provas de "mau gosto" e "defeitos literários" evidenciados na produção literária de Jorge Amado e que afetam significativamente o "valor estético" da obra e mostram "limites da ideologia que orienta a criação literária do escritor".

A primeira obra de Jorge Amado traduzido por Fan Weixin é *Mar Morto* em 1987, publicada pela *Editora do Povo de Heilongjiang*, com a tiragem de 17.870 exemplares.

[*Figura 18. Jorge Amado. "Mar Morto", tradução de Fan Weixin, Editora do Povo de Heilongjiang, 1987*]

O prefácio, *da autoria de Chen Guangfu, da tradução contém basicamente o conteúdo da* "Apresentação do Autor" da tradução de *Jubiabá*. Quanto ao romance traduzido, é descrito como a obra que "estabelece o estilo fundamental da produção literária" do escritor: "produção literária realista", que tem como objeto de narração o povo de classes inferiores, com "uma linguagem rítmica e fluída" e, ao mesmo tempo, se dedica à "descrição de hábitos e costumes regionais do Brasil". A única crítica que se faz ao romance continua sendo o estilo livre na descrição de relações sexuais, só que se toma uma atitude mais tolerante e é defendido este estilo "muito presente em obras de muitos escritores latino-americanos", por causa das "divergências culturais" e das "interpretações distintas sobre o realismo literário".

Ao terminar quase a metade da tradução de *Dona Flor e Seus Dois Maridos*, Sun Cheng'ao foi mandado para trabalhar na Embaixada da China em Portugal, por isso convidou Fan Weixin para acabar outra metade da tradução. Saiu assim a tradução de *Dona Flor e Seus Dois Maridos* feita pelos dois tradutores, publicada em 1987 pela *Editora do Povo de Yunnan*, com a tiragem de 100.000 exemplares.

[Figura 19. Jorge Amado. "Dona Flor e Seus Dois Maridos", tradução de Fan Weixin & Sun Cheng'ao, Editora do Povo de Yunnan, 1987]

O prefácio, da autoria dos dois tradutores, apresenta uma biografia detalhada do escritor brasileiro, sem nenhum julgamento a partir do ângulo ideológico. A crítica ao romance é também completamente literária, concentrando-se na abordagem das técnicas de narração aplicadas pelo escritor. Na parte final, pode-se conhecer uma atitude ainda mais tolerante no que se refere à descrição da "vida amorosa" dos protagonistas, que é "necessária" para a produção literária e Jorge Amado, como grande mestre literário, consegue empregar sempre descrições "moderadas", em vez de "ordinárias" na produção literária. No artigo *Um Romance que Reflete a Psicologia dos Brasileiros*, Wang Suoying (1987) associa o mundo traçado por Jorge Amado no romance *Dona Flor e Seus Dois Maridos* ao mundo psicológico dos brasileiros em meio ao chamado "Milagre Econômico" nos anos 1960, que permite uma "vida material rica", mas trouxe consigo uma "vida psicológica vazia" aos brasileiros. Este conflito está presente em quase todos os aspectos da sociedade brasileira da época. Para além da psicologia dos brasileiros, o artigo indica que a vida política do Brasil também está revelada no romance, em que a posição firme do escritor de buscar a justiça e apoiar a revolução está manifestada. Para a autora, o romance *Dona Flor e Seus Dois Maridos* é uma obra que contém "significado social" e "conteúdo político e ideológico" e permite aos leitores chineses "conhecerem a sociedade brasileira e a psicologia dos brasileiros".

Quanto aos demais três romances traduzidos nos anos 1980: *Teresa Batista, Cansada de Guerra*, traduzido de russo e publicado em 1988 pela *Editora de Literatura e Arte do Norte*, com a tiragem de 99.550 exemplares; *Farda, Fardão e Camisola de Dormir*, traduzido de português e publicado em 1989 pela *Editora de Federação Literária Chinesa* (sem informação de exemplares); *Os Velhos Marinheiros*, traduzido de português e publicado em 1989 pela *Editora de Literatura e Arte de Huashan*, com a tiragem de 3.000 exemplares, as versões em chinês só levam breves prefácios ou notas do tradutor, que têm como objetivo apresentar basicamente o conteúdo do romance traduzido, sem nenhuma abordagem literária, nem ideológica.

[Figura 20. Jorge Amado. "Teresa Batista, Cansada de Guerra", tradução de Wen Hua, Editora de Literatura e Arte do Norte, 1988]

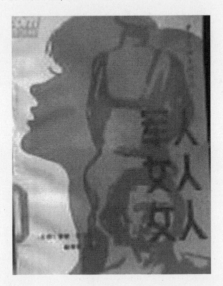

[Figura 21. Jorge Amado. "Farda, Fardão e Camisola de Dormir", tradução de Chen Fengwu, Editora de Federação Literária Chinesa, 1989]

AMADO PELA CHINA

[Figura 22. Jorge Amado. "Os Velhos Marinheiros", tradução de Fan Wenxin, Editora de Literatura e Arte de Huashan, 1989]

Com nove obras traduzidas para chinês na década de 1980, Jorge Amado tornou-se um fenômeno na China dentre os escritores de língua portuguesa e dos países da América Latina, que se destacava na época pelo Boom Latino-americano e Realismo Mágico. É de referir que as posturas políticas do escritor não foram mais o critério principal e foi exatamente o charme literário das próprias obras que chamou a atenção dos intelectuais no meio literário chinês. Através de uma leitura minuciosa de prefácios, notas do tradutor e introduções das traduções, pode-se perceber que a ideologia política predominante nas décadas anteriores deixou de exercer tanta influência sobre as atividades de tradução nesta fase, mas a ideologia individual de alguns tradutores ainda não se pode livrar de sua manipulação, mostrando uma atitude ideológica no que se refere à transformação do estilo literário de Jorge Amado na segunda etapa de sua carreira literária e não destacando características distintas de narrações ficcionais e regionais que têm sempre como pano de fundo o nordeste do Brasil e apresentam únicos hábitos e costumes do povo baiano que o escritor amava.

O surgimento do fenômeno das traduções intensas de obras de Jorge Amado na década de 1980 se deveu principalmente às condições que a época histórica providenciou. Com a implementação da política de Reforma de Abertura, a manipulação da política na arte e literatura ficou enfraquecida e o contexto literário da China ganhou uma vitalidade exuberante, que também foi sentida nas atividades de tradução, em que as obras literárias traduzidas não têm que servir à ideologia socialista predominante no país e o critério para a seleção de obras literárias a serem traduzidas deixou de ser "revolucionário" ou "progressivo". Sendo assim, apareceu na China, durante os anos 1980, uma onda de traduções intensas de quase todos os escritores do mundo, o que permitiu aos escritores chineses ampliarem seus horizontes.

Nesta nova fase histórica, especialmente desde o fim da Revolução Cultural até início de 1990, o governo era sempre o maior patrono das atividades de tradução e a manipulação de patronagem se manifestava principalmente por via da indústria de publicação do país, em que as editoras eram os patronos intermediário que exercem manipulação sobre os tradutores. A indústria de publicação do país na época tinha sofrido grandes mudanças. A quantidade de editoras conheceu um aumento substancial. Nos anos 1950 a 1970, as principais editoras que podiam publicar obras literárias eram a *Editora de Literatura do Povo* (e sua subordinada *Editora de Escritor*) e a *Editora de Arte e Literatura de Xangai* (rebatizada como *Editora Publicação de Tradução (Yiwen) de Xangai* após a Revolução Cultural) e a partir do final da década de 1970, todas as editoras podiam fazê-lo. Com tantos patronos intermediários em uma conjuntura em que se verificava um desejo forte de introduzir cada vez mais obras literárias estrangeiras, não é difícil compreender o boom da tradução de obras de Jorge Amado na década de 1980 na China.

No que diz respeito à ideologia individual do tradutor, é de referir que a influência da ideologia predominante apresentou uma evolução decrescente e não desapareceu de forma repentina. Sobretudo, desde o fim da Revolução Cultural até meados da década de 1980, a ideologia socialista predominante ainda ocupava uma posição importante na mente de muitos tradutores, o que se pode sentir em algumas críticas ou avaliações com reservas acerca da carreira literária e uso da descrição de relações sexuais em seus romances, que foram normalmente omissas ou modificadas na tradução. Mas de modo geral, os tradutores nesta época passaram a ter cada vez liberdade na seleção de obras e na utilização de estratégias de tradução, sobretudo depois de meados dos anos 1980. O editor da *Editora do Povo de Yunnan*, Liu Cunpei afirma que a tradução de *Dona Flor e Seus Dois Maridos* foi a única obra, de sua "*Série da Literatura Latino-americana*" que se iniciou em 1988, que se vendeu bem e trouxe lucro à Editora, e uma causa imprescindível reside nas "descrições eróticas que atraíram leitores"[98]. Os tradutores Sun Cheng'ao e Fan Weixin não omitiram todas as narrações que têm a ver com o sexo, o que resultou em 1989 mais uma tiragem de 122.000 exemplares, feita pela *Editora do Povo de Yunnan*, da tradução do romance. A nova edição leva uma capa novamente desenhada, cheia de insinuações sexuais. Para além de um tom sedutor, é acrescentada uma frase em chinês na capa: "Eis uma aventura romântica cheia de conflitos e paixões, na alma e no corpo, entre o doutor jogador (de casino) e a mulher bela". O objetivo de alcançar mais vendas por parte da editora fica extremamente patente, porque o tabu do sexo na cultura tradicional chinesa e a proibição dos conteúdos do sexo exigida pela ideologia de extrema esquerda durante a Revolução Cultural geraram a curiosidade de muitos leitores chineses sobre o sexo nas obras literárias. De acordo com a entrevista que se fez a Sun Cheng'ao, ele nunca aproveitou a existência abundante de narrações sexuais em romances de Jorge Amado para estimular mais vendas

---

[98] 《云南的拉美情结》(Laço da Província de Yunnan com a América Latina), 《生活新报》(Notícias de Vida), 11 de outubro de 2010.

do romance traduzido, porque, por um lado, na altura o lucro ainda não era o fator com que o tradutor se devia preocupar e por outro, ele tem se dedicado exclusivamente à abordagem literária e cultural do escritor. Sendo assim, pode-se concluir que a reedição de *Dona Flor e Seus Dois Maridos* em 1989 foi apenas uma ação da editora, a fim de alcançar mais vendas na época.

[Figura 23. Jorge Amado. "Dona Flor e Seus Dois Maridos", tradução de Sun Cheng'ao & Fan Weixin, Editora do Povo de Yunnan, 1989]

Uma cooperação estreita entre tradutores, pesquisadores e editores era bastante evidente durante todo o processo das atividades de tradução de obras literárias nesta época, como foi o caso da tradução de *A Morte e a Morte de Quincas Berro D'água* em 1981. Foi o secretário-geral da Associação Chinesa para o Estudo da Literatura Espanhola, Portuguesa e Latino-americana que aconselhou o tradutor Sun Cheng'ao ao editor Lin Yi'an e, posteriormente, foi Sun Cheng'ao que sugeriu a novela *A Morte e a Morte de Quincas Berro D'água* a Lin Yi'an. Os dois tomaram a decisão de encaminhá-la à direção da *Editora de Literatura Mundial*, que acabou aceitando publicar a novela traduzida. Esta cooperação multilateral se maximizou com o lançamento da *"Série da Literatura Latino-americana"* iniciada em 1987 pela *Editora do Povo de Yunnan*, que constitui um evento de muita importância na tradução de literaturas dos países latino-americanos. "Na altura [em 1986] muitas editoras não tinham respectivos escritores estrangeiros como objetos de tradução, mas pelos escritores da América Latina ainda não tinham nenhuma editora que mostrava interesse especial"[99], por isso Liu Cunpei convenceu a *Editora do Povo de Yunnan* a financiar a conferência anual da Associação Chinesa para o Estudo da Literatura Espanhola, Portuguesa e Latino-americana, que teve lugar na capital da província Yunnan, a cidade de Kunming. Os especialistas da Associação ajudaram a definir os escritores latino-americanos que seriam incluídos na *"Série da Literatura Latino-americana"* e a aconselhar os tradutores mais qualificados para a Editora. Desde 1987 a 2001, o projeto de *"Série da Literatura Latino-americana"* publicou no total mais de 60 obras literárias de escritores latino-americanos[100], formando um fenômeno literário na indústria de publicação do país.

Após um intervalo de 30 anos, a terceira visita de Jorge Amado à China ocorreu em agosto de 1987, durante a época em que as traduções de suas obras se encontravam intensas e sete obras tinham sido traduzidas e publicadas na China durante esta época: *A Morte e a Morte de Quincas Berro D´água* (1981), *Jubiabá* (1983), *Gabriela, Cravo e Canela* (1984 e 1985), *Cacau* (1985), *Tieta do Agreste* (1986), *Mar Morto* (1987) e *Dona Flor e Seus Dois Maridos* (1987).

---

99 《云南的拉美情结》(Laço da Província de Yunnan com a América Latina), 《生活新报》(Notícias de Vida), 11 de outubro de 2010.

100 O *Dona Flor e Seus Dois Maridos* (1987) faz parte do volume 1, e no último volume (vol. 7), o *Tocaia Grande* (1991) faz parte do volume 2, foi publicado"Sou Romancista do Povo: Jorge Amado Fala da Escrita" (traduzido por Sun Cheng´ao) em 1997.

Desta vez o casal não foi acompanhado por amigos intelectuais, como nos casos anteriores em 1952 e 1957, mas sim pelo filho e nora, assim como a filha e o genro. A família Amado foi recebida no aeroporto de Pequim por um grupo anfitrião liderado pelo vice-ministro da Cultura da China, Liu Deyou, em nome do ministro da Cultura, Wang Meng, que não se encontrava em Pequim no momento. Ao desembarcar do avião, o casal sentiu alguma ilusão por não ver nenhum dos velhos amigos, uma vez que na altura Emi Siao e Ding Ling já tinham falecido e Ai Qing, que embora ainda fosse vivo, não apareceu (Gattai, 1988e: 52). Tal como relata Zélia Gattai: "Das velhas amizades, restavam vivos apenas Ai Qin e Eva Siao. Tíng-Ling e Emi Siao eram falecidos. Presos, perseguidos, humilhados, não haviam suportado tanto sofrimento (Gattai, 1988a: 217)". As experiências dos velhos amigos chineses nas décadas anteriores trouxeram grande depressão e tristeza durante longo tempo para o casal Amado. A capital chinesa em crescimento surpreendeu o casal com uma nova fisionomia, o que lhes aumentou ainda mais as saudades das "velhas amizades" na China.

O Ministério da Cultura foi responsável pela recepção da família de Jorge Amado e elaborou um programa de passeio em Pequim, Xi´an, Hangzhou e Xangai. Diferentemente das duas visitas anteriores à China, a terceira visita perdeu o cunho ideológico, apesar de o cunho político permanecer, pela recepção oferecida pelo governo chinês e atividades programadas no âmbito político, apresentando, no entanto, mais caraterísticas culturais na agenda de Jorge Amado.

Pequim foi o lugar onde decorreram todas as atividades oficiais, ao passo que em outras cidades chinesas marcaram passeios. Em Pequim, o membro do Birô Político do Comitê Central do Partido Comunista da China, Hu Qiaomu, recebeu o casal Amado no Grande Salão do Povo. Foi uma surpresa agradável para eles na ocasião o aparecimento do velho amigo, o poeta Ai Qing. Neste encontro, o tópico mais tratado foi a necessidade de incrementar o intercâmbio comercial e cultural entre a China e o Brasil e Hu Qiaomu desejou que mais escritores brasileiros fossem traduzidos na China e que escritores chineses também fossem traduzidos no Brasil. No Ministério da Cultura, o casal Amado teve um encontro com os membros da Associação Chinesa para o Estudo da Literatura Espanhola, Portuguesa e Latino-americana e abordaram amplamente as questões acerca do intercâmbio cultural.

Foram vários os banquetes formais e um dos quais foi oferecido pelo então embaixador brasileiro na China. Foram convidadas as figuras mais importantes para a tradução direita de obras de Jorge Amado, como Lin Yi´an, Fan Weixin e Sun Cheng´ao, só que o último já se tinha deslocado a Portugal e chegaria a encontrar-se com Jorge Amado no ano seguinte em Lisboa. Lin Yi´an (2011) ofereceu a Jorge Amado cinco exemplares da revista *Literatura Mundial* de que constava a tradução de *A Morte e a Morte de Quincas Berro D´água*, o que representa um momento de relevância simbólica para a tradução de obras do escritor brasileiros na China.

A mídia chinesa reportou a visita de Jorge Amado. No dia 2 de agosto de 1987, o *Diário do Povo* publicou um artigo intitulado *"Hu Qiaomu Se Reuniu com o Famoso Escritor Brasileiro Jorge Amado"*[101], do qual se pode perceber com facilidade a identidade, para o governo chinês, de Jorge Amado, que deixou de ser mencionado como "lutador pela paz" ou "escritor comunista". Hu Qiaomu afirmou: "É com grande satisfação constatar que a cooperação entre a China e o Brasil nas áreas política, econômica, cultural e diplomática se tem desenvolvido[102]." O artigo destacou o intercâmbio cultural entre os dois países abordado por Hu e Amado, o que evidencia mais uma vez o estatuto de representante cultural e literário do Brasil de Jorge Amado durante esta visita à China, que pôs fim ao mesmo tempo sua identidade mais ideológica e política que marcou duas visitas anteriores.

---

[101] 《胡乔木会见巴西著名作家亚马多》(Hu Qiaomu Se Reuniu com o Famoso Escritor Brasileiro Jorge Amado), 《人民日报》(Diário do Povo), 2 de agosto de 1987.

[102] Idem.

A revista *Literatura Mundial* publicou, em outubro de 1987, uma carta escrita por Jorge Amado a um dos tradutores de *Dona Flor e Seus Dois Maridos*, Fan Weixin. Nesta carta curta, o escritor brasileiro dirigiu seus agradecimentos ao tradutor chinês pelo seu trabalho e explicou que as figuras femininas em seus romances, como Gabriela, Tieta e Batista, eram representantes das mulheres brasileiras, que "sofriam de opressão dupla oriunda de classe e sexo, mas continuavam lutando contra todas as forças que pretendiam restringir sua liberdade e destruir sua vontade"[103]. Esta carta é capaz de explicar, de certa maneira, a existência abundante de figuras de classes inferiores nas obras de Jorge Amado depois de 1958, que não implica uma recessão ideológica, mas sim uma grande preocupação e um gigantesco amor pelo povo brasileiro, sobretudo da terra do escritor baiano. Juntamente com a carta, ainda foi publicada uma pequena mensagem intitulada *"O Famoso Escritor Brasileiro Jorge Amado Visitou a China pela Terceira Vez"*, que resumiu a estada do escritor na China e, tal como foi referido na notícia no *Diário do Povo*, Jorge Amado foi recebido na China como "embaixador" cultural do Brasil.

6.3. TRADUÇÃO ABRANDADA DESDE A DÉCADA DE 1990

Entrando na década de 90, a tradução de obras de Jorge Amado decaiu. Em 1991, a *Editora do Povo de Yunnan* publicou o *Tocaia Grande*, traduzido por Fan Weixin e Sun Cheng´ao, com a tiragem de 6.500 exemplares, no âmbito do projeto *"Série da Literatura Latino-americana"*. Do mesmo projeto nasceu a séria de *"Escritores Latino-americanos Falam da Escrita"* em 1997 e o tradutor Sun Cheng´ao escreveu, com base nos dados que lhe tinha dado por próprio Jorge Amado, o *Sou Romancista Que Escreve o Povo* em chinês, em que o escritor responde às perguntas sobre sua vida e sua ficção.

---

[103] 《亚马多致中译者的信》(A Carta escrita por Amado ao Tradutor Chinês),《世界文学》(Literatura Mundial), Vol. 05, 1987.

[Figura 24. Jorge Amado. "Tocaia Grande", tradução de Sun Cheng'ao & Fan Weixin, Editora do Povo de Yunnan, 1991]

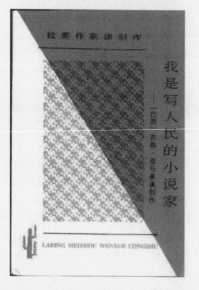

[Figura 25. Sun Cheng'ao. "Sou Romancista Que Escreve o Povo". Editora do Povo de Yunnan, 1997]

O prefácio da tradução de *Tocaia Grande* omite todos os elementos ideológicos e políticos do escritor brasileiro e começa com a popularidade dele no Brasil e no mundo. A explicação feita no prefácio dessa popularidade do escritor constitui uma breve abordagem literária da produção literária de Jorge Amado, que não se concentra mais na apresentação das técnicas de narração do escritor, mas adota um ângulo antropológico, indicando a importância do romance traduzido para o conhecimento da formação étnica e peculiaridades da cultura do Brasil: o romance *Tocaia Grande* é considerado um epítome da nação brasileira que reúne muitas etnias do mundo, e "a miscigenação das etnias traz consigo a fusão das culturas, que se manifesta na literatura, música, arte, dança, religião, entre outros aspetos". Nas obras de Jorge Amado, "pode-se cheirar um denso aroma rústico e regional" do Brasil. As obras são descritas como se fossem "as pinturas coloridas que mostram os hábitos e costumes da nação brasileira e retratam, de forma realista, todos os aspetos da sociedade brasileira". O prefácio pretende comparar as obras de Jorge Amado a uma janela, através da qual pode-se conhecer a sociedade complexa de um país que possui realidades históricas e culturais muito divergentes das no contexto chinês.

Traduzindo cinco obras de Jorge Amado, Sun Cheng'ao não fez nenhuma abordagem ideológica ou política acerca de obras do escritor brasileiro. No prefácio de *Sou Romancista Que Escreve o Povo*, Sun salienta em primeiro lugar o objeto de narrações que o próprio escritor salienta: "o povo, sobretudo o pobre povo da Bahia" e, em seguida, aborda a maior característica da produção literária do escritor: "criação tradicional", que, através de sofisticadas técnicas de narração, possibilita a grande "popularidade" das obras de Jorge Amado tanto no Brasil quanto no mundo. Para além do "talento genial", Sun Cheng'ao atribui a popularidade das obras de Jorge Amado ao "seu profundo conhecimento do povo e sua linguagem".

Na década de 1990, mais nenhuma obra de Jorge Amado foi traduzida na China e apenas o *Dona Flor e Seus Dois Maridos* foi reeditado mais uma vez e publicado em 1994 pela *Editora do Povo de Yunnan*, com a tiragem de 10.000 exemplares.

[Figura 26. Jorge Amado. "Dona Flor e Seus Dois Maridos", tradução de Fan Weixin & Sun Cheng'ao, Editora do Povo de Yunnan, 1994]

Sendo a única obra da "*Série da Literatura Latino-americana*" que trouxe lucros à *Editora do Povo de Yunnan*, o fato de *Dona Flor e Seus Dois Maridos* ser editado várias vezes fica mais compreensível. Se se der uma olhada na capa, perceber-se-á a intenção da editora, que foi idêntica à da edição em 1989, só que desta vez ficou mais contida, mas continuou mais sedutora em comparação com a edição em 1987.

A primeira causa que é capaz de explicar esta mudança drástica da tradução de obras de Jorge Amado na China constitui as mudanças ocorridas na indústria de publicação do país que teve início ainda na década de 1980. Nas primeiras três décadas após a fundação da República Popular da China (1949 - 1979), o governo chinês implantou um sistema de economia planificada, com metas e cotas para os vários aspectos do desenvolvimento econômico estabelecidas pelo governo. A implementação da política de Reforma e Abertura na China no final da década de 1970 deu início a uma série de reformas no país, inclusive a reforma do sistema econômico, de que resultou a economia de mercado, onde o mercado desempenha um papel básico e decisivo na alocação de recursos e os setores não públicos da economia se tornaram um componente relevante da economia socialista da China, onde a lucratividade é encorajada para os elementos da produção, tais como capital e tecnologia.

No dia 29 de dezembro de 1984, foi promulgado o "Aviso do Conselho de Estado Sobre a Auto-responsabilização de Periódicos pelos Ganhos e Perdas", que exigiu a transformação da forma de operação da maioria dos periódicos da China, que passou a responsabilizar-se pelos ganhos e perdas, com a retirada do financiamento do governo. O mesmo aconteceu à maior parte das editoras do país. Sendo assim, o mercado passou a ganhar cada vez mais importância para as atividades de publicação dos periódicos e editoras. Bastantes editoras não resistiram à concorrência que resultara desta transformação. Para sobreviver à concorrência cada vez mais feroz, os editores começaram a buscar a publicação de escritores e obras que pudessem trazer lucros às editoras, como foi o caso o romance *Dona Flor e Seus Dois Maridos* que foram editadas várias vezes pela *Editora do Povo de Yunnan*, o que demonstra também que, a partir de então, as editoras começaram a gozar de mais liberdade na seleção de escritores e obras literárias, assim como a publicação das obras traduzidas. No entanto, a ideologia socialista e o poder político continuavam exercendo influência, por exemplo, os conteúdos contra o regime comunista ou o socialismo e os conteúdos pornográficos eram completamente proibidos. De modo geral, as editoras passaram a desempenhar um papel cada vez mais importante, na qualidade de patronos, nas atividades de tradução, com a formação da economia de mercado no contexto chinês.

Após a Reunião Nacional da Publicação de Obras Literárias Estrangeiras que teve lugar em 1991, 20 das 38 editoras que podiam publicar obras literárias estrangeiras foram excluídas do mercado e a quantidade de periódicos de literaturas estrangeiras também diminuiu de mais de 20 a 7 ou 8 (Lu Zhihong, 2001). Durante o processo da transformação para a economia de mercado na indústria de publicação, no início da década de 1990, muitas editoras não dominavam as regras do funcionamento do mercado na publicação e distribuição de obras literárias traduzidas e o antigo regime de publicação ainda exercia alguma influência sobre atividades de publicação, a indústria de publicação da China apresentou bastante turbulência e cegueira no começo dos anos 1990 (Teng Wei, 2011: 98). Bastantes editoras, antes de decidirem publicar alguma obra traduzida, não costumavam fazer uma pesquisa sobre a demanda do mercado e decidiram uma tiragem aleatória, o que levava, muitas vezes, a uma acumulação de estoque. A *Editora do Povo de Yunnan* constitui mais uma vez um dos casos típicos, segundo os relatos do editor Liu Cunpei, o sucesso de *Dona Flor e Seus Dois Maridos* fez a Editora achar que as obras de escritores latino-americanos teriam boas vendas no mercado chinês[104]. A previsão errada por parte da Editora originou grandes tiragens de todos os escritores latino-americanos traduzidos da *"Série da Literatura Latino-americana"*, que acabaram acumulando no estoque ou sendo vendidos com grandes descontos para reduzir os prejuízos. A grande acumulação de estoque deu uma lição à Editora, que decidiu diminuir tiragens de edições seguintes. Este ato de adaptação da *Editora do Povo de Yunnan* às regras do mercado evidenciou a grande força do poder do mercado a partir dos anos 1990 na China. As relações de poder nesta fase começaram a adquirir uma nova fisionomia, em que a antiga ideologia predominante e o poder político deixaram de ocupar uma posição central nos fatores que exerciam in-

---

[104] 《云南的拉美情结》(Laço da Província de Yunnan com a América Latina), 《生活新报》(Notícias de Vida), 11 de outubro de 2010.

fluência sobre as atividades de tradução, e a força do mercado, por sua vez, com a implementação da política de Reforma e Abertura, passou a destacar-se dentre os fatores que manipulavam a tradução na China. Em decorrência disso, as obras literárias estrangeiras mais populares e mais vendidas tornaram-se favoritas para a maioria das editoras, uma vez que são capazes de atrair mais leitores e garantir, por conseguinte, boas vendas.

No mercado, os intelectuais, inclusive pesquisadores, tradutores e editores, do meio literário chinês, que desempenhavam um papel relevante na seleção, tradução e avaliação de obras literárias estrangeiras durante a década de 1980 no contexto chinês, não conseguiam influenciar, de forma profunda, a vasta comunidade de leitores comuns, uma vez que os intelectuais e os leitores comuns apresentavam diferentes preferências e interesses de leitura. A título de exemplo, as obras da *"Série da Literatura Latino-americana"* foram selecionadas pelos pesquisadores e especialistas da Associação Chinesa para o Estudo da Literatura Espanhola, Portuguesa e Latino-americana, cuja prioridade residiu no valor literário da obra escolhida, a importância do escritor escolhido para a literatura chinesa, assim como a posição do escritor e suas obras no mundo. Contudo, uma grande parte dos leitores comuns não dispunham de capacidades literárias correspondentes para conhecer e apreciar as obras publicadas. Tal como foi referido, não se deve negar que a linguagem mais popular de Jorge Amado e as descrições corajosas do sexo no *Dona Flor e Seus Dois Maridos* contribuíram diretamente para as boas vendas do romance no contexto chinês, apesar de isso não implicar que o romance de Jorge Amado seja inferior a outras obras da série publicada em termos literários.

Outro fator que limitou as atividades de tradução na China veio de fora. No dia 30 de junho de 1992, a China aderiu à Convenção Universal sobre o Direito de Autor e no dia 14 de outubro do mesmo ano, aderiu à Convenção de Berna Relativa à Proteção das Obras Literárias e Artísticas, o que significa que a China começou seu processo de internacionalização da indústria de publicação. Antes da adesão a estas duas convenções, poucas obras literárias estrangeiras publicadas na China tinham a autorização emitida por autores ou titulares de direito de autor, ou seja, a violação do direito de autor marcou quase todas as atividades de tradução durante décadas antes dos anos 1990. Após 1992, tendo em conta grandes gastos no pagamento ao direito de autor, muitos periódicos, que publicavam exclusivamente obras literárias traduzidas, começaram a incluir artigos de crítica literária a fim de poupar o custo. Também se verificou bastante dificuldade na compra de direito de autor de certas obras, devido a diversas razões. Tal como afirma Liu Cunpei, a agente literária de muitos escritores latino-americanos, Carmen Balcells propôs preços altíssimos dos direitos autorais dos escritores em língua espanhola a editoras chinesas, uma vez que desconheceu a realidade da indústria de publicação da China e calculou os preços simplesmente com base no tamanho populacional da China, o que dificultou substancialmente as atividades de tradução das obras dos escritores da América Latina[105].

A escassez de tradutores que praticavam a tradução literária a partir da década de 1990 também prejudicou a tradução de obras de escritores latino-americanos. O tradutor Sun Cheng´ao é o primeiro tradutor que traduziu diretamente do português Jorge Amado e convidou Fan Weixin para começar a traduzir obras do escritor baiano na China. Segundo relatos de Liu Cunpei[106] e Sun Cheng´ao[107], por causa de motivos pecuniários, cada vez mais tradutores desviaram seus rumos profissionais, abandonando atividades de tradução literária. Sun Cheng´ao

---

[105] 《拉美文学翻译出现断档》(Suspensão da tradução de literaturas da América Latina), 《文汇读书周报》(Wenhui Reader's Weekly), 18 de março de 2003.

[106] Idem.

[107] Segundo a entrevista que fizemos a Sun Cheng´ao no dia 28 de julho de 2014, em Pequim.

afirma que, quase não havia nenhum tradutor na China que tinha interesse em traduzir obras de Jorge Amado quando ele se aposentou em 2004 do Instituto de Literatura Estrangeira da Universidade de Estudos Estrangeiros de Pequim[108].

A política de Reforma e Abertura contribuiu para um ritmo acelerado da economia chinesa. A expansão econômica e a elevação do poderio nacional do país têm necessitado cada vez mais profissionais que dominam línguas estrangeiras nas mais variadas áreas, o que exerceu uma grande influência sobre a ênfase do ensino de línguas estrangeiras na China: cada vez mais instituições de ensino superior apostaram nos programas que melhor satisfazem as necessidades do país, como áreas econômico-comercial, diplomática e jornalística, entre outras. Uma boa saída profissional tornou-se, e continua sendo hoje em dia, o critério mais importante na escolha de especialidades nas universidades. Infelizmente, a tradução literária não era capaz de garantir uma boa remuneração e uma boa vida ao tradutor, em comparação com as atividades de tradução de outras áreas. Se se der um olhar para as instituições de ensino superior, os professores de línguas estrangeiras poderiam ser eventuais tradutores de literaturas estrangeiras. No entanto, a tradução literária não contava ou contava muito pouco, e continua não contando muito hoje, na promoção de funcionários acadêmicos nas instituições de ensino superior da China, que preferiram, e ainda preferem hoje, publicar artigos em revistas acadêmicas indexadas. Sendo assim, poucos professores podem se dedicar exclusivamente à tradução literária.

Pode-se constatar que, a partir da década de 1990, as relações de poder marcaram uma presença patente nas atividades de tradução. O mercado, substituindo a ideologia predominante e a política, desempenhou um papel crescente na manipulação sobre as atividades de tradução. A maioria dos antigos patronos intermediários, as editoras e periódicos, passaram a responsabilizar-se pelos ganhos e perdas e começaram a pos-

---

[108] Idem.

suir mais liberdade na seleção de obras a serem traduzidas. No sentido de satisfazer as demandas do mercado, as editoras têm preferido obras literárias contemporâneas que se vendem melhor e mais influentes a nível nacional. O mercado ainda foi capaz de influenciar profundamente a estrutura da formação de profissionais de línguas estrangeiras na China e a tradução literária ficou menos atraente, face à posição destacada da literatura e da tradução literária na década de 1980.

6.4. TRADUÇÕES ESPORÁDICAS NO NOVO SÉCULO

Desde 1991 até primeira década do novo século, não houve uma obra sequer de Jorge Amado que tivesse sido publicada na China. O falecimento do escritor em agosto de 2001 foi sentido no meio literário na China, apesar de muitos anos de suspensão da tradução de suas obras. Sun Cheng´ao dedicou a Jorge Amado um artigo de homenagem intitulado É Difícil Esquecer o Grande "Escritor do Povo" do Brasil, em que o tradutor chinês recorda seus contatos com o escritor brasileiro e sua carreira de tradução e pesquisa acerca de obras de Jorge Amado (Sun Cheng´ao, 2001b). O artigo de Sun incita, pela simplicidade da linguagem e plenitude das saudades do escritor, a emoção aos leitores chineses. No ano seguinte, Sun Cheng´ao (2002) escreveu mais um artigo em homenagem a Jorge Amado e faz uma apresentação sucinta, mas completa, da carreira literária do escritor, com destaque para seu talento genial como escritor e sua proximidade com o povo, que lhe permitiu um estilo de narração distinto dentre tantos escritores latino-americanos traduzidos na China. A revista acadêmica Estudos da América Latina da China publicou em 2002, um artigo, da autoria de Guo Yuanzeng, em homenagem ao escritor brasileiro. Diferentemente dos artigos de Sun Cheng´ao, o artigo de Guo aborda principalmente a militância política e revela a posição do escritor mais próxima do Partido Comunista da China (Guo Yuanzeng, 2002), mostrando uma grande simpatia para com o escritor brasileiro.

Apenas em 2008, a *Editora Yilin* publicou de novo dois romances já publicados no país *Gabriela Cravo e Canela* (maio e junho), *Dona Flor e Seus Dois Maridos*[109].

[Figura 27. Jorge Amado. "Gabriela, Cravo e Canela", tradução de Sun Cheng´ao, Editora Yilin, maio de 2008]

[Figura 28. Jorge Amado. "Gabriela, Cravo e Canela", tradução de Sun Cheng´ao, Editora Yilin, junho de 2008]

---

109 Desde o final dos anos 1990, cada vez mais editoras chinesas tenderam a não imprimir informações da tiragem em suas publicações.

[Figura 29. Jorge Amado. "Dona Flor e Seus Dois Maridos", tradução de Sun Cheng'ao & Fan Weixin, Editora Yilin, 2008]

A publicação dos dois romances já traduzidos tem a ver com as relações bilaterais entre a China o Brasil que se têm estreitado desde o início do século novo. Em 2004, foi, entre a China e o Brasil, criada a Comissão Sino-Brasileira de Alto Nível de Concertação e Cooperação (COSBAN), que se inaugurou em março de 2006, em Pequim, como um passo no processo de fortalecimento da aliança estratégica bilateral. Por meio de suas onze subcomissões e sete grupos de trabalho, a COSBAN trata de tópicos como relações econômicas, financeiras e políticas; agricultura; energia e mineração; cooperação científica, tecnológica e espacial; e intercâmbio cultural e educacional. Na primeira sessão plenária da COSBAN, que se realizou em Pequim a 24 de março de 2006, as duas partes indicam que "devem continuar a encorajar e implementar ativamente projetos governamentais e não governamentais de intercâmbio e cooperação cultural, sob variadas formas"[110].

---

[110] Ata Final da Primeira Sessão Plenária da COSBAN, 24 de março de 2006.

Desde 2004, intensificaram-se de forma significativa as trocas de visitas de alto nível. Do lado chinês, visitaram o Brasil os Presidentes Hu Jintao (2004 e 2010) e Xi Jinping (2014), os Vice-Presidentes Xi Jinping (2009) e Li Yuanchao (2015), e os Primeiros-Ministros Wen Jiabao (2012) e Li Keqiang (2015). Do lado brasileiro, por sua vez, visitaram a China os Presidentes Lula (2004 e 2009), Dilma Rousseff (2011) e Michel Temer (2016 e 2017) e os Vice-Presidentes José Alencar (2006) e Michel Temer (2013). A China é, desde 2009, o principal parceiro comercial do Brasil e vem-se constituindo numa das principais fontes de investimento no país.

Em 2010, foi assinado o Plano de Ação Conjunta 2010-2014, que definiu objetivos, metas concretas e direções para a cooperação bilateral, com vistas a ampliar e aprofundar a cooperação bilateral em todas as suas dimensões: bilateral, plurilateral e multilateral, com propósitos específicos e mecanismos de monitoramento para as subcomissões da COSBAN. O artigo 13 do Plano prevê a cooperação dos dois países na área cultural. As duas partes começarão a estudar as possibilidades de criar um Centro Cultural Chinês no Brasil e um Centro Cultural Brasileiro na China, e promoverão "o estabelecimento de acordos entre editoras para publicação de livros de autores de ambos os países, em edições bilíngues sempre que possível"[111]. Segundo o Plano,

> Brasil e China intensificarão a cooperação nos campos de línguas e publicações, a fim de promover o uso do mandarim e do português no intercâmbio bilateral; apoiar o projeto de compilação e edição de um Dicionário Português-Chinês, a partir da base de dados do Dicionário "Le Grand Ricci"; encorajar a iniciativa da Academia Chinesa de Ciências Sociais de traduzir livros clássicos de ciências sociais brasileiras, com alta qualidade editorial e apresentação acurada da cultura brasileira aos leitores chineses; encorajar as iniciativas de traduzir e publicar títulos clássicos e modernos sobre a China no Brasil, com subsídios fornecidos pela Parte Chinesa[112].

---

[111] Plano de Ação Conjunta Brasil-China, 2010-2014, 22 de abril de 2010.
[112] Idem.

Além de enfatizar a necessidade da difusão das respectivas culturas nos dois países, os intercâmbios educacionais também são destacados e as duas partes fornecerão bolsas de estudos para estudantes estudarem na China e no Brasil, que contribuirão para a cooperação entre os dois países.

Em 2012, por ocasião da visita ao Brasil do então Primeiro-Ministro Wen Jiabao, as relações foram elevadas ao nível de "Parceria Estratégica Global", estabeleceu-se o Diálogo Estratégico Global entre Ministros das Relações Exteriores, e firmou-se o Plano Decenal de Cooperação (2012-2021). No que diz respeito à cooperação cultural e educacional, o Plano Decenal de Cooperação prevê:

> Encorajar as agências de publicação de cada país a introduzir, traduzir e publicar, em seus próprios idiomas respectivos, destacando obras literárias e acadêmicas e outros tipos de obras do outro país, proporcionando assistência financeira de maneira apropriada. Encorajar as agências de publicação de cada país a participarem ativamente de feiras internacionais de livros do outro país[113].

Na terceira sessão plenária da COSBAN, que teve lugar no dia 6 de novembro de 2013 em Cantão, foi salientada a cooperação entre os órgãos de publicação, no âmbito de tradução e publicação, comércio de direitos autorais, impressão, entre outros. As editoras seriam estimuladas a apresentarem, traduzirem e publicarem, na sua língua materna, as obras de literatura de qualidade e de outras áreas do outro país. Além disso, a participação dos órgãos de publicação nas feiras internacionais de livros seria incentivada. A parte brasileira manifestou que continuaria apoiando o ensino da língua portuguesa na China, por meio da disponibilização de docentes, troca de estudantes e oferta de material didático. Na mesma linha, a parte chinesa apoiaria o estabelecimento de Instituto Confúcio no Brasil, por meio do envio de docentes de chinês mandarim e provimento de materiais de ensino. Na quarta sessão plenária da COSBAN realizada em Brasília, no dia 26 de junho de 2015, os pontos

---

[113] Plano Decenal de Cooperação (2012-2021), 21 de junho de 2012.

referidos foram reafirmados e os dois países prometeram continuar intensificando a cooperação na área cultural e educacional. No Plano de Ação Conjunta 2015-2021, que foi assinado em maio de 2015, o conhecimento da importância da cooperação cultural foi aprofundado ainda mais pelas duas partes e a Subcomissão Cultural da COSBAN, tal como nos anos anteriores, continuaria promovendo as metas definidas.

Pode-se constatar que, no novo século, as relações bilaterais que se têm intensificado entre a China e o Brasil têm possibilitado uma série de cooperações na área cultural e educacional, o que demonstra a presença de um poder político oriundo dos governos dos dois países, que têm objetivos diplomáticos nitidamente definidos e todos os recursos necessários para a implementação das medidas tomadas. Este poder é tão forte que se sente em todas as áreas em que os dois países pretendem desenvolver as relações de cooperação, inclusive a cultura e a educação, sendo que estas duas áreas dizem respeitos às atividades de tradução literária no novo século. Com o impulso deste poder dos dois governos, as atividades de tradução ganham, tal como a diplomacia não-governamental que ocorreu na década de 1950, um significado diplomático. Diferentemente do que ocorreu no século passado, a diplomacia entre a China e o Brasil do novo século é totalmente governamental. A tradução mútua de literaturas dos dois países é incentivada pelo poder político dos dois países, evidenciando, com bastante clareza, as relações de poder que persistem nas atividades de tradução, que envolverá escritores brasileiros e chineses no futuro com o desenvolvimento das relações bilaterais entre a China e o Brasil. É de referir que este poder ainda poderá promover a formação de cada vez mais tradutores qualificados, tanto na China como no Brasil, uma vez que a cooperação educacional não é menos importante na cooperação bilateral.

O aparecimento de novos tradutores no novo século também constitui um fator importante para a tradução de obras de Jorge Amado no contexto chinês durante o novo século. A Universidade de Pequim, como a universidade mais prestigiada da China, possui uma tradição distinta de estudos literários e tem desempenhado um papel fundamental da introdução e tradução de obras de escritores latino-americanos na China. No novo século, a Universidade de Pequim também se envolveu nas relações bilaterais entre a China e o Brasil, como um elemento importante na cooperação tecnológica, científica, cultural e educacional, estabelecendo parcerias com as instituições de ensino superior do Brasil, tais como a Universidade de Brasília e a Universidade de São Paulo. O primeiro Centro Cultural Brasileiro na China foi estabelecido, no âmbito da cooperação cultural bilateral, na Universidade de Pequim e foi inaugurado pelo presidente Lula, no dia 25 de maio de 2004, por ocasião de sua visita oficial à China. O Centro Cultural Brasileiro tem organizado atividades dos mais variados gêneros acerca da língua portuguesa, cultura, literatura, música, engenharia, entre outros aspectos do Brasil, contribuindo, de forma considerável, para a difusão da cultura brasileira na China. No entanto, o que importa mais à tradução e pesquisa da literatura brasileira na Universidade de Pequim é o início do curso de português, que teve lugar em 2007. A maior diferença entre o curso de português da Universidade e o de outras universidades da China encontra-se na ênfase nos estudos literários. A importância dos estudos literários é referida durante todo o processo do ensino da língua portuguesa. São oferecidas disciplinas sistemáticas das literaturas dos países de língua portuguesa. Desde o início do curso, a Universidade de Pequim tem formado dinâmicos tradutores e pesquisadores de literaturas em português, muitos dos quais decidiram optar pela pesquisa e tradução literária como carreira profissional, o que possibilitou novas traduções de obras de Jorge Amado na China.

Ainda se pode afirmar que a abertura do curso de português da Universidade de Pequim foi também fruto das relações de poder, que se manifestam na necessidade da diplomacia e dos intercâmbios culturais entre a China e os países de língua portuguesa. A nova conjuntura no novo século exige mais profissionais altamente qualificados que dominam a língua portuguesa.

Além do poder político na área diplomática, a força do mercado de trabalho na China também se evidencia na abertura de cada vez mais cursos de português na China. Com a intensificação das relações econômico-comerciais entre a China e os países de língua portuguesa, uma grande quantidade de empresas e instituições financeiras da China tem atuado nos mercados em que se fala a língua portuguesa, o que implica uma demanda cada vez maior de falantes chineses de português. Outras áreas nada menos importantes, tais como o jornalismo e o Direito, também necessitam de profissionais que falam português. Em decorrência disso, os estudantes do curso de português têm relativamente mais facilidade em arranjar empregos bem pagos, o que tem trazido mais candidatos ao curso de português na China nos últimos anos. A presença da força do mercado continua manipulando, de certa maneira, o fluxo da mão de obra da China.

Em 2014 foi traduzido o romance *Capitães da Areia*, por Huang Yuan, e publicado pela *Editora Huangshan*.

[Figura 30. Jorge Amado. "Capitães da Areia", tradução de Wang Yuan, Editora Huangshan, 2014]

Apesar de o romance traduzido ser escrito durante primeira etapa de sua carreira literária, em 1937, o escritor brasileiro deixou de ser mencionado do ângulo ideológico e político, mas sim puramente literário. O título de "Romancista do Povo" ainda é a etiqueta mais referida de Jorge Amado. Na crítica ao romance, a tradutora e pesquisadora de estudos literários Fan Xing (2015a), que, tal como o tradutor Wang Yuan, saiu da Universidade de Pequim e indica que "as obras de Jorge Amado têm atraído o povo menos instruído e de classes inferiores, o que mudou radicalmente a estrutura cultural em que apenas as elites do país podiam ler". A crítica destaca duas características do romance: a simplicidade e o romantismo. Como o primeiro romance brasileiro que narra a vida de menores abandonados e vagabundos do Brasil, o *Capitães da Areia* dedica grande ternura com bastante simplicidade romântica às figuras na narração, que "passariam a tornar-se protagonistas de obras seguintes de Amado" (Fan Xing, 2015a). A importância do escritor brasileiro é salientada e ele é "uma ponte" que liga os leitores e a cultura brasileira.

Em 2016, a *Editora Yilin* pulicou, de uma vez, cinco romances de Jorge Amado: *Terras do Sem-Fim*, *Gabriela, Cravo e Canela*, *Dona Flor e Seus Dois Maridos*, *A Morte e a Morte de Quincas Berro D´água* e *Tenda dos Milagres*, sendo que o último foi traduzido pela primeira vez na China e o *A Morte e a Morte de Quincas Berro D´água* tem uma nova tradução.

[Figura 31. Jorge Amado. "Terras do Sem-Fim", tradução de Wu Lao, Editora Yilin, 2016]

[Figura 32. Jorge Amado. "Gabriela, Cravo e Canela", tradução de Sun Cheng'ao, Editora Yilin, 2016]

AMADO PELA CHINA

[Figura 33. Jorge Amado. "Dona Flor e Seus Dois Maridos", tradução de Sun Cheng'ao & Fan Weixin, Editora Yilin, 2016]

[Figura 34. Jorge Amado. "A Morte e a Morte de Quincas Berro D'água", tradução de Fan Xing, Editora Yilin, 2016]

[Figura 35. Jorge Amado. "Tenda dos Milagres", tradução de Fan Xing, Editora Yilin, 2016]

É interessante testemunhar o lançamento de cinco obras de Jorge Amado de uma vez em junho de 2016, nas vésperas dos Jogos Olímpicos de 2016 realizados no Rio de Janeiro. Como o maior evento esportivo a nível mundial, os Jogos Olímpicos têm atraído a atenção de todo o mundo desde a seleção da cidade-sede até o percurso de todas as competições nos Jogos.

A importância dos Jogos Olímpicos para o país e a cidade-sede do evento vai além de todo o seu contexto histórico, até porque para se tornar sede das Olimpíadas é preciso que o país assuma e siga uma série de responsabilidades ligadas à infraestrutura do local, aos benefícios econômicos que serão alcançados com os jogos, às atrações turísticas que trarão melhorias para as cidades e, claro, até à geração e manutenção de empregos através do evento. No entanto, os benefícios econômicos dos Jogos Olímpicos são cada vez mais salientados pelos países anfitriões, uma vez que os Jogos são capazes de prosperar o turismo da cidade-sede e seu país, e o fluxo de turistas durante, antes e depois dos Jogos prosperará ainda outros setores relacionados com os Jogos. Ao mesmo tempo, o país anfitrião dos Jogos Olímpicos tornar-se-á o alvo de atenção de todos os países do mundo e aparecerão frequentemente nos meios de comunicação do mundo.

No caso dos Jogos Olímpicos de 2016, o Brasil foi, durante o ano de 2016, muito midiático na China, pelo fato de o maior evento esportivo do mundo ter lugar na América Latina pela primeira vez na história. Devido à localização geograficamente distante, o Brasil para muitos chineses foi, e ainda é, um país não muito bem conhecido. A mídia chinesa aproveitou a oportunidade para produzir muitos conteúdos acerca do Brasil e é uma ótima estratégica mercadológica lançar uma série de obras literárias capazes de permitir aos leitores conhecerem melhor o Brasil às vésperas dos Jogos Olímpicos.

O lançamento dos romances de Jorge Amado foi acompanhado de uma série de propagandas, que aproveitaram o rápido desenvolvimento da alta tecnologia na China e se transmitiram por meio de novos veículos de comunicação, como por exemplo, aplicativos de celular, que, por sua vez, ampliaram ainda mais o público-alvo das propagandas. No artigo *"Os Jogos Olímpicos começam na próxima semana. A lista selecionada de livros do Brasil permitirá conhecer o Brasil muito melhor que seus amigos"*, o objetivo do autor fica muito claro logo no início: "falando no Brasil, a primeira palavra que surge na sua cabeça será 'futebol', e depois? A gastronomia, café, Samba, Carnaval? Não, vamos falar da literatura brasileira, escondida detrás de futebol"[114]. Jorge Amado e o romance *Tendas dos Milagres*, como a obra traduzida pela primeira vez, são sugeridos no artigo, em que o escritor leva vários rótulos: "candidato ao Nobel de Literatura", "autor de *Best-sellers*" e "escritor milionário". Quanto ao romance *Tendas dos Mi-*

---

114 《里约奥运会小周开幕！精选巴西书单让你了解巴西甩开朋友一条街》(Os Jogos Olímpicos Começam na Próxima Semana. A Lista Selecionada de Livros do Brasil Permitirá Conhecer o Brasil Muito Melhor que Seus Amigos), 《每日头条》（Manchetes Diários）03 de agosto de 2016.

lagres, conta "a história da luta e da miscigenação étnica do povo da classe inferior da Bahia" e que "nos apresenta histórias inacreditáveis e cheias de mistérios, aventuras, assim como ideias únicas".

O mesmo *marketing* está manifestado no artigo interessante *"Não entendeu a cerimônia de abertura? Porque ainda não leu obras dele"*[115] da autoria da própria editora da *Editora Yilin*, Jin Wei. O artigo opta por ignorar todos os elementos ideológicos e a militância política do escritor, concentrando-se meramente nos elementos literários e culturaias dele e aproveitando também a oportunidade dos Jogos Olímpicos para chamar a atenção dos leitores chineses, muitos do quais, sobretudo os da nova geração já não conhecem o escritor brasileiro. Por ocasição dos Jogos Olímpicos de 2016, mutios chineses desejavam viajar ao Brasil e a autora afirma: "Quer saber como é o Brasil? Leia este escritor! " Para a autora, conhecer as obras de Jorge Amado é a melhor forma de conhecer o Brasil, uma vez que "interpretam o espírito brasileiro, assim como o otimismo, a euforia, a paixão e o sonho do povo brasileiro e convidam as pessoas para conhecerem os hábitos e costumes, a cultura e o folclore do Brasil, e ter contatos diretos com a alma do Brasil".

O artigo ainda explica a motivo de publicar estes cinco romances: o *Gabriela, Cravo e Canela* e o *Dona Flor e Seus Dois Maridos são dois livros mais populares e mais vendidos do escritor, e é de referir que, no caso do romance Dona Flor e Seus Dois Maridos*, uma sedução sexual ainda é empregada na apresentação do romance: "em uma dada noite, Vadinho se aproximou da cama dela, cheio da vontade, para cumprir seu direito..."; o *Terras do Sem-Fim* é o romance de que o próprio escritor gostava mais e revela, de forma epopeica, a origem do espírito brasileiro; Em *A Morte e a Morte de Quincas Ber-*

---

[115] 《里约开幕式没看明白？那是因为你还没读过他》(Não Entendeu a Cerimônia de Abertura? Porque Ainda Não Leu Obras Dele). Disponível em: <http://www.sohu.com/a/109607988_235706>. Acesso em: 9 de agosto de 2016.

ro D´água o escritor retrata o espírito brasileiro, mostrando a alma cheia do otimismo e euforia do povo brasileiro, e o *Tenda dos Milagres* é a história da miscigenação das etnias de classes inferiores do Brasil, que interpreta o espírito brasileiro que é um misto de otimismo, euforia, sonho e paixão.

Contudo, não é justo negar, por conseguinte, seu profissionalismo e alta qualidade das publicações, apesar de a *Editora Yilin* ter aproveitado a oportunidade dos Jogos Olímpicos de 2016 para lançar cinco romances de Jorge Amado e empregado, de forma excelente, estratégias mercadológicas na propaganda de suas atividades de publicação, uma vez que ninguém pode ignorar o papel do mercado no novo século na indústria da publicação e ninguém queria perder a ótima chance, que os Jogos Olímpicos de 2016 providenciaram, para chamar a atenção dos leitores e aumentar, por isso, as vendas dos livros publicados. Nas notas da tradução dos dois romances traduzidos, a tradutora Fan Xing faz, respetivamente, abordagens literárias acerca dos dois romances de Jorge Amado, com alusões ao "espírito brasileiro" no *A Morte e a Morte de Quincas Berro D´água* e à "luta pela democracia" e "miscigenação de etnias e religião" no *Tenda dos Milagres*. Os elementos mais fundamentais dos dois romances de Jorge Amado são abordados pela tradutora de forma a representarem as caraterísticas mais distintas da cultura brasileira.

Pode-se perceber que o lançamento dos cinco romances de Jorge Amado na China em 2016 foi promovido pelo poder do mercado, por ocasião dos Jogos Olímpicos de 2016, sob o pano de fundo da intensificação crescente das relações bilaterais e intercâmbios culturais entre os dois países, de onde nasce o poder político, que é capaz de exercer influência sobre atividades de publicação e tradução em ambos os países. Além disso, o interesse individual de tradução e pesquisa de novos tradutores na China constitui um fator que não se pode ignorar durante as atividades de tradução, que continuam sendo manipuladas pelo poder no novo século.

7. CONSIDERAÇÕES FINAIS

O presente livro analisou os fatores que manipularam as atividades de tradução literária que têm ocorrido na China desde a fundação da República Popular da China em 1949, com destaque para a tradução de obras do escritor brasileiro, Jorge Amado. Nos seus dois momentos importantes da tradução no contexto chinês durante o século passado, totalizaram 15 obras completas que foram traduzidas de diversas línguas (inglês, russo, francês, espanhol e português) para o chinês; já no novo século, apesar de existir um intervalo bastante grande entre a última tradução na década de 1990 e a nova tradução no século novo, o escritor não foi esquecido na China e ainda há traduções esporádicas de suas obras. No total, foram traduzidas na China 17 obras de Jorge Amado até hoje, das quais bastantes obras foram várias vezes editadas, ou possuem mais de uma tradução. Com esta quantidade de obras traduzidas e conhecidas pelos leitores chineses, Jorge Amado é, sem nenhuma sombra de dúvida, o escritor brasileiro mais importante na difusão da literatura e cultura brasileira na China.

Descobre-se que a tradução de obras de Jorge Amado na China, com momentos em que as traduções foram intensas e momentos em que se evidenciou a suspensão da tradução, nunca aconteceu por acaso, e por trás dessas atividades de tradução, existem, além de específicas condições históricas e sociais dos contextos doméstico e internacional em diferentes épocas, fatores que são capazes de exercer manipulação sobre as atividades de tradução e publicação no país.

Este livro evidenciou as relações entre o poder e a tradução que se manifestam nas atividades de tradução de obras de Jorge Amado na China e explicitou a correlação entre a tradução de obras de Jorge Amado e o poder em diferentes fases históricas da China. O regime comunista chinês era recém-nascido na primeira metade dos anos 50 do século XX e era, ao mesmo tempo, membro do bloco dos países socialistas liderado pela União Soviética. O jovem governo chinês tinha toda a razão para defender a sua ideologia política socialista de eventuais ataques oriundos de ideologias "nocivas" ocidentais. O poder político exerceu um controle absoluto sobre a ideologia do país e a ideologia predominante, que se traduziu no percorrer do caminho socialista, luta contra o imperialismo e luta de classes, estava alinhada à consciência nacionalista da China na época. Juntamente com o poder político, a ideologia política dominante dentro do país manipulou todas as atividades de tradução da época na China. As atividades de tradução eram tomadas na década de 1950 como uma ferramenta política e diplomática do jovem regime comunista da China e, o critério de seleção das obras a serem introduzidas e traduzidas na China residiu principalmente na política: apenas aquelas que descrevem lutas contra o imperialismo ou a ditadura, ou elogiam o socialismo poderiam ser objetos de tradução. Como o governo comunista chinês detinha naquela altura quase todos os recursos estatais e sociais, ele próprio foi o maior patrono de todas as atividades de tradução que aconteceram no país, mesmo que essas atividades fossem praticadas pelos patronos intermediários: diversas editoras. Os especialistas do meio literário, tais como pesquisadores acadêmicos, professores e os próprios tradutores foram alvos da manipulação do poder político e ideologia predominante. A tradução de obras de Jorge Amado durante esta época foi, desde o início, uma ação de cunho político que se desencadeou de forma coordenada. A manipulação que o poder exerce sobre as atividades de tradução está nitidamente manifestada na tradução de obras de Jorge Amado.

Zhang Jianbo

Foi o Prêmio Stalin da Paz entre os Povos que trouxe Jorge Amado e suas obras à China, o que comprova mais uma vez a forte presença do poder político na introdução do escritor na China. Nesta etapa histórica, a qualidade de membro do partido comunista de Jorge Amado, bem como sua militância política foram os fatores preferidos pelo governo chinês. A trilogia que revela lutas de classes, lutas contra o imperialismo e a ditadura foi traduzida na China logo depois de o escritor brasileiro ser apresentado na China com um título que carrega muito peso político e ideológico: "lutador pela paz". Nas relações entre o poder e a tradução, a tradução, por sua vez, também exerce influência sobre o poder. No caso da tradução de obras de Jorge Amado, a tradução das quatro obras durante os anos 1950 serviu diretamente à ideologia predominante do país, consolidando, na área ideológica e cultural, o poder político.

Por causa da manipulação das relações de poder, os objetos da tradução estavam sujeitos às alterações originadas pelas opções feitas pelos patronos das atividades de tradução, que tomavam decisões acerca da tradução, de acordo com as mudanças das relações de poder no contexto tanto doméstico quanto internacional. As relações de poder nunca são estagnadas e variam com a evolução da sociedade chinesa e conjuntura internacional. Em meados da década de 1950, a ênfase demasiada na analogia ideológica política na introdução de literaturas estrangeiras e o grande fluxo das obras traduzidas, sobretudo da União Soviética, prejudicou a consciência nacionalista da sociedade chinesa. Em seguida, as autorreflexões do maior patrono das atividades de tradução, o governo chinês, trouxeram mudanças nas atividades de tradução, que se mantinham também paralelas com a política internacional. A Campanha Antidireitista que teve início em 1957 na China atribuiu novas caraterísticas às atividades de tradução. Desde meados da década de 1960, as relações de poder evidenciadas nas atividades de tradução ficaram cada vez intensas. Perante o conflito ideológico com a União Soviética, o poder político chinês conseguiu reforçar a ideologia socialista chinesa para fazer face à ideologia manipulada pela União Soviética e destinada para defender o chauvinismo soviético. A variação marcada na tradução de literaturas estrangerias nesta época constitui uma prova cabal do exercício das relações de poder que nunca estão paradas.

A manipulação do poder sobre a tradução se maximizou durante a Revolução Cultural, em que as atividades de tradução ocorreram sob o controle absoluto do poder político. As específicas formas de organização das atividades de tradução, publicação e distribuição de obras traduzidas na época serviram de garantia e suporte à ideologia socialista de extrema-esquerda do país. Apesar de não se registrar nenhuma tradução de obras de Jorge Amado, as relações de poder se manifestaram de forma mais clara e extremista nas atividades de tradução nesta parte especial da história chinesa.

Depois da Revolução Cultural, a China conheceu evidentes mudanças em aspectos social, econômico e cultural. Em comparação com todas as etapas históricas depois de 1949, o papel do poder político nas relações de poder que manipulam as atividades de tradução ficou enfraquecido a partir deste período. A literatura e a arte não se sujeitam ao poder político, e ao mesmo tempo não se isolam do poder político. Na década de 1980, a própria literatura passou a ganhar mais importância na introdução de escritores estrangeiros na China. Verificou-se a partir daí uma grande diversificação na seleção de escritores estrangeiros. Um grande fluxo das obras de Jorge Amado entrou na China nos anos 80, em que o governo ainda era o maior patrono da tradução e, o "modelo" de funcionamento da primeira metade dos anos 50 se manteve. Uma diferença bastante visível reside no fato de que a ideologia política dominante veio a perder sua dominância majoritária a partir do final dos anos 70. As demandas da própria literatura nacional da China constituíram um fator importante na tradução de obras literárias, e as editoras, juntamente com os pesquisadores literários e tradutores, começaram a ganhar mais peso nos fatores que manipulavam as atividades de tradução. O surgimento dos primeiros tradutores de português promoveu a tradução de obras de Jorge Amado, que ocorreu no pano de fundo da vasta tradução de obras literárias de escritores latino-americanos.

Além de se relacionar estreitamente com a mudança do papel da ideologia política dominante na China, o surgimento e o desaparecimento dos dois auges da tradução das obras de Jorge Amado se devem ainda à transformação da indústria de publicação, que sucedeu na China ao longo do seu desenvolvimento econômico e social, em que se manifestava a mudança das relações de poder. O governo chinês deixou de ser o maior patrono da tradução e o mercado passou a desempenhar um papel cada vez mais relevante na introdução das obras de escritores estrangeiros.

Pode-se afirmar que foram os especialistas do meio literário e os próprios tradutores que descobriam o charme das obras de Jorge Amado: a mistura cultural mestiça, o humor lúdico, o espírito folclórico baiano, o realismo mágico brasileiro e o imaginário libidinoso nordestino. Mas não conseguiram levar os leitores comuns a conhecer e adorar esse charme nos anos 1990, a lucratividade para a indústria de publicação tornou-se cada vez mais importante. Antes da publicação de qualquer livro, faz-se uma pesquisa do mercado, o que nunca aconteceu nos 17 anos antes da Revolução Cultural. Seria corajoso, ou até perigoso, para uma editora, introduzir obras que pudessem não ser procuradas no mercado. Por razões mercadológicas, tem havido uma preferência para livros de língua inglesa, francesa, alemã, espanhola e japonesa, mas com menos destaque para a língua portuguesa. Perante tantas escolhas, muitos leitores eventuais de Jorge Amado desviaram seus focos de interesse.

O presente trabalho evidenciou o fato de que as relações de poder persistem nas atividades de tradução no contexto do novo século. O poder político que vem dos governos da

China e do Brasil que têm intensificado suas relações bilaterais desde o início do novo século começou a estimular os intercâmbios culturais, que envolvem a tradução mútua de obras literárias dos dois países. Os Jogos Olímpicos de 2016 serviram como um catalisador imediato à manipulação do poder sobre as atividades de tradução, oferecendo uma boa oportunidade para aumentar consideravelmente o poder do mercado, que combinou com o poder político existente. Foi possível, deste modo, a publicação de novas traduções de obras de Jorge Amado no novo século.

Crê-se que, sob novas relações de poder que vêm aparecendo ao longo da intensificação das relações diplomáticas e culturais entre a China e o Brasil, assim como a evolução da globalização, Jorge Amado e suas obras continuarão entrando na China.

Pode-se concluir que as relações de poder nas atividades de tradução ainda trarão cada vez mais escritores brasileiros à China e completar-se-á, por conseguinte, o panorama da literatura brasileira no contexto chinês.

Zhang Jianbo

REFERÊNCIAS BIBLIOGRÁFICAS

ALMEIDA, A. W. B. (1979). *Jorge Amado: Política e Literatura*. Rio de Janeiro: Campus.

AMADO, J. (1992). *Navegação de Cabotagem: Apontamentos para Um Livro de Memórias que Jamais Escreverei* (3.ed). Rio de Janeiro: Record.

AMADO, J. (1983). *Os Subterrâneos da Liberdade*. Rio de Janeiro: Record.

AMADO, J. (1983). *A Morte e A Morte de Quincas Berro d'Água*. Rio de Janeiro: Record.

AMADO, J. (1983). *Dona Flor e Seus Dois Maridos*. Rio de Janeiro: Record.

AMADO, J. (1983). *Terras do Sem-Fim*. Rio de Janeiro: Record.

AMADO, J. (1953). "无边的土地" *(Terras do Sem-Fim)*. Trad. Wu Lao. Beijing: Editora de Cultura e Trabalho.

AMADO, J. (1953). "希望的骑士" *(O Cavalheiro da Esperanca, a Vida de Luís Carlos Prestes)*. Trad. Wang Yizhu. Beijing: Editora do Povo.

AMADO, J. (1954). "饥饿的道理" *(Seara Vermelha)*. Trad. Zheng Yonghui. Beijing: Editora Pingming.

AMADO, J. (1956). "黄金果的土地" *(São Jorge dos Ilhéus)*. Trad. Zheng Yonghui e Jin Mancheng. Beijing: Editora de Escritor.

AMADO, J. (1981). "金卡斯之死" *(A Morte e a Morte de Quincas Berro D´água)*. Trad. Sun Cheng'ao. Beijing: Editora Literatura Mundial.

AMADO, J. (1983). "拳王的觉醒" *(Jubiabá)*. Trad. Zheng Yonghui. Changsha: Editora do Povo de Hunan.

AMADO, J. (1984). "加布里埃拉" *(Gabriela, Cravo e Canela)*. Trad. Xu Zenghui. Wuhan: Editora de Literatura e Arte Changjiang.

AMADO, J. (1985). "加布里埃拉" *(Gabriela, Cravo e Canela)*. Trad. Sun Cheng´ao. Shanghai: Editora de Publicação de Tradução (Yiwen).

AMADO, J. (1986). "浪女回归" *(Tieta do Agreste)*. Trad. Chen Jingyong. Wuhan: Editora de Literatura e Arte de Changjiang.

AMADO, J. (1987). "死海" (Mar Morto). Trad. Fan Weixin. Haerbin: Editora do Povo de Heilongjiang.

AMADO, J. (1987). "弗洛尔和她的两个丈夫" (Dona Flor e Seus Dois Maridos). Trad. Sun Cheng'ao e Fan Weixin. Kunming: Editora do Povo de Yunnan.

AMADO, J. (1987) "亚马多致中译者的信" (A Carta Escrita por Amado ao Tradutor Chinês). Trad. FAN, W. X., in 《世界文学》 (Literatura Mundial), Vol. 05, 272-273.

AMADO, J. (1988). "厌倦了妓女生活的特雷莎·巴蒂斯塔" (Teresa Batista, Cansada de Guerra). Trad. Wen Hua. Haerbing: Editora de Literatura e Arte do Norte.

AMADO, J. (1989). "军人、女人、文人" (Farda, Fardão e Camisola de Dormir). Trad. Chen Fengwu. Beijing: Editora de Federação Literária Chinesa.

AMADO, J. (1989). "老船长外传" (Os Velhos Marinheiros). Trad. Fan Weixin. Shi Jiazhuang: Editora de Literatura e Arte de Huashan.

AMADO, J. (1989). "大埋伏" (Tocaia Grande). Trad. Sun Cheng´ao e Fan Weixin. Kunming: Editora do Povo de Yunnan.

AMADO, J. (1994). "弗洛尔和她的两个丈夫" (Dona Flor e Seus Dois Maridos). Trad. Sun Cheng´ao e Fan Weixin. Kunming: Editora do Povo de Yunnan.

AMADO, J. (2008, maio). "加布里埃拉" (Gabriela, Cravo e Canela). Trad. Sun Cheng´ao. Nanjing: Editora Yilin.

AMADO, J. (2008, junho). "加布里埃拉" (Gabriela, Cravo e Canela). Trad. Sun Cheng´ao. Nanjing: Editora Yilin.

AMADO, J. (2008). "弗洛尔和她的两个丈夫" (Dona Flor e seus dois maridos). Trad. Sun Cheng´ao e Fan Weixin. Nanjing: Editora Yilin.

AMADO, J. (2014). "沙滩船长" (Capitães da Areia). Trad. Wang Yuan. Hefei: Editora Huangshan.

AMADO, J. (2016). "无边的土地" (Terras do Sem-Fim). Trad. Wu Lao. Nanjing: Editora Yilin.

AMADO, J. (2016). "弗洛尔和她的两个丈夫" (Dona Flor e seus dois maridos). Trad. Sun Cheng´ao e Fan Weixin. Nanjing: Editora Yilin.

AMADO, J. (2016). "味似丁香、色如肉桂的加布里埃拉" (Gabriela, Cravo e Canela). Trad. Sun Cheng´ao. Nanjing: Editora Yilin.

AMADO, J. (2016). "奇迹之篷" (Tenda do Milagres). Trad. Fan Xing. Nanjing: Editora Yilin.

AMADO, J. (2016). "金卡斯的两次死亡" (A Morte e a Morte de Quincas Berro D´água). Trad. Fan Xing. Nanjing: Editora Yilin.

ANDRÉ, J. St. (2011). History, in BAKER, M. e SALDANHA, G. (ed.). *Routledge Encyclopedia of Translation Studies* [2rd Ed.], 133-136.

BASSNETT, S. e LEFEVERE, A. (1995). *Translation, History and Culture*. London [etc]: Cassell.

BASSNETT, S. (1980). *Translation Studies*. London and New York: Methuen.

BIAN, Z. L. (卞之琳) (1959). "十年来的外国文学翻译和研究工作" (Os Trabalhos de Tradução e Pesquisa da Literatura Estrangeira Ao Longo dos Últimos Dez Anos), in 《文学评论》 (*Crítica Literária*), Vol. 5, 41-77.

CARVALHAL, T. F. (1986). *Literatura comparada*. São Paulo: Ática, 1986.

Cem Anos de Jorge Amado. (2012, 10 de agosto). Disponível em: <http://noticias.universia.com.br/destaque/especial/2012/08/10/957757/100-a-nos-jorge-amado.html>. Acesso em: 03 de março de 2013.

CHEN, D. X. (陈独秀) (1921) 《太平洋会议与太平洋弱小民族》 (Conferência do Pacífico e Nações Fracas do Pacífico), in 《新青年》 (*Nova Juventude*). Vol. 9, No. 5, 01-05.

DENG, X. P. (邓小平) (1979). "《在中国文学艺术工作者第四次代表大会上的祝词》" (Carta de Felicitações ao 4º Congresso Nacional dos Trabalhadores Literários e Artísticos da China), in 《文艺理论与批评》 (*Teoria e Crítica de Literatura e Arte*), 1997. Vol. 03, 04-09.

DENG, X. P. (邓小平) (1980). "目前的形势和任务" (A Conjuntura e as Tarefas da Atualidade), in 《邓小平文选 *(1975-1982)*》 (*Coleção de Artigos de Deng Xiaoping, 1975-1982*), 220-225.

D'HULST, L. (2001) Why and How to Write Translation Histories, in *Emerging Views on Translation History in Brazil*, Sao Paulo: Humanitas, 21-32.

DONG, Q. S. (董秋斯) (1951). "论翻译理论的建设" (Formulação de Teorias de Tradução), In LUO, X. Z. (org.), in 《翻译论集》 (*Coletânea de Teorias de Tradução*). Beijing: Editora Comercial.

ESCOSTEGUY, A. C. (1998). Uma introdução aos Estudos Culturais, in Revista Famecos (Porto Alegre), No. 9, 87-97.

Even-Zohar, I. (1990). *Polysystem Studies*. Tel Aviv: Porter Institute for Poetics and Semiotics.

FAN, X. (樊星) (2015a). "简单浪漫的巴西经典——评《沙滩船长》" (O Clássico Simples Mas Romântico: Crítica de Capitães da Areia), in 《书城》 (*Book Town*). Vol. 01, 96-98.

FAN, X. (樊星) (2015b). "从若热·亚马多在中国的译介说开去" (*Para Além da Tradução e Apresentação de Jorge Amado na China*). Disponível em: <http://www.chinawriter.com.cn/wgwy/2016/2016-02-24/266043.html>. Acesso em: 02 de março de 2016.

FOUCAULT, M. (1972). *The Archeology of Knowledge*. Trad. A. M. Sheridan Smith. London: Tavistock.

GAO, S. B. (高圣兵) (2006). "Logic 汉译意义特征分析" (Tradução de "Logic" em Chinês), in 《外语与外语教学》 (*Línguas Estrageiras e Seu Ensino*). No. 213, 40-43.

GATTAI, Z. (1988a). *Jardim de Inverno*. Rio de Janeiro: Record.

GATTAI, Z. (1988b). *Tres Viajes a China*. Madrid: Jornal ABC, 15 de janeiro de 1988, 46.

GATTAI, Z. (1988c). *Tres Viajes a China*. Madrid: Jornal ABC, 14 de abril de 1988, 68.

GATTAI, Z. (1988d). *Tres Viajes a China*. Madrid: Jornal ABC, 21 de junho de 1988, 56.

GATTAI, Z. (1988e). *Tres Viajes a China*. Madrid: Jornal ABC, 12 de junho de 1988, 52.

GATTAI, Z. (1988f). *Tres Viajes a China*. Madrid: Jornal ABC, 10 de agosto de 1988, 40.

GENTZLER, E. (1993). *Contemporary Translation Thoeries*. London and New York: Routledge.

GU, Y. (谷鹰) (1950). "翻译与商品" (A Tradução e a Mercadoria), in 《翻译通报》 (*Boletim da Tradução*), Vol. 1, 05.

GUO, M. R. (郭沫若) (1954). "论文学翻译工作" (Fala sobre Trabalhos de Tradução Literária), in 《翻译研究论文集 (1949-1983)》 (*Coletânea de Estudos de Tradução, 1949-1983*). Beijing: Editora de Ensino e Pesquisa de Língua Estrangeira, 21-24.

GUO, Y.Z. (郭元增) (2002). "亚马多——巴西著名的"平民"作家" (Amado: O Famoso Escritor Brasileiro do Povo), in 《拉丁美洲研究》 (*Estudos Latino-Americanos*). Vol. 01, 45-47.

HARTLEY, J. (2002). *Communication, Cultural and Media Studies: The Key Concepts*. London & New York: Routledge.

HE, G. M. (贺桂梅) (2010). "'新启蒙'知识档案——80年代中国文化研究" (*Dossiê de Conhecimentos da "Nova Iluminação": Pesquisa de Estudos Culturais da China nos 1980*). Beijing: Editora da Universidade de Pequim.

HERMANS, T. (1985). *The Manipulation of Literature: Studies in Literary Translation*. London & New York: Routledge.

HE, X. B. (贺显斌) (2004). "论权力关系对翻译的操控" (*A Manipulação das Relaçõs de Poder sobre a Tradução*). Tese de Doutoramento. Universidade de Xiamen.

HERMANS, T. (1985). Translation Studies and a New Paradigm, in: HERMANS, T. (Org.), *The Manipulation of Literature: Studies in Literary Translation*. London: Croom Helm.

HONG, Y. Y. (洪育沂) (1998). "拉美国际关系史纲" *(História das Relações Internacionais da América Latina)*. Beijing: Editora de Ensino e Pequisa de Língua Estrangeira.

HONG, Z. C. (洪子诚) (2010). "问题与方法" *(Questões e Metodologias)*. Beijing: Editora da Universidade de Pequim.

HORNBY, M. S. (1995). *Translation studies: an integrated approach*. Amsterdam, Philadelphia: J. Benjamins Pub.

HUANG, Y. J. (黄焰结) (2007). "论翻译与权力" (Tradução e Poder), in 《天津外国语学院学报》 *(Jornal Acadêmico da Universidade de Estudos Estrangeiros de Tianjin)*. Vol. 14. No. 3, 01-06.

HUANG, Z. L. (黄志良) (2004). "新大陆的发现：周恩来与拉丁美洲" *(A Descoberta do Novo Continente: Zhou Enlai e América Latina)*. Beijing: Editora de Conhecimentos Mundiais.

JIANG, Q. X e LIU, Q. G. (姜秋霞, 刘全国) (2005). "翻译文学与社会文化的关系——二十世纪初与二十世纪末我国翻译文学主题和来源的调查与分析" (Relações entre a Literatura Traduzida e a Cultura Social: Uma Pesquisa de Tópicos e Suas Origens da Literatura Traduzida na China no Fim e Início do Século XX), in 《外语教学与研究》 *(Ensino e Pesquisa de Língua Estrangeira)*, 67-72.

JIN, R. (金人) (1951). "论翻译工作的思想性" (A Ideoloia nos Trabalhos de Tradução), in 《翻译通报》 *(Boletim da Tradução)*. Vol. 5, 02.

KE, F. (柯飞) (2002). "译史研究，以人为本——谈皮姆《翻译史研究方法》" (Pesquisa da História da Tradução Orientada para as Pessoas: Uma abordagem de "Method In Translation History" of Pym), in 《中国翻译》 *(Tradutores Chineses)*. Vol. 3, 31-32.

LIN, K.N. (林克难) (2002). Translation as a Catalyst for Social Change in China, in TYMOCZKO, M. e GENTZLER, E. (eds.), *Translation and Power*. Amherst and Boston: University of Massachusetts Press.

LEFEVERE, A. (1992a) *Translation, Rewriting and the Manipulation of Literary Fame*. London and New York: Routledge.

LIN, Y.A. (林一安) (2001). "幸运的亚马多" (Amado: Escritor Brasileiro Sortudo), in 《中华读书报》 *(Jornal Chinês de Leitura)*, 02 de março, 19.

LIU, M. J. (柳鸣九) (1979). "现当代资产阶级文学评价的几个问题" (Algumas Questões sobre Literaturas Burguesas Modernas e Contemporâneas), in 《外国文学研究》 *(Estudos de Literaturas Estrangeiras)*, Vol. 01, 11-28.

LIU, H. (刘淮) (1951) "巴西的和平斗士——诗人亚马多" (O Lutador da Paz: o Poeta Amado), in 《世界知识》 (Conhecimentos Mundiais). Vol.50, 14.

LU, D. S. (陆德山) (2000). "认识权力" (Conhecer o Poder). Beijing: Editora de Economia da China.

LU, D. Y. (陆定一) (1956). "百花齐放, 百家争鸣" (Que cem flores desabrochem, que cem escolas de pensamento rivalizem), in 《人民日报》 (Diário do Povo), 13 de junho.

LU, Z. H. (卢志宏) (2001). "新时期以来翻译文学期刊译介研究" (Pesquisa sobre Periódicos de Literaturas Traduzidas Desde a Nova Fase). Tese de Doutoramento. Universidade de Estudos Internacionais de Xangai.

LV, J. e HOU, X. Q. (2001). 《英汉翻译教程》 (Manual para a Tradução Inglês-Chinês). Shanghai: Shanghai Foreign Language Education Press.

LV, J. (吕俊) (2008). "意识形态与翻译批评" (Ideologia e Crítica de Tradução), in 《外语与外语教学》 (Línguas Estrageiras e Seu Ensino).Vol.2, 43-46.

MA, Z. Y. (马祖毅) (2006). "中国翻译通史" (História da Tradução Chinesa). Wu Han: Editora de Educação de Hubei.

MAO, D. (茅盾) (1921a). "前言" (Introdução), in 《小说月报》 (Revista Mensal de Contos). Vol. 12, No. 2, 01.

MAO, D. (茅盾) (1921b). "巴西文学家的一本小说" (Um Romance de um Escritor Brasileiro), in 《小说月报》 (Revista Mensal de Contos). Vol. 12, No. 2, 01.

MAO, D. (茅盾) (1954a). "为发展文学翻译事业和提高翻译质量而奋斗" (Lutar pelo desenvolvimento da causa de tradução literária e pelo melhoramento da qualidade de tradução), in 《翻译研究论文集》 (1949-1983) (Coletânea de Estudos de Tradução, 1949-1983). Beijing: Editora de Ensino e Pesquisa de Língua Estrangeira, 1-16.

MAO, D. (茅盾) (1954b). "电贺第二次全苏作家代表大会开幕" (Telegrama de Felicitações à Abertura do 2º Congresso de Representantes de Escritores da União Soviética), in 《文艺报》 (Jornal da Literatura e Arte). Vol. 23.

MAO, D. (茅盾) (1977). "向鲁迅学习" (Aprender com Lu Xun), in 《世界文学》 (Literatura Mundial). Vol. 01, 31-39.

MENG, Z. Y. e LI, Z. D. (孟昭毅, 李载道) (2005). "中国翻译文学史" (História da Literatura Traduzida na China). Beijing: Editora da Universidade de Pequim.

MILTON, J. e Martins, M. A. P. (2010). Apresentação – Contribuições para Uma História da Tradução, in Tradução em Revista. Vol. 1, 01-10.

MOREIRA, I. B. (2009). A História da Literatura na Berlinda: o Caso Jorge Amado, in Sitientibus, Feira de Santana, N. 40, 153-194.

MUNDAY, J. (2001). *Introducing translation studies*. London and New York: Routledge.

NETO, A. V. (2000). Michel Foucault e os Estudos Culturais, in COSTA, M. V. (Org.), *Estudos culturais em educação: mídia, arquitetura, brinquedo, biologia, literatura, cinema*. Porto Alegre: Editora da Universidade, Universidade Federal do Rio Grande do Sul, 47-81.

NIDA, E. A. (2002). *Contexts in Translating*. Amsterdam/Philadelphia: John Benjamins Publishing Company.

PAGANO, A. S. (2001). *Metodologias de Pequisa em Tradução*. Belo Horizonte: Faculdade de Letras, Unversidade Federal de Minas Gerais (UFMG).

PHILLIPSON, R. (1992). *Linguistic Imperialism*. New York: Oxford University Press.

PYM A. (1998). *Method in Translation History*. Manchester, England: St. Jerome.

RAILLARD, A. (1990). *Conversando com Jorge Amado*. Trad. Annie Dymetman. Rio de Janeiro: Record.

RIDENTI, M. (2011). Jorge Amado e Seus Camaradas no Círculo Comunista Internacional. In *Sociologia & Antropologia*. V. 01, 165-194.

SCHWARCZ, L. M. e GOLDSTEIN, I. S. (Org.). (2009). *O Universo de Jorge Amado*. São Paulo: Editora Schwarcz. Ltda.

SHEN, Z. Y. (沈志远) (1950). "翻译通报发刊词" (Prefácio do Beletin da Tradução), in 《翻译通报》 (*Boletim da Tradução*). Vol. 1, 01.

SHENG, A. F. (生安锋) (2004). "霍米·巴巴的后殖民理论研究" (*Uma Pesquisa sobre Teorias Pós-coloniais de Homi K. Bhabha*). Tese de Doutoramento. Universidade de Língua e Cultura de Pequim.

SONG, B. H. (宋炳辉) (2007). "弱势民族文学在中国" (*Literaturas de Nações Periféricas na China*). Nanjing: Editora da Universidade de Nanjing.

SONG, B. H. (宋炳辉) (2013). "视界与方法：中外文学关系研究" (*Visão e Metodologia: Relações entre as Literaturas da China e de Outros Países*). Shanghai: Editora da Universidade de Fudan.

SUN, C. A. (孙成敖) (1997). "我是写人民的小说家" (*Sou Romancista Que Escreve o Povo*). Kunming: Editora do Povo de Yunnan.

SUN, C. A. (孙成敖) (2001a). "从《加布里埃拉》看若热·亚马多小说的艺术魅力" (O Charme de Romances de Jorge Amado: uma leitura de Gabriela, Cravo e Canela), in 《外国文学》 (*Literatura Estrangeira*). Vol. 03, 69-72.

SUN, C. A. (孙成敖) (2001b). "难忘伟大的巴西"民众"作家亚马多" (O Grande Escritor do Povo, Amado é Inesquecível), in 《环球时报》 (*Global Times*), 10 de agosto, 17.

SUN, C. A. (孙成敖) (2002). "亚马多——一位写人民的小说家" (Amado: Um Romancista Que Escreve o Povo), in 《百科知识》 (*Conhecimentos Enciclopédicos*), Vol. 10, 57-58.

SUN, C. A. E ZHU, J. D. (孙成敖, 朱景东) (2004). "拉丁美洲小说史" (*História de Romances da América Laina*). Tianjing: Editora de Literatura e Arte de Baihua.

SUN, H. B. (孙洪波) (2014). "中国对拉美民间外交：缘起、事件及影响" (Diplomacia Chinesa para com a América Latina: Origem, Fatos e Influência), in 《拉丁美洲研究》 (*Estudos Latino-americanos*). Vol. 36, No. 3, 14-19.

SUN, Y.F. (孙艺风) (2003). "跨文化语境下的意识形态——兼论翻译的功能与作用" (Ideologia em Um Contexto Cross-Cultural: Função e Papel de Tradução), in 《四川外语学院学报》 (*Jornal Acadêmico do Instituto de Estudos Estrangeiros de Sichuan*). Vol. 06, 108-113.

TANG, J. (汤君) (2008). "翻译语境中的意识形态研究" (Estudos da Ideologia em Um Contexto Tradutório), in 《四川外语学院学报》 (*Jornal Acadêmico do Instituto de Estudos Estrangeiros de Sichuan*). Vol. 35, 73-77.

TANG, T. (唐弢) (1984). "中国现代文学史" (*História da Literatura Moderna da China*). Beijing: Editora de Literatura do Povo.

TENG, W. (腾威) (2011) "'边境'之南——拉丁美洲文学汉译与中国当代文学" [A Sul de "Fronteira", a Tradução de Literatura Latino-americana para Chinês e a Literatura Contemporânea da China, (1949-1999)], Beijing: Editora da Universidade de Pequim.

TOOGE, M. (2009). *Traduzindo o Brasil: o País Mestiço de Jorge Amado*. Dissertação de Mestrado. Universidade de São Paulo.

TOSH, J. (2005). 《史学导论：现代历史学的目标、方法和新方向》 (*The Pursuit of History: Aims, Methods and New Directions in the Study of Modern History*). Tradu. WU, Y. Beijing: Editora da Universidade de Pequim.

VENUTI, L. (1992). *Rethinking Translation; Discourse, Subjectivity, Ideology*. London & New York: Routledge.

VENUTI, L. (2009). "译者的隐形——翻译史论" (*A Invisibilidade do Tradutor: Uma História da Tradução*). Trad. ZHANG, J. H e JIANG, X. H. Beijing: Editora de Ensino e Pesquisa de Língua Estangeira.

VIEIRA, E. R. P. (1996). "A Interação do Texto Traduzido com o Sistema Receptor: a Teoria dos Polissistemas", in VIEIRA, E. R. P. (Org.) *Teorizando e Contextualizando a Tradução*. Belo Horizonte: Faculdade de Letras da UFMG, Curso de Pós-Graduação em Estudos Linguísticos, 124-137.

WANG, D. F. (王东风) (2003). "一只看不见的手——论意识形态对翻译实践的操纵" (Uma Mão Invisível: Manipulação Ideológica em Práticas de Tradução), in 《中国翻译》 (*Tradutores Chineses*). Vol. 5, 18-25.

WANG, D. Y. (王达阳) (2012). "文艺为社会主义服务，为人民服务" (A Literatura e Arte Serve o Socialismo e o Povo), in 《毛泽东思想研究》 (Pesquisa do Pensamento de Mao Zedong). Vol. 01, 76-79.

WANG, K. F. (王克非) (1997). "翻译文化史论" (História da Cultura da Tradução). Shanghai: Editora da Educação de Língua Estrangeira.

WANG, K. F. (王克非) (2001). "论翻译文化研究的基础工作" (Trabalhos Básicos para os Estudos Culturais na Tradução), in 《外国语言文学研究》 (Pesquisas de Língua e Literatura Estrangeira). Vol. 1, No. 1, 37-41.

WANG, M. K. (王明珂) (2005). "族群历史之文本与情境——兼论历史心性、文类与范式化情节" (Texto e Contexto da História de Comunidade: Uma Co-discussão sobre Humor, Estilo de Escrita e Padrão da História), in 《陕西师范大学学报》 (Jornal Acadêmico da Universidade Normal de Shanxi). Vol. 34, No. 6, 5-13.

WANG, S. W. (王思维) (2014), "从'和平斗士'到'百万书翁'——若热 亚马多在中国" (De "Lutador pela Paz" a "Escritor Milionário": Jorge Amado na China). Dissertação de mestrado. Universidade de Pequim.

WANG, S. Y. (王锁瑛) (1987). "一部反映巴西人精神状态的小说" (Um Romance Que Reflete o Estado de Espírito dos Brasileiros), in 《外国文学》 (Literatura Estrangeira). Vol. 12, 88-89.

WANG, Y. G. (王友贵) (2003). "意识形态与20世纪中国翻译文学史（1899-1979）" [A Ideologia e a História da Literatura Traduzida da China (1899-1979)], in 《中国翻译》 (Tradutor Chinês). Vol. 24, No. 5, 11-15.

WOODSWORTH, J. (2001, 2004). History of Translation, in BAKER M. (ed.). *Routledge Encyclopedia of Translation Studies*. Shanghai: Shanghai Foreign Language Education Press. 100-105.

XIE, T. Z. (谢天振) (2013). "译介学" (Media-translatologia). Nanjing: Editora Yilin.

XIE, T. Z. (谢天振) (2009). "非常时期的非常翻译" (Tradução Especial no Período Especial), in 《中国比较文学》 (Literatura Comparativa da China). Vol. 02, 23-35.

XIE, T. Z. (谢天振) (2003). "多元系统理论：翻译研究领域的拓展" (A Teoria do Polissistema: Ampliação dos Estudos de Tradução), in 《外国语》 (Língua Estrangeiras). No. 146, 59-66.

XU, J. e ZHU, Y. B. (许钧, 朱玉彬) (2007). "中国翻译史研究及其方法初探——兼评五卷本《中国翻译通史》" (Um Abordagem de Estudos da História da Tradução Chinesa e Críticas de "História da Tradução Chinesa"), in 《外语教学与研究》 (Ensino e Pesquisa de Língua Estrangeira). Vol. 39 (6), 451-455.

YAN, X. J. (2007). "On the Role of Ideology in Translation Practice"), in *US-China Foreign Language*, Vol. 5, No.4, 63-65.

YANG, Y. (杨义) (2009). "二十世纪翻译文学史" *(História da Literatura Traduzida no Século XX)*. Tianjing: Editora de Literatura e Arte de Baihua.

ZHA, M. J. (查明建) (2003). "意识形态、诗学与文学翻译选择规范——20世纪50-80年代中国的（后）现代主义文学翻译研究" *[A Ideologia, Poética e a Seleção de Normas da Tradução Literária: Uma Pequisa sobre a Tradução da Literatura (pós) Modernista da China nos anos 50-80 do Século XX]*. Tese de Doutoramento. Universidade de Linnan.

ZHANG, J. B. (张剑波) (2013). "A Recepção das Obras de Jorge Amado na China", in *Cadernos de Literatura em Tradução*. No. 14, 23-48.

ZHANG, J. B. (张剑波) (2015). "Viagens ao Oriente: Jorge Amado e Suas Obras na China Antes da Revolução Cultural", in *Revista Oriente Ocidente*. N.32, Série II, 52-59.

ZHANG, J. B. (张剑波) (2017). "从若热•亚马多作品在中国的译介看翻译与权力的关系" (As Relações entre Tradução e Poder na Tradução de Obras de Jorge Amado na China), in 《外国文学》 *(Literatura Estrangeira)*. V.1, 48-56.

ZHANG, M. F. e WANG, K. F. (张美芳，王克非) (2006). "澳门翻译的历史与现状" (O Passado e o Presente da Tradução em Macau), in 《中国翻译》 *(Tradutores Chineses)*. Vol. 27. No. 01, 39-43.

ZHANG, N. F. (张南峰). (2012). "多元系统翻译研究——理论、实践与回应" *(Estudos da Tradução da Teoria do Polissistema: Teoria, Prática e Resposta)*. Changsha: Editora do Povo de Hunan.

ZHAO, D. M. (赵德明) (ed.), (2001). "拉丁美洲文学史" *(História Literária da América Latina)*. Beijing: Editora da Universidade de Pequim.

ZHOU, Y. (周扬) (1953). "社会主义现实主义——中国文学前进的方向" (o Realismo Socialista: a Direção do Progresso da Literatura Chinesa), in 《人民日报》 *(Diário do Povo)*, 1 de novembro.

ZHU, G. Q. (朱光潜) (1979). "上层建筑和意识形态之间关系的质疑" (Dúvidas das Relações entre a Superestrutura e Ideologia), in 《国内哲学动态》 *(Atualidade da Filosofia no País)*. Vol. 07, 04-05.

"胡乔木会见巴西著名作家亚马多" (Hu Qiaomu Se Reuniu com o Famoso Escritor Brasileiro Jorge Amado), in 《人民日报》 *(Diário do Povo)*, 2 de agosto de 1987.

"云南的拉美情结" (Laço da Província de Yunnan com a América Latina), in 《生活新报》 *(Notícias de Vida)*, 11 de outubro de 2010.

"拉美文学翻译出现断档" (Suspensão da tradução de literaturas da América Latina), in 《文汇读书周报》 *(Wenhui Reader's Weekly)*, 18 de março de 2003.

"里约奥运会小周开幕！精选巴西书单让你了解巴西甩开朋友一条街" (Os Jogos Olímpicos Começam na Próxima Semana. A Lista Selecionada de Livros do Brasil Permitirá Conhecer o Brasil Muito Melhor que Seus Amigos), in 《每日头条》 (Manchetes Diários), 03 de agosto de 2016. "里约开幕式没看明白？那是因为你还没读过他" (Não Entendeu a Cerimônia de Abertura? Porque Ainda Não Leu Obras Dele). Diponível em: <http://www.sohu.com/a/109607988_235706>. Acesso em: 09 de agosto de 2016.

ANEXO: OBRAS DE JORGE AMADO TRADUZIDAS NA CHINA

Ano	Nome da Obra	Tradutor	Editora	Língua-fonte
1953	Terras do Sem-Fim	Wu Lao	Editora de Cultura e de Trabalho	Inglês
1953	O Cavalheiro da Esperança, a Vida de Luís Carlos Prestes	Wang Yizhu	Editora do Povo	Russo
1954	Seara Vermelha	Zheng Yonghui	Editora Pingming	Francês
1956	Seara Vermelha	Zheng Yonghui	Editora da Nova Literatura e Arte	Francês
1956	São Jorge dos Ilhéus	Zheng Yonghui Jin Mancheng	Editora de Escritor	Francês
1957	Seara Vermelha	Zheng Yonghui	Editora de Escritor	Francês
1958	Terras do Sem-Fim	Wu Lao	Editora de Escritor	Inglês

Ano	Nome da Obra	Tradutor	Editora	Língua-fonte
1981	A Morte e a Morte de Quincas Berro D'água	Sun Cheng'ao	Editora Literatura Mundial	Português
1983	Jubiabá	Zheng Yonghui	Editora do Povo de Hunan	Francês
1984	Gabriela, Cravo e Canela	Xu Zenghui	Editora da Literatura e Arte Changjiang	Espanhol
1985	Gabriela, Cravo e Canela	Sun Cheng'ao	Editora de Tradução e Publicação de Xangai	Português
1985	Cacau	Sun Cheng'ao	Editora de Literatura Estrangeira	Português
1986	Tieta do Agreste	Chen Jingyong	Editora de Literatura e Arte Changjiang	Russo
1987	Mar Morto	Fan Weixin	Editora do Povo de Heilongjiang	Português
1987	Dona Flor e Seus Dois Maridos	Sun Cheng'ao Fan Weixin	Editora do Povo de Yunnan	Português
1988	Teresa Batista, Cansada de Guerra	Wen Hua	Editora de Literatura e Arte do Norte	Russo
1989	Farda, Fardão e Camisola de Dormir	Chen Fengwu	Editora de Federação Literária Chinesa	Português
1989	Os Velhos Marinheiros	Fan Weixin	Editora da Literatura e Arte de Huashan	Português
1991	Tocaia Grande	Sun Cheng'ao Fan Weixin	Editora do Povo de Yunnan	Português
1992	Terras do Sem-Fim	Wu Lao	Editora de Tradução e Publicação de Xangai	Inglês

Ano	Nome da Obra	Tradutor	Editora	Língua-fonte
1994	Dona Flor e Seus Dois Maridos	Sun Cheng'ao Fan Weixin	Editora do Povo de Yunnan	Português
1997	Sou Romancista Que Escreve o Povo	Sun Cheng'ao	Editora do Povo de Yunnan	Português
2008	Gabriela, Cravo e Canela	Sun Cheng'ao	Editora Yilin	Português
2008	Gabriela, Cravo e Canela	Sun Cheng'ao	Editora Yilin	Português
2008	Dona Flor e Seus Dois Maridos	Sun Cheng'ao Fan Weixin	Editora Yilin	Português
2014	Capitães da Areia	Wang Yuan	Dditora Huangshan	Português
2016	Terras do Sem-Fim	Wu Lao	Editora Yilin	Português
2016	Gabriela, Cravo e Canela	Sun Cheng'ao	Editora Yilin	Português
2016	Dona Flor e Seus Dois Maridos	Sun Cheng'ao Fan Weixin	Editora Yilin	Português
2016	A Morte e a Morte de Quincas Berro D'água	Fan Xing	Editora Yilin	Português
2016	Tenda dos Milagres	Fan Xing	Editora Yilin	Português

- editoraletramento
- editoraletramento.com.br
- editoraletramento
- company/grupoeditorialletramento
- grupoletramento
- contato@editoraletramento.com.br
- editoraletramento

- editoracasadodireito.com.br
- casadodireitoed
- casadodireito
- casadodireito@editoraletramento.com.br